丽泽·教育学研究丛书
主编 胡春光

湖南第一师范学院"教育学"湖南省应用特色学科成果

播希望于乡野

近代乡村教育先贤的乡教之路

张洪萍 著

湖南师范大学出版社·长沙

图书在版编目（CIP）数据

播希望于乡野：近代乡村教育先贤的乡教之路 / 张洪萍著. —长沙：
湖南师范大学出版社，2023.11
ISBN 978 - 7 - 5648 - 4948 - 1

Ⅰ. ①播⋯　Ⅱ. ①张⋯　Ⅲ. ①乡村教育—研究—中国—近代　Ⅳ.
①G729.29

中国国家版本馆 CIP 数据核字（2023）第 086627 号

播希望于乡野：近代乡村教育先贤的乡教之路

Bo Xiwang yu Xiangye：Jindai Xiangcun Jiaoyu Xianxian de Xiangjiao Zhi Lu

张洪萍　著

◇出 版 人：吴真文
◇策划组稿：彭　慧
◇责任编辑：胡艳晴
◇责任校对：张晓芳
◇出版发行：湖南师范大学出版社
　　　　　　地址/长沙市岳麓区　邮编/410081
　　　　　　电话/0731 - 88873071　88873070　传真/0731 - 88872636
　　　　　　网址/https：//press. hunnu. edu. cn
◇经销：新华书店
◇印刷：长沙雅佳印刷有限公司
◇开本：710 mm×1000 mm　1/16
◇印张：19
◇字数：310 千字
◇版次：2023 年 11 月第 1 版
◇印次：2023 年 11 月第 1 次印刷
◇书号：ISBN 978 - 7 - 5648 - 4948 - 1
◇定价：59. 00 元

总 序

　　教育兴则国家兴，教育强则国家强。世界强国无一不是教育强国，教育始终是强国兴起的关键因素。近几年，高规格的教育政策陆续出台，教育高质量发展的体制机制建梁立柱，教育关键领域改革聚力突破，教育综合治理落地有声。在建设教育强国、科技强国、人才强国的大背景下，当下中国的教育研究应当做什么？教育研究应当怎么做？或者说，今天的中国需要什么样的教育研究？要回答上述问题，首先要回答的问题是：我们为谁而进行教育研究？这种研究的价值在哪里？

　　我一直认为，教育研究不仅仅是研究别人，而且是在研究和教育"我自己"，研究和教育"我为何而为，何以为之"。教育研究是为"我自己"而进行的生命书写，我在为"我自己"而进行教育研究。我的研究、我的写作、我的沉思都是对我自己教育信仰的安顿，研究对象不是外在于我自己的，像鲁迅先生说的，不是"隔岸观火"，而是"燃烧自己"，是"在写我们自己，发现我们自己"。教育的根本旨归是涵养人的精神，精神成人首在立人，由此教育研究的最终目的是要通过透视人自身的成长经历，塑造人性，完善人格，温润人心，进而反思人类走向何处的问题。教育中的各种困惑实际上就是人对自身存在的困惑，在此意义上，教育其实是对人的一种终极关怀。由此，教育研究就是一种对存在的反思，它反思的是：受教的灵魂知向谁边？这是一个灵魂清洗开悟的过程，一个打开自我枷锁的过程，更是一个理解自我和完善自我的过程。《论语》是这样，《理想国》是这样，《爱弥儿》也是这样，这些大家先贤的教育研究是他们生命体悟、精神成长、自我个性的显现，他们的教育研究从来都不是与自己没有关系的，从来都不是无"我"的。因为无"我"的教育及其教育研究恐怕也不会有"他人"，不会引起生命的共情同理，至多只是无心的阐释、空洞的口号和苍白的说教，这样的研究不会让人享受到幸福感和崇高感。只有真诚面对自己，面对自己的内心，才能写出永不过时的作品，正如锡德尼所说："窥视你的心而后下笔。"有心的东西才有永恒的生命力。爱默生有言，如果诗人写一部真正的戏剧，那他就是凯撒，而不是凯撒的扮演者。真正的写作和研究是在写"我自己"和研究"我自己"，"我自己"才是真正的研究对象，才是真正的作品中的人。福柯在一次访谈中说："每次当我试图去进行一项理论工作时，这项工作的基础总是来自我个人的经验，它总是和我在我周围看到的那些事情有关。事实上，正是因为我觉得在我关注的事物中，在我去打交道的制度中，在我与他人的关系中，我发现了某种破裂的东西，某种单调灰暗的不和谐之处或运转失调的地方，我就会着手撰写一部著作，它实际上是一部自传的几个片段。"因此，福柯终其一生关怀的基本问题始终是"人自身的生活命运"，在他看来，人之为人的基本特点，就在于人是审美性的存在，时刻创造着自我满足的美学存在经验。米兰·昆德拉也曾经说：诗人的写作是为了推翻那些遮蔽真正存在的事物的屏障，诗人必须超越那些已经陈旧的真理，必须拒绝为人们提供浅显的真理，必须寻求那些在这里找不到的真理。也许我们永远都找不到这样的真理，但我期望通过这种写作反省，使自己被束缚的灵魂重新获得自己失去的青春，再次让我们日趋僵化的精神生命涌动跳跃，就像柏拉图"洞穴隐喻"中的那个挣脱绳索的囚徒，他要时刻关注自己的生命。

教育研究是饱含着研究者心血的东西，是对自己进行一种生命体悟式的"周全反思"，这种研究折射了研究者的生活体验，倾注了研究者的个人情感，浸润了研究者的理性思考，在用自己的心灵理解他人的同时也完成了对自己的理解，最终改进了教育实践，提升了教育思想，启发了教育智慧，润泽了教育生活。我们必须承认：我们怎么做教育研究，我们也就成为什么样的教育研究者。教育研究者选择了教育研究，不仅意味着选择了一种工作和职业，更意味着选择了一种生活方式，它占用我们的生命，敞亮我们的生命，呵护我们的生命。诚如社会学家米尔斯所言："作为学者，你有特别的机会来设计一种生活方式，它将促成良好的研究习惯。无论是否认识到这一点，在努力使治学臻于完美的历程中，治学者也塑造自我。我的意思是，你必须在学术工作中融入个人的生活体验，持续不断地审视它、解释它。"从这个意义上说，学术研究应该是研究者的栖息之所，套用海德格尔的话说，我居住，我逗留，我照料自己在教育研究中，这样的研究一定是充满生命力的，因为它是关于"我自己"的研究。柏拉图说，哲学产生于一种惊奇，这种惊奇就是一种渗透理性关怀的对生命的敏感，教育研究何尝不是如此。

当下教育研究中学术研究与"我们自己"的身心分离，学术研究似乎只是一种工作和职业的必要，有时候甚至是一种"晋升职称""获得荣誉""争取经费"的被迫行为，真正的个性精神、生命叙说、心灵澄明被挡在了教育研究之外，这样"生命自我"与"教育研究"对立起来了，学术研究成为外在于"我"的东西，成为"我"不得不去应对的东西。对于学术研究，我们就只关心一件事，即生产研究成果，发表研究论文。然后，研究完成，任务结束，束之高阁，周而复始。我们在工具化的研究中体会不出自我生命的快乐、冲动、解脱、安详、崇高、敬畏，更多的是为提高生产效率而产生的倦态、无奈、压力、焦灼，有时候甚至是痛苦。其实我们正在走向一种严重的异化状态，我们正在努力做着被迫的事情、心里想逃逸的事情。教育研究也因此褪去了它应有的魅力，走向功利研究、工具研究、消费研究，研究这件事变成了我们生命的障碍，我们似乎都是在迎合研究，而不是出于研究本身。我们不能像孔子、苏格拉底、亚里士多德等古代圣贤那样把教育及其研究当作实现自我的生活，当作我们道德生活的目的。我们发明了"职业"这个词，"研究"也因此成为学术人的"职业"而不是"志业"，"职业"的教育研究逐渐沦为一种与灵魂无关的知识传授和科学研究活动，"学术为生"变成了"学术谋生"，研究者的生命价值和精神价值在"职业研究"中似乎退隐乃至消逝了，使得今天的研究活动失去了对人自身生活和精神的引导与关注，使人在学术研究中缺少了一种惬意的价值存在的崇高体验感，我们被各种"知识""技术""制度""评价"再造为某种目的的"科研工具人"。

今天的教育日益为功利所羁绊，更多地被当作一种实用知识与技能训练的消费，成为人们追逐名利的法宝，它摒弃了那些能净化人心灵的古典知识，规限了人拓展生命与精神的空间。在利益得失、欲望骄纵的复杂多变的社会里，教育渐渐失去了其唤醒人心灵解放的理性光辉，成为一种建基于技术工具理性之上的，以符合人的"物化"意愿而提供给人更多的欲望满足。相应的学术研究也导致我们丧失了对"研究"的敬畏之心，有时候"学术"甚至被当成改变命运境遇的工具和功名利禄的阶梯，它满足着人的欲望，诱惑着人的野心。当人对一件事情没有了敬畏之心，也就关闭了入德之门。对此，舍勒说："我们一旦关掉敬畏的精神器官，世界就立即变成一道浅显的计算题。只有敬畏才使我们意识到我们的自我和世界的充实与深度，才使我们清楚，世界和我们的生活具有一种取之不尽的价值财富。"他还说："只有敬畏才在清晰而有限的思想和感觉内蕴含我们空虚和贫乏之时，使我们隐隐地意识到财富和充实；敬畏赋予我们一种感觉，使我们感受到尚未发掘出来，而且在尘世生活中无法发掘的生存与力量之宝藏。敬畏悄然将我们得以施展真实力量的空间暗示给我们：这是一个比我们的时间性生存更伟大、更崇高的空间。敬畏使我们不致对自己作出只会使自己着魔般茫然失措的、正反两方面的结论性价值判断；敬畏不断地给我们铺好绿茵，插好路标，我们走在上面自己探寻自己，也许不免迷途，最终却能找到自己。"敬畏教育，敬畏研究，其实就是敬畏生命；敬畏生命，人才可入德成人。教育研究倘若不通过对人生命存在的反思与理解，那又如何能捕捉隐藏于人的存在与生存策略意识下的种种教育问题呢？

教育是造就新生力量的事业。新生力量意味着赋予新的生命，也即教育要为个体生命的澄明提供指引，祛除其自我深层的内在遮蔽，教育无疑和人的生命密切相关。人是自己意识的对象，是自己感觉、认知、精神、情感、意志、愿望、审美的对象，在马克思那里，人是"按照美的规律来构造"，构造对象，也构造自己，因此，人应该是一种审美性存在。人要走出现代性的困境，恢复人之为人的自然面目，必须寻找人的价值性与审美性存在，凭借审美存在的态度与实践，使主体自身的现状不断地经由反省而有所超越，将自身培养成为独立自由和充满创造活力的价值生命体。审美的人生就是艺术的人生，审慎地对自我设定生活的美学原则，对自身的生存内容、行动方式和生活风格，进行持续不断的艺术创造的实践活动。

我们写的书，也是我们审美人生不可分割一部分，我要把它当作一件精美的艺术品，用心地打造和雕刻，用我们全部的身心来创作，这种创作就是我们的审美生活。正如苏格拉底在《申辩篇》中对审判他的法官们说，你们只关心自己的财产、信誉和荣耀，你们没有用"智慧、真理以及灵魂的完善"来关怀自己。我想，我们的写作，正是用我们的智慧、真理以及灵魂来完善我们的生命，关怀我们的生命，润泽我们的生命。《诗经》中说，一言以蔽之，曰"思无邪"。告诫我们，人要胸怀坦荡，光明磊落，做一个纯粹的人，做一个有信仰的人。学术，天下之公器也；学者，天下之良心也。学术人，尤其是要纯粹，甚至是要简单。

写就以上文字，反思教育研究中"身心分离"的问题，思考教育研究向何处去，其实是希望我们能涌现出更多、更好的教育研究成果。教育始终与国家发展和民族振兴同向同行。中国的未来发展，民族的伟大复兴，关键在人才，根本在教育。"为学之道，必本于思""不深思则不能造于道，不深思而得者，其得易失"。面对前所未有的发展机遇和严峻挑战，我们清楚地意识到，当下的教育还不适应国家经济社会发展和人民群众接受高品质教育的要求。教育发展的现状，期待我们必须更多地关注实践中的教育问题，思考每一个教育行动的价值和意义，探寻教育改革与发展的新路向，这是时代赋予我们的课题。作为教育研究者，我们要把眼光转向喧嚣的教育事实背后，去寻思那些被热闹所掩盖、浮华所遮蔽、习惯性遗忘的教育问题之域，创塑一种新的眼光、发挥一种新的想象力去了解与看清教育生活中所隐藏的矛盾与扭曲的事实，进而找到一种可行的教育改革进路去提升现实的教育品格。基于此，我们策划了此套丛书，在此要深深地感谢湖南师范大学出版社的大力支持，同时也感谢各位编辑老师的认真审校与勘误。

"衡山西，岳麓东，第一师范峙其中；人可铸，金可熔，丽泽绍高风。多才自惜夸熊封，学子努力蔚为万夫雄"，湖南一师高亢有力的校歌传递出历经千年弦歌不辍的深厚文化底蕴。这里的"丽泽"原义是"两个相连的沼泽"，《易经·兑卦》中云："丽泽，兑。君子以朋友讲习。"朱熹释义："两泽相丽，互相滋益，朋友讲习，其象如此。"后世将之比喻为朋友之间互相切磋。今年是湖南一师的百廿华诞，在这特殊时刻，出版"丽泽·教育学研究丛书"，助力"品质一师"建设，更重要的是希望开启共同愿景：

学者间相互问道，切磋学问，做真学问，行真教育，共同为中国的教育现代化贡献教育智慧和实践经验。

本套丛书的作者大多是湖南一师近年才引进的青年博士和博士后，他们秉承毛主席母校"千年学府、百年师范"的荣光，牢记主席"要做人民的先生，先做人民的学生"的教导，弘扬"传道树人、丽泽风长"的教风，践行"学思并进、知行合一"的学风，从他们身上我们看到了实现我们教育理想的某种可能。尽管他们书中有些观点和论证还显稚嫩和不足，但他们对教育理想的不懈追求，对教育信仰的虔诚敬畏，对教育现实的深厚关切令人感动。"士不可以不弘毅"，我们希望本套丛书能为中国的教育发展奉献我们一师人的一份心力。中国的教育改革之路是怎样的一条路？是哪些东西在遮蔽着我们前进的路？我们不敢说已经找到了答案，但现在我们拿出了勇气去上路，我们已经走在了寻找答案的路途中，关键是我们有一群志同道合的同路人。孟子有云："大人者，不失其赤子之心也。"我们有对教育的信仰，有执着于教育的理想，有我们坚定的守望和无畏的追求，我们一定能达成本丛书既定的目标。子曰："君子不器。"此之谓也。

胡春光
2023 年 10 月写于湖南一师特立北楼 202

自 序

在西方工业化的破坏及当时政府的漠视下，近代中国乡村逐渐处于破产状态。一批国内精英知识分子感于乡村复兴乃是民族复兴的基础，提倡知识分子下乡，进行乡村教育改革和乡村建设，从而掀起一股到农村去的思潮。

在这股思潮中，有人一开始就抱着改造乡村教育的目的，希望通过教育启发乡村民众，最终实现乡村改造和乡村建设；也有人最初是为了乡村建设，但在乡村建设过程中，发现教育是建设的必由路径，从而走向乡教之路。因而，近代乡村教育和乡村建设，实则是一体两面，难以泾渭分明。乡村教育成为 20 世纪二三十年代一场影响巨大且及于全国的思潮和运动。

值得注意的是，在近代乡村教育运动中，乡教先贤主张大众教育和全民教育，在其教育实践中，虽然也涉及乡村学龄儿童、师范生的学校教育问题，但总体而言，乡村教育的初衷和对象主要是政府所忽略的乡村民众，即农民；其教育内容在书本知识之外，尤其关注和农民生计、生活密切相关的技术性、实用性知识；其教学场域不限于教室，更多的是在田间地头和生活场域；其教学方法也非坐而论道，而是起而后行，注重教劳结合。

在乡村教育运动中，涌现出一批先行者、倡导者和践行者。他们有的广为人知，有的还需深入挖掘。目前对这些乡教先贤的研究，有的着眼于其思想考察，有的关注其人生经历。在众多研究中，存在两方面的不足：一是研究对象往往聚焦于陶行知、晏阳初、梁漱溟等乡教领袖，对其他冲锋在乡教一线的知识分子关注不够；二是进行思想研究时，没有深入思考其人生经历及选择教育、选择乡村的原因，考察人生经历时，没有聚焦其乡教之路，对其乡村教育思想的发展变迁有所忽视。

近代乡教先贤为什么会关注到乡村？他们是如何理解乡村教育的？他们为乡村教育做了什么？是什么在支持他们为乡村教育全力以赴乃至奋斗一生？

事实上，乡教先贤们虽然都走向乡村，都有教育救国、民族复兴的家国情怀，但其选择乡村的个体原因千差万别，改造乡村教育的路径也各有不同。本书聚焦于乡教先贤的乡教之路，解读他们放弃优渥待遇而投身乡村的人生选择；呈现他们奔走于泥泞之间、为乡村奋斗的别样人生；思考他们教育农民、建设乡村的教育思想；感受他们救国必先复兴乡村的家国情怀。在新时代乡村振兴的背景下，让我们当代的乡村教师、大学生及研究者们走近他们，认识他们，作出自己的选择吧！

张洪萍

2023 年 9 月

目　录

第一章
乡村复兴：近代乡教先贤的救亡之路

一、"建国君民，教学为先"：知识分子的救国新思路

　　鸦片战争以来，富国强兵成为国人的追求和执念。经过洋务运动、戊戌变法及清末新政等多次变法维新，精英知识分子意识到点滴的改良和变法无法改变清政府的朽败现状，救国必须革命，以暴力革命推翻清政府、建立中国国民自己的政府才是救国的唯一路径。

　　经过以孙中山为首的革命派的不懈努力和流血牺牲，辛亥革命后，民国得以建立。民国初建，临时政府颁布了一系列新的政治、经济、文化和教育等措施，精英知识分子和觉醒民众欢欣鼓舞，顿觉前景一片光明，以为富国强兵有了希望。1912 年 3 月，《申报》发表评论文章《对于各界之新希望》，记载了国人对中华民国的殷殷期待："光阴荏苒，忽忽已从旧历辛亥之残腊，而为壬子之新年。综计此十日，中国内大事之解决者，如清帝逊位也、南北统一也、更举总统也。凡此新旧之过渡，皆若与岁序之更迭，双方并进，不谋而合。故辛亥之末日，即满洲政府之结局，亦即数千年专制政治之结局。而壬子岁首为中华民国之发轫，亦为五大族共和政体之发轫。从此炎黄宇宙，整顿一新，我东亚大陆国将与欧美列强驰驱世界竞争之舞台矣。"①

　　然而，袁世凯的窃国以及北洋军阀的争地，使得通过暴力革命、流血牺牲建立的民国并未实现精英知识分子所期待的民主、自由、平等和富强。

---

① 对于各界之新希望 [N]. 申报 . 1912 – 03 – 23（1）.

反之，北洋政府与日本签订"二十一条"，使得国人再次感受丧权辱国的耻辱和亡国灭种的危机；军阀之间为争权夺利而连年战争，造成生灵涂炭，经济衰败。新建的民国，让精英知识分子看不到富强的希望，不得不再次思考和探求救国新路径。

在新一轮救国路径探索中，尤其是五四运动以来，国内知识分子和青年学生的思想得到大解放，对于救国的探索，有人依然坚持革命路径，主张通过革命推翻北洋政府，重新建立国民政府；有人主张科学救国，如任鸿隽认为"在现今世界里，假如没有科学，几乎无以立国"①；也有人主张走马克思主义道路，发动工农群众，建立真正的民主共和国家；还有人主张教育救国，认为辛亥革命以后的民国，正是因为教育尚未普及，广大民众未能接受教育熏陶，不具备"国民"素质，对于"国民"的权利不知不争，才导致民不能成为邦本，本不固则邦不宁。

主张教育救国的知识精英，大多数在清末正处于热血青年时期，为救亡图存和民族复兴，参与了清末暴力革命，对民国满怀期待。不过，期待高，失望亦大。北洋政府的所作所为，使得这些知识分子对暴力革命失去信心，转而对启蒙教育满怀希望。主张教育救国的知识分子，在学问上多中西贯通，既有传统的民本思想，也有现代的民主意识，故多主张建国君民，必以教育。启蒙教育，成为部分知识分子民族复兴、救亡图存的新路径。

二、乡村复兴即民族复兴：知识分子下乡与乡村教育路径

当启蒙教育成为知识分子复兴民族、救亡图存的新路径后，为了启民众、新国民，知识分子不遗余力地进行新教育的推广和普及。

在新教育的推广过程中，知识分子逐渐发现新式教育存在城市化、贵族化倾向，平民尤其是乡村民众的教育极为缺乏。事实上，中国以农立国，百分之八十以上的民众生活在乡间。因而，启民众、新国民的重点其实在

---

① 樊洪业，张久春．科学救国之梦——任鸿隽文存［M］．上海：上海科技出版社，2002：722．

乡村。

反观当时的中国乡村，一方面由于社会开化，乡村民众的思想日渐开明，一些传统乡村精英和新式乡土知识分子开始鼓励家族子弟到城市上学；另一方面，因政府盘剥和西方资本主义经济的压榨，乡村社会逐渐萎缩，原有的具有乡村保护性、领袖性及正义感的绅士逐渐流向城市。无论是乡村精英还是青年学生，流向都市后，很少有人再回流乡村。"农村社会人才缺乏，领袖短少"①，乡村"豪强、恶霸、痞子一类边缘人物开始占据底层权力的中心"②，近代乡村进入恶性循环，乡村文化、教育、卫生、经济等各方面持续恶化，并在 20 世纪 30 年代逐渐走向破产边缘。

占中国总人口百分之八十以上的乡村在破产之路上狂奔，作为国民主体的乡民蒙昧无知，要振兴中国，实现民族复兴就是空想。致力于普及教育和国民教育的知识分子很快就注意到中国乡村的困境，并敏锐地意识到在以农立国的中国社会，要想实现民族复兴，必先实现乡村复兴。"到乡村去"，逐渐成为主张教育救国的知识分子的共识。

事实上，提倡"到乡村去"的知识分子及其追随者，大部分出身乡村或是有乡村生活经历。据统计，1931 年时全国专科以上学校中农村学生数就占到总数的 25%，到 1935 年，15 省市的普通中学中，来自农村的学生比例多者高达 83.4%，最少也有 22.5%。③

这些能跳出乡村围困的农家少年，多数身怀理想，对国家和社会具有较强的责任感。他们在城市接受教育后，虽因乡村的衰败以及发展机会稀少而留在城市，但乡土情感和家国情怀一直深埋心底。所以，当 20 世纪二三十年代的乡村教育思潮兴起后，在乡村教育领袖的引领下，这些乡村精英逐渐回流乡村。

正是因为乡村教育领袖及其追随者对乡村的情感及教育救国的信仰，他们才能在走出乡村后，又义无反顾地回到乡村，致力于乡村教育和乡村改造，期待乡村复兴，最终实现民族复兴和救国理想。

到乡村去的知识分子，面对乡村社会的困境，从不同路径进行乡村教

① 杨开道. 农村社会学 [M]. 上海：上海世界书局，1935：56.
② 许纪霖. 近代中国变迁中的社会群体 [J]. 社会科学研究，1992（3）：84-87.
③ 任金帅. 聚同道于乡野：华北乡村建设工作者群体研究（1926—1937）[M]. 太原：山西人民出版社，2013：60.

育，进而开始乡村改造和乡村建设。他们有的一开始以新村建设为目的，在对乡村学校教育和乡村民众教育改造的基础上，实行农教合一，进而对乡村民俗、乡村生计和乡村自治等进行改造，如目前为止所知最早进行乡村教育和乡村改造的王拱璧。他们有的从乡村师资的培养入手，希望通过乡村师范教育，培养适合于乡村社会和乡村生活的乡村教师。在培养乡村教师的过程中，以乡村师范为中心，以乡村师范的师生为主体，辐射乡村社会，进行乡村民众教育、生计教育、卫生教育等乡村改造和建设工作，如黄质夫、金海观等乡村师范教育家。他们有的以乡村民众为主要教育对象，通过文艺教育、生计教育、卫生教育和公民教育，改变乡村民众思想，激发乡村民众的自主发展能力，实现对乡村社会的改造。在乡村教育的基础上，进而涉及县政改革，希望通过制度改革和政教合一，建设乡村，如晏阳初。也有从文化复兴走向乡村社会的知识分子，最初并不关注乡村教育，一心进行乡村建设工作，在建设过程中，发现乡村教育是乡村改造和乡村建设的必由路径，并在乡村制度建设和组织建设方面着力尤多，如梁漱溟。还有的人从旧式塾师到新式知识分子，由扎扎实实办理乡村小学，到最后全面规划苏区、边区乡村教育发展，以人民的教育为旨归，如徐特立。在众多乡村教育先贤中，其乡村教育实践虽然只集中于南京晓庄和上海宝山的部分地区，也没有涉及更高层次的制度和组织建设，但其在乡村教育实践中的诸多创造以及乡村教育理念却成为其后乡村教育工作者的行动榜样和指针，如陶行知。

第二章
乡村教育的先行者：王拱璧

一、新村建设：乡村复兴的路径选择

（一）热血青年苦寻救国路

王拱璧（1886—1976），名璋，字拱璧，中年以后以字行。曾用名白丁、拱北、公辟等。河南西华县孝武营村人，兄弟三人，两个姐姐，王拱璧排行第三。父亲王际泰，耕读传家，白天耕种，夜晚苦读，科考全县第一，1902 年在本村创办崇实小学堂。王氏家族在当地为缙绅之家，所以，王拱璧从小家境优越，"对家事一贯模糊，且厌闻家事"，由于"一生不愁吃穿，所以在'事业'上考虑得多，在经济上考虑得少"。① 经济的丰盈及不问家事之性格，为王拱璧以后捐产兴学埋下伏笔。

图 2 - 1 王拱璧

十七岁之前，王拱璧读的是私塾，受的是传统教育。直至十七岁后，进了河南府中学堂和高等学堂，开始读一些时务书籍和报刊。清政府的腐朽和西方列强的豪横，激起了青年王拱璧"排满""灭洋"的狂热情绪。

1908 年，王拱璧前往上海，先进中国公学，后进上海体育专科学校。

---

① 王拱璧. 自传［M］//窦克武. 王拱璧文集. 郑州：河南大学出版社，2013：1.

上海新潮涌动，加上天天出入于英法租界，外国巡捕不把中国人当人的现实，使得王拱璧深信救国必须革命，遂加入中国同盟会。同盟会当时只主张推翻清政府，而不提"灭洋"，王拱璧内心虽不满意，但当时尚未找到新的救国路径。

辛亥革命后，表面上排满已然成功，但民初政治腐败，党纪（同盟会后改为国民党）废弛，王拱璧一度对政治失去信心，转而投身教育。相继在河南留美预备学校（后来的河南大学）、河南高师担任体育、音乐课程教学，同时兼任二中和矿专等学校的音乐课程。①

虽然身在教育界，但当时袁世凯窃国，列强仍图瓜分中国，国耻民恨使得青年王拱璧热血沸腾，再也无法静心教书，希望能出洋找寻救国之路。1917年，王拱璧考取教育部赴日公费留学，前往早稻田大学研读教育和社会科学。

彼时，日本强迫北洋政府签订"二十一条"，引起国人的反日情绪。尤其是一战以后的巴黎和会，中国以战胜国身份，不仅要求撤销"二十一条"被拒绝，还将德国在中国山东的权益转让给日本。外交失败使得国人的反日情绪高涨。

王拱璧早就有"灭洋"之志，又逢反日高潮，在日本学习之余，到日本多地游历，积极参与反日运动，撰写《东游挥汗录》等系列文稿。在《东游挥汗录》中，王拱璧直指日本"为强盗教育普及之国，爷娘膝下、幼稚园中，已授以杀人越货之机，鼠窃狗偷之能（第观其初等教育常识课即知）。其所以谋算我、割我者，决不仅其少数之执政者"②，揭示日本对中国的虎狼之心。在参与政治运动的同时，王拱璧一直在思考救国之道。

（二）新村选择：由革命救国到乡村复兴的转向

辛亥革命后北洋政府的腐朽做派，使得王拱璧对暴力革命失去信心，转而倾向于第三国际和无政府主义。适逢日本武者小路实笃宣扬新村主义，并进行新村实践，使得王拱璧将救国的方向转向基层农村，对武者小路实

---

① 《王拱璧文集》中的《自传》和《年谱简编》有些记载存在矛盾，如《自传》说是在二中任课，《年谱简编》回忆的是一中。此处从《自传》。

② 王拱璧. 东游挥汗录·冠辞 [M] //窦克武. 王拱璧文集. 郑州：河南大学出版社，2013：205.

笃所提倡的新村充满希望。

武者小路实笃出身贵族，东京帝国大学毕业，从事文学工作，是日本白桦派的代表作家。"一战"以后，受克鲁泡特金的互助理论和托尔斯泰泛劳动主义的影响，武者小路实笃热心于乌托邦式的新村运动。1918年，武者小路实笃连续发表三篇关于新村的文章，宣传模范新村思想，提倡新村主义，并于当年底在宫崎县的山村进行实验。其实验目的是"要使全人类协同而营'人的生活'，要使全人类大家去走'人'的正道，要使一切的'人'从衣食住的忧虑中解放出来"，使得大家过上"真正的人的生活"①。要过真正的人的生活，武者小路实笃不主张"为创造新世界而使用暴力"，提倡"要靠人类的理性、爱和理智来一步一步地实现"，通过少数人的合作，创造新生活。②

武者小路实笃的新村运动引起国人兴趣。1920年，国内出现一批研究新村的文章，有介绍欧洲新村的、有介绍日本新村的。正在寻找救国路径的共产党创始人，也对新村进行过研究，如李大钊就撰写了《美利坚之宗教新村运动》《欧文 Robert Owen 底略传和他底新村运动》两篇文章，毛泽东也拟于长沙岳麓山进行新村实践（未实施）。1920年底，新村思想在中国逐渐沉寂。

王拱璧和武者小路实笃的新村如何结缘，现存史料记载不多。据说，王拱璧曾亲自拜访过武者小路实笃，他的杂志目录中有武者小路实笃的《新村》，王拱璧的儿子回忆说是武者小路实笃从日本寄来的。③王拱璧是否和武者小路实笃有直接接触，并无其他资料佐证，在《自传》中，王拱璧也只是简单提及他思考救国路径时，新村是其中一种选择。④

王拱璧回国后，国内的新村主义正热火朝天，这应该在一定程度上坚定了王拱璧的新村选择。所以，中国的新村研究虽然逐渐沉寂，王拱璧的新村实践却刚开始。

---

① 李宗武. 日本底新村运动［J］. 教育（东京 1921）.1921，1（1）：102–106.

② 林恒青. 武者小路实笃的"新村"运动及其对周作人的影响［D］. 福州：福建师范大学，2001：10.

③ 王拱璧和武者小路实笃的关系出自王金玉和窦克武《王拱璧"新村生活"述评》一文。此文收在窦克武 1991 年所编的《王拱璧文集》中。

④ 《自传》中，王拱璧提到，"当时我对于国际的政治总路线，还是模糊——一方面承认第三国际是最大的进步的政治组织，便觉'阶级斗争'还不尽适合中国，因而还倾向着巴古宁们的无政府主义，又意味着武者小路实笃们的新村运动"。

二、"到农村去"：青年村的新村建设

（一）乡村自治：建设青年村

1919 年底，王拱璧因父亲病故回国。处理完父亲的丧事后，他既不想应教育部之邀，也不想在军阀统治下教书。其时，乡村崩溃已经初现——"贫民多被迫背井离乡，外逃谋生。地富多携眷避难到城内"①。留在村里的多是中农，既不像贫农贫苦无依，也不像地富可以退居城市。他们退无可退，虽然留下，却又不能改变日益恶化的乡村。

基于多年来对救国路径的思考、对西方和日本等国的考察，回归乡村、提倡农治成为王拱璧的人生选择。几年以后，王拱璧给章士钊去信称："知先生眷怀农治，耿耿犹昔。愚亦崇拜农治之一人，而尤拳拳于普及农教，为精进农治之基。故一志孤诣，治村创学，冀为乡党效其前驱。"② 在信中，王拱璧认为以工商立国的国家，因政治、交通、物产等原因，人民多居于城市。我国是农耕国家，农民安土重迁，故千百年来大城市寥寥无几。民国以来，一反农本政策，以致农村破坏不止。③

王拱璧主张农治，将救国视野转向农村，又受新村主义的启发，乡村改造和乡村复兴就成为他的必然选择。他决定"到农村去"，并誓言"宁到农村走绝路，不进都会求显通"。④

王拱璧义无反顾，决定留在家乡，进行新村建设，为乡党尽一份力，既造福桑梓，也为实现自己的政治理想。

王拱璧的新村实践，虽然受武者小路实笃新村思想的启发，但武者小路实笃的新村思想具有空想特征，王拱璧还是比较清楚的。因而，他在家乡的新村实践，超越了武者小路实笃新村的空想成分，结合中国实际，汲

---

① 窦克武. 王拱璧文集［M］. 郑州：河南大学出版社，2013：36.
② 张卓群，宋佳睿. 民国名刊丛书·第 2 辑·甲寅通信集［M］. 福州：福建教育出版社，2016：400.
③ 王璋. 农治［J］. 甲寅（北京），1925，1（14）：20 – 21.
④ 窦克武. 王拱璧文集［M］. 郑州：河南大学出版社，2013：43.

取乡村自治思想，进行了本土化的改革。

王拱璧的乡村自治，不再是传统的少数乡绅的自治，而是新兴的、从西方传来的民治。王拱璧认为，河南的基层自治，成绩不佳，主要原因在于办理自治者，"但知在章程上筹备，不知在人心上筹备"，"真正自治，当从民间出发"。所以，王拱璧束装归田，希望从根本上做"调查与实验"。①

1920 年春，王拱璧的新村实践正式开始。首先召开村民座谈会，村里知识分子参会，讨论如何改变乡村风貌，包括改组村事务所、改组保卫组织、遏制盗匪豪霸、减租减息、组织青年自治会、改良学校等十余条。② 在讨论的基础上，王拱璧撰写建村计划，并在夏初召开村民大会，开始新村建设，并将孝武营村改名为青年村。

王拱璧按照建村计划进行新村建设。首先从改组保卫组织入手，将原有的"看家队"改为保卫团，作为乡村保卫力量以及新村建设的骨干力量，其成员多为中农和贫农。仲夏时节，孝武营村成立青年自治会，以保卫团员为骨干，吸纳村里两千多户为成员，实行乡村自治，拒绝官治。青年自治会为青年村乡村自治的核心组织，王拱璧自任会长。青年自治会下，各村设有事务所，办理各村事项。青年自治会立有会规六条："不留发辫、不缠脚、不娶缠脚妇女、不娶妾、不吸鸦片烟、不赌博。"③ 并提出五项施政措施："推行义务教育、促进剪发放脚、调查毒品、联防盗匪。"④ 希望通过青年自治会，移风易俗，改变农村旧习俗、坏习气。

为了改变乡村风气，发动农民参与乡村自治，青年自治会成立自治讲演团，还发动学校学生，到各村游行宣讲自治、宣扬强迫教育、提倡男剪发女放脚、禁止吸烟等，并由各村督察员驻村催办。经过宣讲及实践效果展示，至 1923 年，自愿加入新村建设的乡村达到 26 个，包括村庄 120 个。⑤

1921 年，青年村开始减租减息。地租由原来的上地 105 斤、中地 70 斤、下地 52.5 斤减为上地 70 斤、中地 50 斤、下地 40 斤。借贷和利息也由

---

① 王璋. 筹备自治之前提 [J]. 河南自治周刊, 1923 (42): 3–5.
② 窦克武. 王拱璧文集 [M]. 郑州：河南大学出版社, 2013: 36.
③ 窦克武. 王拱璧文集 [M]. 郑州：河南大学出版社, 2013: 37.
④ 自治要讯：西华县青年村之自治运动 [J]. 河南自治周刊, 1923 (40): 15–18.
⑤ 自治要讯：西华县青年村之自治运动 [J]. 河南自治周刊, 1923 (40): 15–18.

原来的最低月利三分减为不超过年利二分。① 虽然在实施过程中，发现减租减息在实际上存在佃、主私自通融和高利转贷等情况，但马上在进一步的推进中进行了改革。

王拱璧在青年村实行减租减息，对于农民而言，减轻了负担，自是热烈拥护，王拱璧很快取得农民信任。基于减租减息而推行的其他改革，也进行得较为顺利。加上村民作为自治主体参与乡村治理，主人翁热情得到释放，各项自治工作进行得轰轰烈烈，也渐有成效。

1924 年 7 月，《新中州报》记者前往青年村，"全校及青年村中，无一吸水烟者，纸烟更属绝迹，村中妇女三十岁以下均天足，尤为特色"②。26个新村中，五分之三的男子头发已经剪净；女子放脚稍显迟缓，青年村以外，其余村庄约有半数的妇女开始准备新式鞋袜。禁烟一项，也由自治会函请各村村董及公正乡绅认真查禁。联防事业，则拟定联防计划，联合各村保卫团合力进行。③ 可能是青年村及新村的联村自卫名声在外，其时河南匪乱如麻，乡村多遭匪祸，独青年村等新村得以自保。且乡村环境大为改善，俨然一世外桃源。④ 王拱璧的新村建设成效初现，渐有声誉。青年村的一些重大活动，西华县知事也开始派人参加。⑤

青年村的建设效果，在河南省内引起反响。1922 年，河南自治筹备处委任王拱璧筹备西华县的自治工作。新村建设得到社会认可，而且要改进的是本县自治工作，王拱璧十分振奋，全心全意筹备县里的自治工作。他根据在青年村的自治经验以及调查研究，发现乡村多数民众处于混沌蒙昧状态，尤在期待宣统皇帝复辟，对于民国竟是在心底里不认可，因而人心不定，社会混乱。王拱璧认为，要稳定人心，筹备自治，须得在"改制""更始"上下功夫，让乡村民众真正意识到民国的存在。主张在自治章程外，须从四个方面入手：一、联合各省人民团体，驱逐清废帝溥仪出京，流放边疆，同时修改其优待条件；二、将立春、雨水等二十四节，备注于

① 王拱璧. 年谱 [M] //窦克武. 王拱璧文集. 郑州：河南大学出版社，2013：37 – 38.
② 青年村设施调查 [N]. 新中州报，1924 – 08 – 13. 转引自：窦克武. 王拱璧文集 [M].
郑州：河南大学出版社，1991：375.
③ 自治要讯：西华县青年村之自治运动 [J]. 河南自治周刊，1923（40）：15 – 18.
④ 河南青年村之农村教育 [N]. 益世报（天津），1924 – 07 – 13（7）.
⑤ 自治要讯：西华县青年村之自治运动 [J]. 河南自治周刊，1923（40）：15 – 18.

阳历十二个月中，制新历，禁旧历；三、重惩不遵民国制度而仍用满清服制仪仗者；四、当局禁绝蓄辫缠足。"①

王拱璧希望通过上述措施，从最根本的人心入手，在乡村民众心中树立"民国"之国家观念，使乡村自治真正成为民治，而不再是乡绅尤其是豪绅之治。因而，王拱璧在县城召开大会，通过调查、选举，抑制豪绅在政权中的地位，鼓励村民参与乡村治理。

王拱璧虽然剥夺了西华县几个大豪绅的参政权利，但其时乡村豪绅势力强大，自治工作推进并不顺利。乡村豪绅的抵制，这是近代乡村改革和建设中的共性问题。如果没有根本的政治制度保障，单靠个人力量和政府暂时赋权，无法根本解决乡村的豪绅问题。这也是民国时期乡村建设最终不能成功的根本原因。

（二）人才培养：青年村的教育改造

王拱璧认为，我国 20 世纪以来的教育改革，皆拾西方工业国家和日本教育遗规，无异于缘木求鱼，和我国以农立国之现实与民性不合，他主张培养农技人才。因而，在王拱璧的新村建设中，最重要、影响最大的是他的乡村教育改革。

1. 注重学校教育，提倡义务教育

1920 年，王拱璧以他父亲所办的崇实小学为基础，成立青年公学，并担任校长职务。青年公学的经费来源，包括村里公田百亩的田租，以及县里、区里的经费补助和学费收入，每年收入在千余元。但一年用度得二千四五百元，不敷之款，由校长王拱璧捐助或募捐②。为此，王拱璧捐田三十余亩、粮四千斤、钱三百元及其五年工资③。

在近代中国的乡村教育史上，有学者认为王拱璧"是中国近代乡村教育的先行者和最早的探索者"④。此言不虚。

20 世纪以来的中国教育改革，多在城市设立新式学堂，乡村新式教育

---

① 王璋. 筹备自治之前提 [J]. 河南自治周刊，1923（42）：3 - 5.
② 河南青年村之农村教育 [N]. 益世报（天津），1924 - 07 - 13（7）.
③ 王拱璧. 年谱 [M]. 窦克武. 王拱璧文集. 郑州：河南大学出版社，2013：37.
④ 孙诗锦. 启蒙与重建：晏阳初乡村文化建设事业研究（1926—1937）[M]. 北京：商务印书馆，2012：63.

基本上是一片荒漠。1919 年，余家菊发表《乡村教育的危机》一文，指出中国乡村教育已经破了产，乡村的教育事业大家都不愿干等危机。乡村教育受到国内学者关注，报刊发文量逐渐增加。实践领域内，几乎是同一时间，① 南方有南高师农科的师生在江宁县沙洲圩设立农村学校以改良农村社会，北方有王拱璧在孝武营村的青年公学正式开学。二者虽然是同时创办新式乡村学校，改革乡村教育，但南高师是由师生群体办学，是集体智慧的结晶，其办学对象主要是农村学龄段青少年。王拱璧的青年公学，却是秉承他个人的救国理想、教育理念和教育经验进行，其办学对象既有学龄儿童，也有乡村教师，还有农民。故无论是设学对象还是办学力度，王拱璧的乡村教育改革较之南高师农科，都有过之而无不及。

王拱璧在教育领域任职多年，经验丰富，又曾在日本留学，思维开阔，故虽无成验可循，然其办理青年公学，诸多革新。

青年公学招聘郭立唐、张俊民等六人为教师，成立校董会和教育研究会，于 1920 年 10 月 9 日正式开学。学校占地十二余亩，教室八间，运动场地三处，设有学生宿舍及教员住宅，并有农林试验场、桑园各一，分别占地七亩多。②

青年公学初办时，招收小学部、农民补习部共七级五班。学费根据家庭资产多少收取，补习科和无产业者不收学费，女生减半收费。初级小学亩收五十文，收至百亩为止；高级小学亩收一角，至六十亩为止。③ 青年公学开办以后，得到农民的认可和拥护，农民子女纷纷请求入学。

至 1924 年，青年公学有初级小学生 102 名，包括女生 34 名；高级小学生 98 名，内有女生 6 名。④ 初级小学学制四年，进行复式教学，试行道尔顿制，注重学生的讨论和启发；高级小学学制三年，到第三年，则分职业与升学两科。预备升中学者，课程内容与普通小学同，试行弹性学制；而预备谋生活者，则加授国文（应用文）、算术、工艺、农事等科目。⑤

---

① 南高师农科于 1920 年 10 月 10 日在沙洲圩设立学校，由农科师生轮流前往任教；王拱璧在河南孝武营村的青年公学于 1920 年 10 月 9 日正式开学。
② 河南青年村之农村教育 [N]. 益世报（天津），1924 – 07 – 13 (7).
③ 河南青年村之农村教育 [N]. 益世报（天津），1924 – 07 – 13 (7).
④ 河南青年村之农村教育 [N]. 益世报（天津），1924 – 07 – 13 (7).
⑤ 河南青年村之农村教育 [N]. 益世报（天津），1924 – 07 – 13 (7).

青年公学在教学上采用当时刚从西方传来的道尔顿制，注重学生的启发和主体发挥，极具现代性。从其学级编制来看，注重乡村教育实际，在高小阶段实行分科教学，兼顾升学与就业。青年公学的教学改革，成为颓废落后的乡村教育的一线曙光。

青年公学以发挥平民精神、改进农村生活为主旨，培养学生的主动性和道德修养，并加入农村生活要求十条，实行农教合一。学校生活以"劳动"和"健康"为宗旨，设有运动场、农林试验场、桑园等场所，购置有运动器具、木工、铁工、油漆、卫生等各项工具一千多件，以供学生锻炼和劳动实践。其中就植树一项，五年时间内，师生植树和劝说乡民植树达到四五千株，仅1925年3月就植树18种598棵。①

作为乡村学校，青年公学要培养的是适于乡村生活的人才，自应和城市学校有所区分，故其教学切近农村生活。由于当时各书局的教材，多以城市学校为本，不合于乡村学校之用，因而，青年公学所用的教材，多选择农村事项，并注重实地考察。一到夏季，教员就带领学生到农田劳动，并请富有农村生活经验或有专长的老农二三十人，作为农作、养畜、野菜、果园、林业、乡土、故事、歌谣、养蚕、养蜂、磨粉、烹调、建筑、医药、木工、铁工等各科顾问，通过集会讲谈、并酌采相关内容编入教材，对学生进行农事教育。②

五四运动之后，知识分子的思想得到大解放，开始引进国外有益学生能力发展的社团组织，王拱璧也积极借鉴并大力推行。青年公学里设有校友会、自治会、农会、读书会、演说会、同乐会、贩卖团、音乐会、劝学会、蚊蝇队、毕业学生会、新剧团、毽子会、球队、驱害虫队、算会、素社、灯谜社等，多达十八个社团。③ 众多社团中，除开农会、蚊蝇队和驱害虫队具有乡村特色之外，其余社团和城市学校并无太大差别，兼具学习、运动、游艺和思想启蒙等特征。

青年公学应该是当时最早进行教育改革的乡村学校，无现成经验以资借鉴，但其课程关注乡村生活需要、教学注重学生实际操作、校园生活丰

---

① 西华青年公学植树之成绩［J］．河南林务公报，1925，1（11）：1–3．
② 河南青年村之农村教育［N］．益世报（天津），1924–07–13（7）．
③ 河南青年村之农村教育［N］．益世报（天津），1924–07–13（7）．

富多彩，诸多创新，即便是和陶行知等人后来所进行的乡村教育改革相比，也毫不逊色。王拱璧在青年公学的创举，为乡村教育改革，提供了新思路，开辟了新道路。

青年公学开学后，王拱璧特作校歌一首以示庆祝：

青年公学乐乐乐乐乐

青年公学哈哈哈哈哈

青年公学乐乐乐

乐乐乐乐乐　乐乐乐乐乐

哈哈哈哈哈　哈哈哈哈哈

青年公学乐乐乐乐乐

哈哈哈　哈哈哈①

歌词中的"乐哈哈"，充分表达了王拱璧心中的喜悦。毕竟，此时新村实践十分顺利，村里的新式学堂得以开学，王拱璧的乡教改革和乡村建设正朝着他的设想和规划发展，自是值得乐呵的事情。

青年公学开学后，为进一步推广义务教育，通过自治讲演团并发动学生到各村巡回宣讲，农民对于子女接受新式教育逐渐认可。到 1923 年，青年村及邻近的 26 个新村，改良私塾，更换教师，建立新式小学十余所，并进一步扩充班次，在一等村添设新生班级四级，二三等村添设三级，男女兼收。② 1924 年，青年村及其他新村决定实行强制的义务教育，男女到了入学年龄，必须入学。

清末十年的教育改革中，就有强迫教育章程的颁布。民国各省政府也屡屡颁布各种义务教育章程和实施计划，但除开山西，皆为具文。王拱璧在青年村推行义务教育，可谓乡村义务教育的先锋。

2. 拓展办学领域，蜚声国内乡教

随着新村建设的推进，王拱璧觉得青年公学单办小学已不能适应新村建设需要，中学、师范教育及职业教育等科急需开设。他再次捐地 22 亩，

---

① 王拱璧. 歌词两首［M］. 窦克武. 王拱璧文集. 郑州：河南大学出版社，2013：102.

② 自治要讯：西华县青年村之自治运动［J］. 河南自治周刊，1923（40）：15－18.

并到开封募捐，在友人任白涛、杜子劲、牛信予等人的热情协助和省署教育处的大力支持下，募得五百余元。新的校舍于 1924 年 10 月动工，总共花费 2400 余元，历时月余。增建教室两间，每间可容六七十人，建造宿舍、图书室、办事室及厨房等，并增添各种教学设备。落成典礼上，村民及四方来观者 1600 余人。① 1925 年，青年公学增设中学部，招收初中、师范各一班。到 1926 年，青年公学在小学、初中、师范之外，还设立了初级、高级及女子补习班等各种班次，学生人数在七八百人。因办学成绩卓著，河南省政府决定每年补助经费两千元，以促进其发展。②

王拱璧默默地在青年村进行乡村教育改造和乡村建设实验，并未想过大肆宣扬其新村建设事业。但同县友人杜子劲曾为青年公学捐款，对青年公学较为关注。看到青年公学经过几年的发展，成效初显，按捺不住兴奋，在 1925 年写了一篇《青年公学大略》寄往北京《晨报》发表。王拱璧的新村建设因此显露于大众视野，并日渐受到社会关注：北京《晨报》记者白露、湖南社会问题研究社易风、南京晓庄师范杨超、山西《自治周刊》社王尚元、河南自治促进会邓元龄、河北翟城村参观团以及定县平教区代表等陆续到青年村参观、讨论乡村教育和乡村建设问题③。来青年村参观的上述人员中，就有当时正在筹备、后来影响极大的乡教各派，如陶行知的晓庄师范、晏阳初的定县实验人员。可见，王拱璧的青年公学及青年村建设，对于后起的乡村教育各派具有经验借鉴意义。

其时，陶行知和赵叔愚等人正在筹办晓庄，计划试办乡村师范，遂邀请王拱璧前往南京游览并商讨乡村教育问题。因为村务和校务繁忙，王拱璧未能成行，只是函寄了对乡村教育实验的一些看法，认为"实验农教，应选择具有农村经济、农村社会典型的真正农村里去做。否则，就不能真正解决农教问题。因为教育是要结合生产、生活的，而都市近郊人民的生产生活，一般都是都市化了的"④。

晓庄靠近南京，即王拱璧所言的都市近郊地区，似是王拱璧对陶、赵二人的选址有不同意见。王拱璧关于乡村学校的选址意见，对陶、赵二人

---

① 豫南青年村之组织［N］．益世报（天津），1925 – 02 – 18（7）．
② 土匪蹂躏豫民惨状［N］．益世报（天津），1926 – 10 – 24（2）．
③ 王拱璧．年谱［M］//窦克武．王拱璧文集．郑州：河南大学出版社，2013：40．
④ 王拱璧．年谱［M］//窦克武．王拱璧文集．郑州：河南大学出版社，2013：41．

并没有产生实际影响，这可能是王拱璧后来觉得和陶、赵二人在乡教理念上有所不同的原因。他关于乡村教育的其他建议，对陶、赵二人影响如何，现已无资料可考。也许是陶行知和赵叔愚觉得王拱璧是乡村教育改革的先行者，他的看法值得重视；也许是他们本来就部分认同王拱璧的乡教理念，1926年春天，陶、赵二人再次电邀王拱璧前往南京面谈乡教事宜。

王拱璧虽然感觉和陶、赵二人的乡教理念有所不同，但又觉得应该前往江浙等教育发达地区一观，遂取道武汉前往南京。在参观了南京和杭州的一些学校后，王拱璧觉得江浙学校的美式教育尤其是杜威味道过于浓厚，带有强烈的殖民地教育烙印，这和他青年时期就植根心里的"灭洋"之志格格不入。江浙的学校如此，赵、陶二人都毕业于美国哥伦比亚大学，深受杜威思想影响，尤其陶行知其时尚未建构起他自己的生活教育理论，思想上的杜威味道尤其明显。因而三人面谈时，意见相左，未能达成共识。

从现有资料来看，王拱璧是一个较为自信但相对封闭的乡村教育和乡村建设先行者。他默默耕耘于青年公学和青年村，对于乡村教育和乡村建设少有宣传和提倡，即便是陶行知等人主动和他交流沟通，也因为乡教理念不同而继续故步自封。因而，王拱璧虽为国内的乡教先行者，但他的乡教影响基本局限于河南一隅，而未能如陶行知等人一样影响及于全国。

随着晏阳初、陶行知等人后来提倡乡村教育，号召知识分子下乡，乡村教育和乡村建设渐成潮流，南北各地陆续出现一些乡村教育和乡村建设的实验区。作为乡教和乡建先锋，王拱璧似乎并没有和后起的这些实验区有太多的交流，因而，他对这些实验区的认知和评价就显得比较主观。他认为，定县的乡村教育是贩卖美式生活、江友渔的善人桥新村是资产阶级的巧开心、河北的翟城村自治是维护封建秩序。[1] 当然，王拱璧的评价，也可以看出他对青年村建设的自信。他最初所信奉的武者小路实笃的新村理论，也被认为是逃避现实，说明在青年村的建设过程中，他已经超越了新村的乌托邦空想而进行了本土化改革。

3. 实行农教合一，兴办民众教育与夏令学校

王拱璧的新村建设，学龄儿童的义务教育是其重点，但不是唯一。青年公学在注重学校教育的同时，也关注校外教育。其校外教育包括：

---

① 王拱璧. 年谱 [M] // 窦克武. 王拱璧文集. 郑州：河南大学出版社，2013：39.

　　学生的校外教育。学生放假或毕业后，由校友会和自治会负责联络学生，教师按时召集学生训话，或随时访问，对学生提供校外指导。

　　乡民的校外指导。对于学校附近的买卖人、未入学的儿童，注意其言行，随时召集并进行指导；对本村村民，按时进行谈话，三十里以内的乡民，则由师生在周末进行巡回演讲，或编简明口号，教授乡人。①

　　为了进一步服务、开化乡民，1921 年元月，青年公学附设农民夜学识字班，农民来学者五六十人。②

　　王拱璧在青年村建设之初，就主张农教结合，奉行教育和农业生产相结合，乡村教育和乡村建设齐头并进。所以在设学之初，招收小学生的同时，也设农民补习部。同时开辟学校园地，以供师生农艺实验之用。

　　为发展农业生产、农村副业和家庭手工业，青年公学的农业教师组织老农、农妇和长于手工业的农民数十人，召开生产座谈会，号召附近农民学习生产技术，改进农业生产。③ 1922 年，青年公学联合本县几所学校，进行巡回讲演，宣扬乡村自治，宣传农业生产技术和乡村生活知识。

　　1922 年开始，江苏各省立师范院校开始建立乡村分校，兴办乡村师范教育。乡村师范实行开门办学，对学校周边的农民进行识字教育、农业生产教育及思想教育，积极服务乡村。青年公学的校外教育，和江苏乡村师范的校外服务内容大同小异。王拱璧以一己之力，行种种开创性的工作，其创造能力，让人惊叹。

　　王拱璧还开办夏令学校，招收两班共 103 名乡村教师进修教学方法，改造乡村教育，并招收体育一班共 62 名，以普及群众体育，推动乡村体育发展。④

　　夏令学校实则暑期学校，主要是利用暑假时间，为教师的进修学习提供便利。国内最早创办暑期学校者，当数江苏省。1915 年，江苏省教育会创办小学教授法讲习会，1916 年开办小学教员暑期讲习会。不过，最初的暑期讲习会，主要面向本省小学教师，影响未及全国。产生全国影响的当

---

　　① 同力. 介绍"青年公学"［N］. 晨报副刊，1924 - 08 - 19（3 - 4）.

　　② 孙发义. 郾城县青年高级中学沿革［M］//纪念王拱璧筹备委员会. 王拱璧诞辰 100 周年纪念册. 郑州：河南大学出版社，1986：19.

　　③ 王拱璧. 年谱［M］//窦克武. 王拱璧文集. 郑州：河南大学出版社，2013：38.

　　④ 河南青年村之农村教育［N］. 益世报（天津），1924 - 07 - 13（7）.

属 1920 年南高师所办的暑期学校，仅河南就有 17 人前往学习。① 王拱璧创办夏令学校，可能是受南高师暑期学校的影响，也可能是他在日本留学时对日本经验的借鉴。

鉴于乡村民众缺乏自治常识，王拱璧还设夏令自治学校，邀请内务部模范自治讲习所毕业的张樾青、李警辰，以及他自己担任讲席，培养乡村自治人才。自治学校的办学宗旨在培养街村间长及乡村自治人员，拟在河南省内招收 50 名（实际招收 44 名②）14 至 20 岁、中等学校毕业；曾任或现任小学教员；曾办公益两年以上者入学。学习两个月，考核合格并发给文凭，③ 为河南早期自治培养了一批人才。

（三）荣光中的毁灭：新村建设的失败

青年公学在初创中虽然发展艰难，但王拱璧及学校众人依然信心十足。在学校《三周纪念歌》中，充分展现了青年公学人的雄心壮志：

经过了的兵荒匪乱，没把我们解散；

经过了的洪水大旱，没把我们解散；

青年公学而今三年，姊妹兄弟可胜从前？

大家努力！大家努力！

不怕小小困难！

革新中国，改造世界，还要我们同担！

祝我们青年康健！

祝我们公学康健！④

青年公学的教育改造及其显著成效，得到政府认同。1923 年秋，河南省教育厅委任王拱璧为西华县教育局局长。王拱璧屡辞不准，不得已走马上任，对西华县的教育进行改革。

王拱璧曾在新村建设之初，爽快接受政府任命，筹备西华县的自治工

① 龚放. 南高师的暑期学校［M］//朱庆葆. 我的大学. 南京：南京大学出版社，2012：47.
② 河南青年村之农村教育［N］. 益世报（天津），1924-07-13（7）.
③ 自治要讯：西华县青年村之自治运动［J］. 河南自治周刊，1923（40）：15-18.
④ 同力. 介绍"青年公学"［N］. 晨报副刊，1924-08-19（3-4）.

作。为何在他最有心得，也最想改造的乡村教育方面，反倒不想为桑梓费心呢？这和当地豪绅及政府对青年村建设进行干涉有一定关系。

青年村的乡村建设和乡村教育改革，在某些做法上触动了当地豪绅利益和政府神经，故省政府曾专门派人到青年村"视察"，要求青年村的一切做法呈报候批；河南督军赵倜和省教育厅也派人到校检查，不准青年公学自编教材；西华县县长亲自赴村警告"不得提土改问题"。① 王拱璧一心造福桑梓，进行新村建设，却受到政府如此对待，故而有点凉了心。

由于当时西华县的教育几为劣绅、学棍把持，全县除开两三所新式小学，其余皆为私塾，教育状况极为糟糕。王拱璧向县政会议提出成立教育促进会、改组县立各校、取缔私塾、增设乡村学校、培训乡村教师并充实教育经费等改革意见，作为上任的前提条件。县政会议全盘接受，王拱璧于是走马上任。他撤换了教育局职员、县立学校校长及不称职的教师；将全县学田和教育税收从豪绅手中夺回，教育经费由原来的八千元增至两万五千元；取消私塾，新建新式小学 160 余所。②

王拱璧在西华县的教育改革，动了全县劣绅的利益。这些被动了奶酪的劣绅，势力盘根错节，对王拱璧自是不喜，甚至企图谋害于他。然而西华县的教育改革，却因此而大有改观。

王拱璧在青年村的建设成效，得到了社会认可。教育部颁给二等金质奖章，河南省政府授予"嘉惠青年"匾额，奖励王拱璧的办学成绩。③ 河南驻军将领冯玉祥也专门派人前往青年村考察，并资助 3000 余元。当年的新村研究者和提倡者，也认为"做得最接近'新村主义'的其实是王拱璧在河南西华县孝武营建的青年村"。④ 青年公学和青年村名声在外，荣光无限。

其时，受军阀战争影响，原本的乡绅自治模式被打破，富绅避居城市，乡村一片残破景象，土匪横行。王拱璧为保护学校安全，专门组织"义勇队"护校。学校义勇队和村里的保卫团合作保卫村庄，实施乡村自卫。

1925 年冬，河南的治安日益恶化，兵匪横行，人心浮动。青年村的新村建设事业受到极大影响，青年公学的部分外地教员因时局不靖，亦辞职

---

① 王拱璧. 年谱//［M］窦克武. 王拱璧文集. 郑州：河南大学出版社，2013：40.
② 王拱璧. 年谱［M］//窦克武. 王拱璧文集. 郑州：河南大学出版社，2013：39 - 40.
③ 王膺民. 忆我的先父［M］//窦克武. 王拱璧文集. 郑州：河南大学出版社，2013：346.
④ 赵泓. 中国人的新村梦［M］. 贵阳：贵州人民出版社，2014：72.

离校。王拱璧好不容易才从外地请来几位教员，保证青年公学能正常运行。

1926 年春，王拱璧尚在江浙，听闻匪患群起，立刻赶回青年村。青年公学中学部学生大量减少，村民也人心惶惶。虽然有青年公学义勇队和村保卫团，但因为枪支稀少，多数只有大刀长矛，联村自卫也只能面对零落的土匪、维持基本的护村工作，面对大股土匪，皆自顾不暇。

八月间，两路土匪途经青年村，本无意进犯。但青年村村副兼联防队长王俊德轻敌，下令攻击。结果几股土匪合围来攻，保卫团百余人应战。激战半日，寡不敌众。土匪攻进青年村，大肆杀戮，焚烧劫掠。此役，青年村男女老幼死亡一百四十余名，失踪二三十名，房屋被焚七百余间，损失钱财无数。青年村的损失中，青年公学损失最重，校舍大半被焚毁。①

多年以后，王拱璧在其自撰《年谱》中，回忆此次损失，提及当时保卫团团员三十余人、村民二十余人被害，房屋被焚二百余间。② 这和《益世报》当年的报道有较大差异。也许是王拱璧时隔多年，记忆有误；也可能是报纸记载有所夸张，今已无法考证具体数据。但青年村的新村建设和王拱璧五年心血就此毁于一旦，其新村实践归于失败。

三、乡教初心犹未移：一片丹心在乡村

（一）追寻乡村梦，继续农教实验

土匪焚村后，王拱璧请青年公学教师张一岭组织复课事宜，自己则离开了这片伤心地。

王拱璧离开青年村后，曾从事过很多工作，如《河南民报》总编辑、河南省教育厅编审委员会委员，并代教育厅草拟《开封市普及教育计划书》和《农村教育方案》，任河南大学副教授等职。

新村建设失败，王拱璧进行了深刻反思，认为青年村的有些工作是硬

---

① 土匪蹂躏豫民惨状［N］. 益世报（天津），1926 - 10 - 24（2）.
② 王拱璧. 年谱［M］//窦克武. 王拱璧文集. 郑州：河南大学出版社，2013：42.

干傻干，是"知其不可而为"，而不是先"立足不败之地"而后为。① 也许王拱璧内心深处有着重建青年村的愿望，为了以后能立于不败之地，他一直坚持研究乡村教育和乡村问题。在从事本职工作的同时，他还兼教河南省"农村组织训练所"的"乡村教育"课程，后来专任河南大学教授，讲授"乡村教育""农村社会学""农村问题"等课程。教学之余，他费尽心思，到处搜集关于"土地问题""平均地权"等资料，指出中国土地集中问题以及进行土地革命的必要性。② 王拱璧在20年代就已经关注到农村的土地问题，进行减租减息，现在又提倡土地革命，已经涉及乡村最为根本的制度问题，其思想的敏锐性和前驱性由此可见一斑。

在河南大学教学的同时，王拱璧兼任青年公学的校董，负责青年公学的人事和经费筹措。由于青年公学教员参与组织农民暴动，杀了反动区长，引起政府对王拱璧的严查，最终被河南大学解聘。

失去教职，王拱璧并不沮丧，他心中的乡村梦还在。鉴于农村变化日剧，王拱璧准备趁此机会进行农村调查。他草拟了一个调查计划，准备调查三类地区：一是落后农村，如豫西苑北；二是中型农村，如豫东汝淮地区；三是先进农村，如大别山苏区。意在对这些地区的政策适应进行调查，从而思考农村问题的解决路径。③

1933年，冯玉祥旧部彭振山通过王拱璧的朋友，邀请他前往其家乡进行农村开发。其时，知识分子下乡，从事乡村教育和乡村建设的风潮正炽，王拱璧的乡村情结依旧，且正好有调查苑北农村之计划，遂爽快应邀前往苑北土屯村进行农教实验。

有了前车之鉴，王拱璧在苑北的农教实验谨慎了很多。为了立于不败之地，他不再像青年村时期那样蛮干和孤芳自赏，而是做了大量准备工作，还专程前往定县考察。从定县回来后，在苑北成立"实验区指导委员会"和"嵩山公学校董会"，规划嵩山公学课程，并被推选为校长。

嵩山公学是由彭振山出资，王拱璧和共产党人李子纯负责筹建，而由王拱璧主持的一所乡村学校，也是推进实验区工作的核心组织。基于青年

---

① 王拱璧.年谱［M］//窦克武.王拱璧文集.郑州：河南大学出版社，2013：43.
② 王拱璧.年谱［M］//窦克武.王拱璧文集.郑州：河南大学出版社，2013：46.
③ 王拱璧.年谱［M］//窦克武.王拱璧文集.郑州：河南大学出版社，2013：46.

公学的建设经验，嵩山公学也采取农教合一政策，购置校田一百七十多亩。为保护学校和村庄，建议彭振山从部队运回长短枪支六七十支，组建保卫队。①

1933 年，嵩山公学正式开学，张楠圃任教务长、刘芳婷任总务长，招聘陈立鹤、王芳君、司吉甫等人为教师。春季招收一、四、六年级三个班，共有学生一百五十名左右，开设有国文、数学、自然、历史、地理、体育、音乐、美术等课程。②

1933 年秋，李子纯被国民党杀害，彭振山被蒋介石处以极刑。嵩山公学停办，实验区解散。

（二）辗转各地，进行农村调查

农教实验的同时，王拱璧没有忘记他的农村调查工作。通过彭振山师部的共产党员，他参观了大别山苏区农村，征集苏区文献二百余册。同时调查汝淮地区农村，利用寒暑假，发动省立汝南中学、汝南师范两校学生参加，共调查了七百三十个自然村，选出一百个自然村的资料，写出《豫南农村》约六万字。③

在苑北农教实验期间，王拱璧还担任汝南契税局局长，整顿地方契税，通过打击地方豪强，增加税收。因成绩出色，1936 年上调至淮局。王拱璧正有调查豫东中型农村的计划，故而乐于前往。在整理契税的同时，王拱璧花了大量时间，调查淮阳附近数县的农村地区。有了苑北农村调查的经验，王拱璧依然利用寒暑假，发动省立淮师、淮中及县立师范等校的高年级学生参加，调查了六百多个自然村。可惜的是，因抗战事急，调查资料未及整理研究。

1937 年，王拱璧继续在淮阳进行农村调查。因时局原因，不能像以往那样进行普查，只能抽样调查，并组织小型讨论，研究农村问题。

1938 年，王拱璧等人撤退至镇平，组织"镇平自治讨论会"，并组成

① 赵长胜，李彦毅. 一所传播革命火种的学校：嵩山公学［M］//王拱璧诞辰 100 周年纪念册. 郑州：河南大学出版社，1986：27.
② 赵长胜，李彦毅. 一所传播革命火种的学校：嵩山公学［M］//王拱璧诞辰 100 周年纪念册. 郑州：河南大学出版社，1986：27.
③ 王拱璧. 年谱［M］//窦克武. 王拱璧文集. 郑州：河南大学出版社，2013：48.

"战时工作十人团"，深入乡村，结合农民生产生活，进行抗战宣传和组织工作。

武汉失守后，王拱璧携家西行，前往四川。安顿下来后，决意到西南边陲地区走一走，看一看。一是考察西南少数民族对"团结抗日"的态度，二是调查西南农村地区。

1939年春，王拱璧同其他机构工作人员同往西昌。一路边走边看，到了西昌后，又托人征集得到西昌附近数县的地方志和关于西南区域的调查研究资料。研读之余，完成《旅宁七篇》，并写就《西昌建设方案》，对西昌的资源开发、夷务、交通和农村问提出解决思路。①

王拱璧在西昌住了一年，进行调查和资料收集。1940年回到成都后，开始对收集的资料进行研究，写成《川康一般及宁属问题》约五万字，发表于顾颉刚主编的《边疆丛书》第一辑，并将在西昌期间收集的边疆文献和矿植物标本进行整理，分别捐赠给四川省图书馆和博物馆。②

1942年，王拱璧回到河南。曾经和梁漱溟在山东进行乡村建设的梁仲华约他共事。遂加入其主持的"中国村建学会"，编辑刊物《会讯》，同时撰写之前收集了资料但尚未完成的边疆问题论文，共约十五六篇。③ 后来，因梁仲华和四川省主席张群来往密切，王拱璧托故辞去，再回家乡，主持青年公学校政。

四、再造青年公学

王拱璧离开青年村的这些年，青年公学虽然存在，但发生了很大变化：学生中地富子弟人数众多，校风堪忧；学校驻扎有国民党党部，经常插手校政；以前的师资流失，教师水平低劣；还有校内亲共与亲国两派的不断斗争，风波常起。

1942年王拱璧重主校政后，一面整顿校风，检查教学，解聘不合格教

---

① 王拱璧. 年谱 [M] //窦克武. 王拱璧文集. 郑州：河南大学出版社，2013：56.
② 王拱璧. 年谱 [M] //窦克武. 王拱璧文集. 郑州：河南大学出版社，2013：57-58.
③ 王拱璧. 年谱 [M] //窦克武. 王拱璧文集. 郑州：河南大学出版社，2013：59.

员，想办法让区党部搬离学校，还校园学习净土；一面重新筹集资金，在教育厅立案，改青年公学为青年中学，在原有初中部的基础上办理高中。

王拱璧早年在青年公学提倡教育普及，其校徽中心是一个艺术化的"众"字，取众人之学的意思，周围是麦穗，代表农村。青年村的新村建设失败后，王拱璧再次走出家乡，和共产党人的接触日多，逐渐成为共产党的支持者，其思想逐渐变化，教育人民、为大众服务成为青年中学的办学宗旨。王拱璧曾向学生解释校徽的含义："把校徽分解开去看，就是三个'人'字，三个'人'字合起来不是个'众'字嘛！青年中学是面向人民大众的，你们学到了知识，毕业出去又要为人民大众服务。"①

为了培养为人民大众服务的人才，王拱璧十分重视教师的学识品行。聘请教师先面谈，观仪表，察学识，谈教学。初步认可后，先上一周课，王拱璧听课以进行深度考察。但对刚毕业的青年教师，为避免其上课紧张，影响评价，王拱璧都是在教室外面听课。

管理教师，王拱璧既严格又关爱。他要求教师不要睡懒觉，不准马虎应付教学，不吸食鸦片，不能在学校打牌。有老师提出，乡村学校没有什么娱乐，尤其是外地教师，星期天无处可去，没什么消遣，打牌可以聊解寂寞。王拱璧遂邀请老师们周末到他家里打牌，他备饭招待。但是不能在学校打，以免给学生造成不良影响。②

王拱璧苦心孤诣地经营着青年中学，青年中学声名再起。来校考察学习的知名人士逐渐增多，王拱璧的好友、著名作家任白涛和政府机关的领导都来学校参观，有的甚至还要住上几天。

由于局势动荡，青年中学时开时停。1947年，青年中学正式增设高中部，招生一班；小学部在原有三班的基础上增招一班。不过，由于内战，人心不定，报到人数极少。③

1947年5月，王拱璧接受王陵南建议，扩大青年中学校董会组织，聘请省内外学者及政教名人郝象吾、杜子劲、王公度、万康民等三十余人为

① 张天生.面向民众，为民众服务——纪念王拱璧校长诞辰一百周年［M］//纪念王拱璧筹备委员会.王拱璧诞辰100周年纪念册.郑州：河南大学出版社，1986：43.
② 马蕴之.回忆王拱璧校长［M］//中国人民政治协商会议河南省商水县委员会学习文史委员会.商水文史资料（第四辑）.内部资料.1992：41-42.
③ 王拱璧.年谱［M］//窦克武.王拱璧文集.郑州：河南大学出版社，2013：63.

校董。在王陵南的主持下，在开封召开第一次"青年中学董事会"，通过二十七年度校务报告及第一个发展校务五年计划草案，公选王拱璧为董事长兼校长。①

在王拱璧的苦心经营下，青年中学为延安、为社会培养了一批革命人才和建设人才。

中华人民共和国成立后，青年中学由政府接管，改为商水二中，王拱璧仍主校政，直至1951年调任河南省图书馆，脱离教育领域。1976年，王拱璧病逝于郑州。

王拱璧的新村实践，虽然是一种资产阶级的改良主义，但其以青年公学为中心对乡村进行改造，实行农教合一政策；他通过小学、中学、师范、补习班及夏令学校等多种形式，既提倡学龄儿童的义务教育，又注重成人的师资培训、民众识字教育和农民自治训练；通过校内和校外相结合、学校教育和农业生产兼顾的方式，进行新村建设，取得了较为显著的效果。其新村建设虽然最终归于失败，但从现有资料来看，青年公学应该是余家菊提出乡村教育危机以来最早进行改造的乡村学校，青年村也是最早进行改造和建设的乡村，王拱璧是当之无愧的乡村教育和乡村建设的先锋。他在新村建设中的诸多创新，对后来的乡村建设工作具有借鉴意义。

参考文献：

[1] 窦克武. 王拱璧文集［M］. 郑州：河南大学出版社，2013.

[2] 纪念王拱璧筹备委员会. 王拱璧诞辰100周年纪念册［M］. 郑州：河南大学出版社，1986.

[3] 赵泓. 中国人的新村梦［M］. 贵阳：贵州人民出版社，2014.

[4] 中国人民政治协商会议河南省商水县委员会学习文史委员会. 商水文史资料（第四辑）. 内部资料，1992.

[5] 张卓群，宋佳睿. 民国名刊丛书：第2辑［M］. 福州：福建教育出版社，2016.

[6] 孙诗锦. 启蒙与重建：晏阳初乡村文化建设事业研究（1926—1937）［M］. 北京：商务印书馆，2012.

[7] 李宗武. 日本底新村运动［J］. 教育（东京1921），1921，1（1）.

---

① 孙发义. 郾城县青年高级中学沿革［M］//纪念王拱璧筹备委员会. 王拱璧诞辰100周年纪念册. 郑州：河南大学出版社，1986：20.

［8］林恒青. 武者小路实笃的"新村"运动及其对周作人的影响［D］. 福州：福建师范大学，2001.

［9］王璋. 农治［J］. 甲寅（北京），1925，1（14）.

［10］王璋. 筹备自治之前提［J］. 河南自治周刊，1923（42）.

［11］自治要讯：西华县青年村之自治运动［J］. 河南自治周刊，1923（40）.

［12］西华青年公学植树之成绩［J］. 河南林务公报，1925，1（11）.

［13］河南青年村之农村教育［N］. 益世报（天津），1924 - 07 - 13（7）.

［14］豫南青年村之组织［N］. 益世报（天津），1925 - 02 - 18（7）.

［15］土匪蹂躏豫民惨状［N］. 益世报（天津），1926 - 10 - 24（2）.

［16］同力. 介绍"青年公学"［N］. 晨报副刊，1924 - 08 - 19（3 - 4）.

第三章
乡村教育的革命家：徐特立

一、少年志学

徐特立（1877—1968），原名懋恂，字师陶，中国革命家和教育家，作品主要收录于《徐特立文存》（五卷）。

1877 年冬，徐特立出生在湖南省善化（今长沙）县五美乡的一个农民家庭。父亲徐树兆，勤于农事，为养家糊口，经常外出打短工。母亲胡氏，在家务农，并操持家务。虽生长于农家，4 岁前的徐特立是自由而幸福的：有父母的关心，有长姐和兄长的疼爱，还有广阔而自由的农村任其野游。不过，这种幸福生

图 3 – 1　徐特立

活在徐特立四岁时发生了重要转折：母亲去世，姐姐出嫁。为了生计，哥哥不得不随父亲下田，只有 4 岁的徐特立和 2 岁的妹妹在家。在父亲和哥哥的辛勤操劳下，9 岁的徐特立得以入蒙馆读书。

1886 年的湖南乡村，尚未受到欧风美雨的影响，乡村蒙馆读的依然是四书五经，教法也沿用传统私塾的那一套——蒙师只教学生读书，不解释意义。半年之后，徐特立换了一个蒙师。新换的蒙师不仅着重于读书背书，更注重教给学生做人的道理。在这里，徐特立读了朱柏庐的治家格言和杨椒山留给儿子的遗嘱。这些书籍，给幼年的徐特立留下深刻的印象，不仅

为其为人处世奠定良好基础，更是激发了他对读书的强烈兴趣，成为其以后十年破产读书的契机。

12 岁时，徐特立出继给伯祖父为孙。恰逢伯祖父新死，遗留下 30 石谷收成的水田和瘫痪在床的祖母。祖母为徐特立娶有一童养媳，祖孙三人就靠着 30 石谷的水田收取薄租，维持生活。虽然家计困难，但祖母颇能吃苦，且善于治家，养成了徐特立一生吃苦耐劳的品德。

在祖母的辛勤操持下，虽生活简朴，但徐特立尚能继续读书。直至 16 岁时，祖母去世，因丧负债，徐特立失去继续读书的机会，不得不留在家里，操持家事。

少年时期的徐特立，曾经有过在乡村行医的打算。但想到行医关系人命，又无人指点，很是担心今后"误人自误"。徐特立最终选择教书谋生，18 岁时遂担任乡村蒙馆塾师，教书的同时兼习举业，希望能中个状元，点个翰林。

状元没有考中，徐特立在学写八股文的过程中，却得遇良人，使其人生道路发生转折。此良人即陈云风。陈氏在徐特立持八股文请其指点时，问徐特立为何不读书，却好读八股，并向其推荐张之洞的《輶轩语》和《书目答问》两书。张氏之《輶轩语》乃读书之门径，《书目答问》乃买书之门径，此两书，遂使徐特立知晓读书方法并得窥治学门径。陈云风和张之洞，使徐特立从科举之途折向汉学之路，对徐特立的人生影响"不可计算"，以致多年之后，徐特立都认为此二人可谓"人师"，与经师有别。尤其是张之洞，虽未谋面，却成为徐特立"几十年来常于梦中去找"之人，引领着青年徐特立的读书之路。

在张之洞《书目答问》的引导下，徐特立买了《读史方舆纪要》学地理。因为在读书过程中，感觉不读地理，书就读不通。如徐特立读《左传》，看书上地图，不识东西南北。而读《禹贡》，其中叙述黄河流向，曰"南至于华阴，东至于砥柱"，遂识东西南北，并因此而认识经书上的地图方向。地理之外，还读数学，如读《尚书经·尧典》而对古数学存惑，遂向人求教，并泛观博览不断追寻，最终能胜任学校数学教员之职。徐特立正是在读书的过程中，"因读古书，不自觉地就引入到近代科学了"①。

---

① 徐特立. 我的生活［M］//武衡，谈天民，戴永增. 徐特立文存：第五卷. 广州：广东教育出版社，1995：339.

此时期，徐特立一边担任乡村蒙馆教师，一边读书，并由读古书而渐窥科学门径。事实上，在贫穷落后的乡村，自学读书谈何容易，既少良师，又无益友，更缺书籍。徐特立不得不做好十年破产读书的打算，忍受着乡村的孤寂和穷苦，利用古人"学足三余"之法，[①] 坚持在乡村勤学苦读。乡村苦读，徐特立在精神上既苦闷又欢愉。苦闷的是，乡村自学，"发生了疑难问题，很不易找到先生"，也无益友切磋，对于自学效果如何，自然无从考究；况且经济压力大，乡村蒙师，报酬极低，徐特立第一年蒙馆所得只有 3 串。苦闷之余，也有读书所得的欢愉，徐特立由举业转向汉学，由最初的懵懂，到一年后就"找到了门径"，并逐渐掌握近代科学，这对苦学的徐特立是莫大的安慰。

徐特立边教边读，读至第八年的时候，蒙师报酬及家里田租已不足以支撑其继续读书。不过，此时的徐特立，学识、视野已非吴下阿蒙。为了检验读书效果，徐特立到岳阳参加了 1905 年的最后一届科举。其时，为了适应社会变迁和人才选拔的需要，科举考试的内容也有较大改变：由八股改考经义，并加考历史和地理。徐特立苦读积淀的汉学和渐窥门径的自然科学，使其在初试中脱颖而出，在 3000 名考生中名列 19。徐特立十年读书，终有小成。

徐特立在科举初试中的好成绩，尤其是他在科学上的造诣，让他在乡村教育界名声大振，聘金一下由年薪 14 串飙升至 60 串。徐特立凭此一役，奠定了他乡村名师的社会地位。

徐特立最终复试落榜，但他对举业本无太高期待，虽然略有受挫之感，并无沮丧之情。其诗曰："丈夫落魄纵无聊，壮志依然抑九霄。非同泽柳新秾弱，偶受春风即折腰。"[②] 复试的失败并没有打击到初试带给徐特立的信心，乡村读书计划有成，给了他更多的勇气和自信，他已经不满足于在乡村的孤独自学，他要翱翔高飞。

1905 年，徐特立走出乡村，进入宁乡速成师范读书。宁乡速成师范是由日本留学归来的周震麟所办，所请教师也多是日本速成留学生。虽然教

---

① 《三国志》有"学足三余"之说：所谓学足三余，即晚上是白天之余，冬天是春夏秋之余，雨天是晴天之余。

② 秦建华. 老一辈革命家诗词鉴赏辞典［M］. 太原：山西人民出版社，2009：424.

师们的科学程度比不上徐特立，但他们办学校的方法，给了徐特立很多启发。从宁乡速成师范毕业后，徐特立在长沙周南和修业学校等新式学校任教，收入养家而有余了。

从乡村来到长沙，徐特立的社会交往和阅读层面较之乡村时代，自是不可同日而语，视野和思维得到极大拓展。在宁乡速成师范，他结识了两个志同道合的挚友：何雨农和姜济寰。姜济寰，官宦世家出身，曾任乡村塾师，对教育极富热情，成为徐特立以后办学的坚定支持者。何雨农，家境殷实，志向高远，主张"为人应该做一件半事，其中整个一件事为妻室儿女，另半件事，是为社会服务。自己得到社会公共利益，而不分一部分精力照顾，也是不对"。①何雨农为人在家庭之外，应为社会服务的思想，对徐特立的触动极大。

在宁乡速成师范时期，留日归国的陈润霖、朱剑凡等人发展教育、振兴国家的热情和使命感，对徐特立影响更大。宁乡速成师范的创办者周震鳞曾说："我们办这个学校（指宁乡师范），不是培养你们当一个好教员，得到社会上的名誉地位；更重要的是希望你们创造事业，创造有利于国家民族的事业。"徐特立自承"我一生致力于教育事业，周先生的这几句话，对我的影响是很深的"②。

在良师益友的感召和教诲下，初具赚钱能力的徐特立，考虑的不再是为自己和家庭多赚钱"使自有余"，而是跳出小家"闵人穷"，进而筹谋服务社会。其思想从早年读书谋生到如今转为读书、教育救国，实现了由"小我"到"大我"的初步转变。

在徐特立思想转变的过程中，中国也发生了翻天覆地的变化。

1901 年，慈禧太后西狩未归，就在西安行宫发布诏令，要求地方大员上呈改革变法之建议，由此拉开清末十年变法的大幕。清末十年改革中，教育新政频出，废除科举，广设新式学堂，这股改革春风逐渐波及广大乡村，乡村不再死水无波，终于有一些先行者搅乱了乡村的一池死水。徐特立就是搅乱乡村死水的先行者之一。

---

① 徐特立. 我的生活 [M] //武衡，谈天民，戴永增. 徐特立文存：第五卷. 广州：广东教育出版社，1995：340.

② 江来登，孙光贵. 徐特立人生轨迹及教育思想发展研究 [M]. 长沙：湖南人民出版社，2009：34.

二、"子弟不教非我有"：乡村教育的践行者

（一）教育下一代，救我大中国

当徐特立跳出小家温饱而着眼于社会大众时，他生于斯、长于斯、最为熟悉且正处于水深火热之中的乡村状况，立刻烧灼着他的心，一些沉积在心底的记忆重新浮了上来。如 1902 年湖南辰州因为一件教案①，不仅停科举五年，还杀了十余个无辜百姓。中国贫弱如此，外国列强侵略无所不至，这一切，都使得青年徐特立热血沸腾。驱逐列强、改造社会，成为其投身教育、服务社会的原始动力："那时我想赶走敌人是后一辈人的事情了，我这一辈子是看不到国富民强了。我只有尽心教育青年一代，将来依靠他们救中国，为穷人做好事。"②

然而，要改造社会，仅仅依靠少数知识分子是不够的，必须要将广大民众发动起来，通过教育树立他们服务社会和国家的意识，并提升他们改造社会的能力。徐特立记得其十六岁时，和同乡十余人租了一艘小船前往衡山朝拜。乘船几日间，这十余同乡每日都斥责船户。乡村大众的素养如此，何以服务社会？教育乡村大众，觉醒民众成为迫在眉睫的事。

其时，乡村教育的实际情况如何呢？徐特立生在乡村，长在乡村，学在乡村，且在乡村教蒙馆十年，对乡村教育十分熟悉。虽然城市的新教育和新学堂逐渐兴起，乡村大行其道的依然是私塾教育。私塾先生多固守乡土，他们对现代科学一窍不通，思想陈腐，教法不良。徐特立认为，在严重的民族危机下，觉醒大众是最要紧的事，而乡村私塾先生一仍其旧，只能是误人子弟。他后来写了一顺口溜，描述乡村蒙师的教学实况：

---

① 1902 年湖南辰州发生瘟疫，有人造谣是传教士派人在水中投毒，引发当地民众对传教士的恶感。愤怒的民众打死传教士胡绍祖、罗国荃。湖南巡抚俞廉三将辰州知府、总兵、参将等全部革职，并捉拿参与案件的民众。

② 徐特立. 新年前夕谈幸福［M］//武衡，谈天民，戴永增. 徐特立文存：第五卷. 广州：广东教育出版社，1995：354.

蒙馆先生实在恶，误人子弟来办学。

学生邀了一大群，房中摆起长方桌。

不知教育要改良，不知礼节要斟酌。

学生上学要磕头，想赚包红钱几百。

读的四书三字经，不教学生懂解说。

写的影盘填红帽，不教学生发笔画。

书完三首字一张，上午功课就了却。

等到吃饭再来时，先生正在高睡着。

等到起床再读书，太阳已上西屋角。

如此哄过两三年，大字认得几皮撅。

这种先生罪不轻，应该派兵去捉拿。

捉了先生封馆门，看他扯白不扯白。①

徐特立认为，乡村蒙师的这种教育，"对于普通国民，是没效用的"。如果广大乡村民众依然接受这种"没效用"的教育，不能觉醒，则大众的力量就难以发挥，救我中国就不可能实现。正所谓"休夸长沙十万口，子弟不教非我有"。

（二）创办梨江高小和五美完小

"子弟不教非我有"的理念一经萌生，便在徐特立心中生根发芽，并逐渐转化为其教育信念，最终落实于行动。1905 年，徐特立和何雨农、姜济寰，在距离长沙城 30 里外的棐梨镇，创办梨江高级小学。彼时，何、姜二人家境较好，自认出钱。徐特立无经济能力，便自认出力，不要工资，只吃饭，一人教好几门功课，一天忙到晚。

创办梨江高小期间，何雨农的一件半事，在徐特立这里完全倒了个个：为社会、乡村服务成为一整件，为家庭和妻子儿女成了半件乃至更少，甚至可以说是舍家兴学。由于梨江高小为个人所办，创办初衷就是服务桑梓，学生全为乡村子弟，不收学费，又无政府经费支持，虽然徐特立承担各科

---

① 江来登，孙光贵. 徐特立人生轨迹及教育思想发展研究［M］. 长沙：湖南人民出版社，2009：51－52.

教学任务，不需要付给教员薪水，但教务、办公等都需用钱，维持下来很是艰难。徐特立不得不全身心投入，完全顾不上自己的家庭。

梨江高小距离徐特立家有 50 里地，加上学校工作繁忙，徐特立很少回家，家里完全靠妻子支撑。大儿子出生时，徐特立的妻子白天都还在山里拾柴，晚上生孩子，也是自己照顾自己。直至中秋节，徐特立回家，才知道妻子已经生下了儿子。

妻子含辛茹苦养育孩子，操持家务，现在刚刚生产，需人照顾，学校又不能缺课。徐特立只好上午上课，下午回家照顾妻儿。每天天没亮，徐特立就得起床赶路，走完 50 里地，到学校天才明，吃完早饭即开始上课，上完课又得匆匆往家赶。

正是因为徐特立心怀国家，怀抱服务社会的赤子之心，才能带着满腔热忱，天天往返 100 里地，开启乡村启蒙教育之路，以尽"匹夫之责"。

梨江高小后屡经变迁，新中国成立后，升格为梨江中学。被众多革命家和社会名流誉为"开创农村新式教学的先声，最早的典范"，现在更是成为"长沙县首批示范窗口学校""湖南省现代教育技术实验学校"。

徐特立无暇顾及自己的小家，决定为社会服务，"希望一家之困难，随整个社会解决而解决之"①。所以，当梨江高小逐渐走上正轨之后，徐特立一方面为养家糊口及支持梨江高小，赴长沙任教于周南女学及其他新式学堂，另一方面依然牵挂着乡村大众的启蒙教育，于 1907 年，联合学生熊瑾玎、唐怡臣等人在家乡五美乡创办五美初级小学。

在长期的教育实践和农村工作中，徐特立愈来愈感觉"乡村小学，栋宇苟简，器用甚窳，多不适于卫生之用，教员又鲜名儒宿学，生徒固长，成学尤童稚"②。感于乡村教育落后及乡村教师质量低劣，难以培养乡村学生的国民意识和服务社会的意识，乡村学校的师资成为徐特立的心头之痛。

1912 年，昔日好友、长沙县知事姜济寰请徐特立主持创办一个师范学校，培训教师，这和徐特立改革乡村师资的想法不谋而合。在姜济寰的支持下，徐特立创办长沙师范学校。为了鼓励长沙师范的学生毕业以后服务

---

① 徐特立. 我的生活 [M] //武衡，谈天民，戴永增. 徐特立文存：第五卷. 广州：广东教育出版社，1995：341.

② 徐特立. 小学制度问题 [M] //武衡，谈天民，戴永增. 徐特立文存：第五卷. 广州：广东教育出版社，1995：169.

乡村，徐特立十分注重熏陶他们的乡村教育意识和乡村教育情怀。在第一届学生毕业之际，徐特立特意写了一首毕业歌，劝诫他们投身乡村教育："休夸长沙十万口，子弟不教非我有。十八乡镇半开化，少数通人难持久。莫谓乡村阻力多，盘根错节须能手。莫谓乡村馆谷薄，树人收获金如斗。大家努力树桃李，使我古潭追邹鲁"。① 鼓励学生以"树人"为精神追求，服务于乡村教育。

1913 年，徐特立利用五美家乡的旧居，将因经费原因停办的丁家冲小学合并入五美初小，成立五美完全小学。五美完小初设，申请立案时，居然被政府批驳了，理由是："查该校教员和校长均不支薪，既不为名，又不为利，将何所为？"② 对于官僚而言，还有这种不为名利、傻得自己出钱出力办学的人，这是不可想象的。

五美完小走向正轨后，徐特立就委托妻子和侄儿管理学校。对于一生站在自己身后、大力支持自己办学的妻子，徐特立很是尊敬："她不独维持了一家，并且办高级小学共十三年，造就了许多学生。她没有念过书，能替地方做了教育事业，许多读书识字的女人不如她，我是很尊敬她的。"③ 徐特立以其改造乡村教育、服务社会的热忱和决心，影响着他身后这个没有受过新式教育的女人，使其也投身于乡村教育事业中。

（三）教育界的"穷叫花"与"长沙王"

除开教书，徐特立既无恒产，亦无其他经济来源，有什么能力办这么多学校呢？徐特立在《六十自传》中揭开了答案："我的办法有两个：一、每日多上课两个小时，一月多得六十元，分给两个高小用。家留在乡下，节省日用，谢绝一切应酬，绝对不请朋友吃酒肉和茶点。二、小学不收费用，师范收费减少到一般私立学校之下。改良教法，自己做刻苦的模范，这样来发动教员和学生爱校的情绪，增加他们的积极性和人力上物质上的

---

① 徐特立. 毕业歌［M］//武衡，谈天民，戴永增. 徐特立文存：第一卷. 广州：广东教育出版社，1995：4.

② 徐特立. 抗战五个年头中的教育［M］//武衡，谈天民，戴永增. 徐特立文存：第二卷. 广州：广东教育出版社，1995：230.

③ 徐特立. 给徐陌青信［M］//武衡，谈天民，戴永增. 徐特立文存：第三卷. 广州：广东教育出版社，1995：364.

一切帮助。"①

正如徐特立所言，为了办学，他对自己十分苛刻。其时，学校教员到学校上课，往往坐"三丁拐"（三人抬的轿子）前往，以维持绅士派头。和这些绅士不同的是，徐特立经常穿双钉鞋，腋下挟着讲义讲稿，匆匆忙忙地穿行于长沙城内的大街小巷。因其穿着寒酸，被所谓的上层人物呼为"徐二叫花"。徐特立对己严苛，回报社会却极其大方，赢得了人民大众的赞誉。几十年后，谢觉哉对此还津津乐道："没认识你以前，就听到你的许多事实，当时使我感动很深的，是你的'徐二外婆''徐二叫花'的外号……你把你所有及劳动所得，尽数贡献于社会，而自己却过着类似叫花的生活"。②

因为"子弟不教非我有"，一直心怀启发民众理想的姜济寰，在1911年担任长沙县知事后，决心要在长沙创办1000所小学。这些小学所需的教师，除了长沙师范培养的师范毕业生外，更多的是由徐特立通过各种类型的教师培训班急训而成。在《六十自传》中，徐特立自豪地宣称："长沙县的教育，民国八年（1919年）以前，差不多都是我一手办的，不独创办了男女两师范，而且创办了实习批评会、教员训练班，一周的，一月的，三月的，各种各样的都有。长沙一共有八百个小学校，所有教员都是短期内由我一手培训出来的。在长沙教育界我应该是'长沙王'。"③

虽然，姜济寰和徐特立最终并没有办成1000所小学（实际办成800余所），教师也多是急训而成，未必能完全实现徐特立觉醒大众、服务社会的理想。但长沙师范的毕业生皆为正规军，而急训教师中也不乏志愿服务乡土的有识之士，经由徐特立的培训启蒙和精神感召之后，服务于姜济寰、徐特立所创办的800余所小学，搅动了长沙乃至湖南乡村私塾教育的一潭死水，对近代湖南乡村的启蒙教育起到了重要的推动作用。

---

① 徐特立. 六十自传［M］//武衡，谈天民，戴永增. 徐特立文存：第一卷. 广州：广东教育出版社，1995：143.

② 谢觉哉. 贺信［N］. 解放日报，1947-01-10.

③ 徐特立. 六十自传［M］//武衡，谈天民，戴永增. 徐特立文存：第一卷. 广州：广东教育出版社，1995：144.

三、"瀛海求书苦未迟"：徐特立海外取经

（一）赴日考察教育，成为教育名师

徐特立七十大寿时，林伯渠曾赋诗祝贺，其中有称赞徐特立"门墙多士空前杰，瀛海求书苦未迟"之语。确实，徐特立从小苦读，自从立志服务社会后，为了实现自己的志向，更是好学，从省内到省外，从国内到国外，都留下了徐特立勤奋苦学、追新求变的足迹。

1910 年，徐特立在长沙教中学，但因为自己办有乡村小学，且当时由于经费和师资限制，多数小学尤其是乡村小学往往只有一个教师，承担全校的教学任务。一位教师，如何面对不同年级的学生进行有效教学，这是当时小学发展急需解决的问题。正好当时江苏省教育会的俞子夷等人从日本考察回来，办有一个单级小学教师训练班，徐特立立刻前往学习。

江苏省的单级小学教师训练班，一般是上午学习教育学、心理学等理论课程，下午去小学参观学习。徐特立其时对教育学、心理学等并无兴趣，关注的只是办理学校的实践经验，他总是逃课去参加各个学校举办的各种运动会和展览会，以致最终考核不及格。

江苏单级小学教师训练班的学习，并不能完全解决徐特立此时的办学困惑，他将学习的对象由国内转向了国外。

清末十年的教育改革以日本为学习对象，政府官员和教育改革者喜欢前往日本考察教育，学习办学经验，引进新的教学方法。徐特立在朱剑凡的资助下，也前往日本考察小学教育。在日本，徐特立买了《小学校事汇》和《三千个优良小学校》两书。《小学校事汇》一书由日本教育学术研究会根据日本小学教育的实际情况编写而成，是一本非常注重日本教育实践的书，而《三千个优良小学校》也主要是日本教育的实际报告。凭着这两本书的指导，徐特立在日本调查学习了一个月，"得到了许多活生生的事实"。

从日本回来后，徐特立一改以前对教育学、心理学等理论知识的偏见，开始喜欢上了这些书本知识。因为，"实践第一，书本第二，不能解决实际

问题的书本，可以不要，但能解决实际的书本越多越好"①。徐特立自此开始自学教育学类的书籍，"因为它们可做实际工作的结论"。徐特立有着丰富的实践经验，又有理论加持，逐渐成为教学法方面的专家。

凭借在上海和日本考察的学习所得以及自己的办学实践经验，徐特立对小学教育有了新的认知，创办了长沙最早的民办教育刊物《周南教育》。"刊物内容丰富，有上海、日本小学的经验介绍和自己的考察观感，有小学学制、课程、教材、教法、成绩考核、品德培养和教师生活等"②，"吸引了许多小学教师和学校行政负责人。大家认为能从这个刊物上学习一些有用的经验，明确一些过去没有明确的问题，对于他们的工作有很大的指导作用"③。

在乡村蒙师时期，徐特立就如饥似渴地学习。到了文化发达的长沙，徐特立更是如海绵吸水一样，贪婪地学习各科知识。彼时，徐特立在中学教书，1小时能得薪金1元，高等师范1小时能得薪金3元。薪酬不可谓不丰厚，但除去乡村小学的办学费用，徐特立所剩无几。即便如此，徐特立依然节衣缩食，计划每天买1块钱的书，1年便可以买360块的书。买了书，就废寝忘食地阅读："日中间总是替学生做事，自己读书要到晚上八九点钟以后，每日只读三点钟的书。平日走路，同晚上睡醒了、天没有明的时候就读书。"④ 正是在不断的学习中，徐特立的知识积累愈加深厚，视野愈加开阔，成为湖南各师范学校争相聘请的名师。

（二）赴法勤工俭学，开阔教育视野

辛亥革命后，本来对革命抱有极高期待的徐特立，面对袁世凯称帝，以及湖南省内腐败的政治形势，尤其是张敬尧督湘期间，对湖南教育大加摧残，使得徐特立对当时的政局很是悲观失望，心情也极为苦闷。以为"政府总是坏的，革命党做了官就要叛变"，要改变这种情况，唯有"用教

① 徐特立. 我的生活 [M] //武衡，谈天民，戴永增. 徐特立文存：第五卷. 广州：广东教育出版社，1995：342.
② 马建强. 追寻近代中国的教育大师 [M]. 北京：教育科学出版社，2008：49.
③ 周世钊. 我们的师表 [M]. 北京：北京出版社，1959：17.
④ 徐特立. 留法老年学生之自述 [M] //武衡，谈天民，戴永增. 徐特立文存：第一卷. 广州：广东教育出版社，1995：23.

育来改革人心"。①

五四运动爆发后，徐特立那颗已经沮丧的心又活了过来。为了让自己跟上新文化和新社会的形势，做一个"有学问的新人物"，而不是一个"老朽"，能更好地"用教育来改革人心"，加上张敬尧的迫害，徐特立再次不远万里，于1919年赴法勤工俭学。彼时，湖南赴法留学者300多人，30岁以上者寥寥数人，徐特立43岁，成了一个名副其实的"留法老年学生"。

43岁的徐特立，英文只能拼音，法文一字不识。到了法国，"一日做工六时，上课二时，寄宿舍距工厂约二三里，一日往返四次，费一小时余，归舍做饭、吃饭，尚需一二小时，晚间要预备法文，无片刻暇"②。如此辛苦，每日只得几个法郎。而在国内教书，以徐特立在教育界的声望，每日轻松可得一百多法郎。

虽然留法生活劳累清苦，徐特立依然十分关注欧洲各国的小学教育，希望能从欧洲取得真经，以为我国小学教育改革之借鉴。留法几年间，徐特立节衣缩食，自费甚至是借钱考察了法、德、比利时等国小学的教育制度、教育理念、教科书、教法、考试等几乎所有实践问题并借鉴其办学经验，对于欧洲各国教育的普及程度及教学理念十分赞叹。

1920年，徐特立得知姜济寰再次担任长沙县知事，于是给他写信，鼓励他兴办小学和女子教育，"教育程度不必高深，普及最要"，建议"学龄儿童，须强迫入学，女子尤须注意。"③ 至于教育普及之法，可以借鉴法国经验："地方的自治团体，取地方的田产，房屋，人口等税，替地方办小学。也正好比我国求晴、驱疫、逐蝗、唱戏等等把戏的筹款一样。若将此款办学，那真的好极了。"④

徐特立在法国多年的留学经历和对欧洲各国的教育考察，使得他的教育视野更为开阔。1924年6月，徐特立回到长沙，后任长沙女子师范学校

---

① 徐特立. 六十自传［M］//武衡，谈天民，戴永增. 徐特立文存：第一卷. 广州：广东教育出版社，1995：144.

② 徐特立. 工读［M］//武衡，谈天民，戴永增. 徐特立文存：第一卷. 广州：广东教育出版社，1995：32.

③ 徐特立. 工读［M］//武衡，谈天民，戴永增. 徐特立文存：第一卷. 广州：广东教育出版社，1995：32 - 33.

④ 徐特立. 法国小学教育状况［M］//武衡，谈天民，戴永增. 徐特立文存：第一卷. 广州：广东教育出版社，1995：65.

校长，同时在湖南一师任教，依然讲授教育学科。徐特立出国前，就已经是湖南的教学法名家，各校争相聘请的名师。赴法勤工俭学后，经常在工余考察法国和欧洲各国的小学教育，思考我国教育的发展路径。因而，徐特立给学生讲教学法，"讲课不看讲义，登上讲台，口若悬河，滔滔不绝，内容新颖而又重点突出，说得很有条理"，"在教学中他能引用欧洲教育名家的言论，结合他自己的所见所闻，发现问题，提示解决问题的方法"。①

徐特立赴法期间，对法国和欧洲各国教育进行考察，本希望回国后能在教育领域大展宏图，实现其教育普及和教育救国的理想。然而，回国后，国内军阀混战、政府无能且漠视教育的现实依然，依靠当局教育救国成为幻想，徐特立的思想在苦闷中逐渐转向了转向革命，转向中国共产党。

四、群有师尊党有光——人民的教育家徐特立

徐特立七十大寿时，朱德和康克清祝辞曰："徐老七十寿而康，正气凛然如雪山。岁岁不忘歼敌事，朝朝只见诲人忙。言为尔训身为则，群有师尊党有光。现代圣人称颂久，德高望重公堪当。"②徐特立自青年时期立下做好"一件半事"之志愿，一生都在为了更好地服务社会、觉醒广大民众而努力。即便是新中国成立后，身居高位，依然十分关心广大平民尤其是乡村民众的成长和教育。

（一）改造苏区教育

早在清末，徐特立就意识到，只有依靠广大民众才能更好地服务社会。在投身教育、创办乡村学校的同时，徐特立开始关注学校以外的一般民众的教育问题。1910 年，徐特立和周南女校的几个同事一起创办了一个平民夜校，讲授国文、算术、地理和国耻小史等。夜校的学生，有码头工人、拉车人、手艺人、店员和学校职员等。夜校开办之初只有几十人，以后竟

---

① 姜凤文. 六十年前在第一师范的学习生活［M］//中国人民政治协商会议湖南省宁乡县委员会文史资料研究委员会. 宁乡文史资料：第五辑. 内部资料，1988：68 – 69.

② 徐乾. 回忆徐老的言传身教［M］//李龙如. 一代师表徐特立. 长沙：岳麓书社，1998：347.

增至 200 人。①

1927 年，徐特立加入共产党，开始了他的革命救国道路。投身革命后，他所关注的大众，已经不再局限于湖南一隅，而是由湖南扩及苏区和边区，再到全国。

徐特立在加入共产党之前，就一直从事教育工作，不仅有丰富的办学实践经验，亦有较为开阔的国际视野。到了苏区后，徐特立主要负责教育推广工作，成为了"教书先生老徐"。彼时，瑞金虽然是苏维埃的首府，但仅有 2 所小学和 1 所中学，乡村 90％ 的人是文盲。乡村大众的文化落后，显然不利于解放大众，不利于革命工作的开展。"子弟不教非我有"的教育信念，依然萦绕在苏区教育部部长"教书先生老徐"心中。

在毛泽东的支持下，徐特立凭着他多年的办学经验，在苏区积极开设小学和各种补习学校，并创办中央列宁师范学校。列宁师范学校的硬件虽然因陋就简，但课程开设和教学并不马虎，开设了语文、算术、历史、地理、政治、图画、唱歌、生理、体操、游戏、劳作等课程。徐特立亲自授课，还特邀林伯渠、李伯钊等人授课。师范生既有来自红军和各机关者，也有农民。由于师范生程度不齐，课程学习之外，主要分组讨论，互相帮助，并组织他们到就近的列宁小学进行实习批评。学习一段时间后，分配到各小学实习，以保证师范生的质量。

苏区条件有限，正规的师范院校没法多设。随着小学的大量开办，一方面，受过正规训练的新式教师奇缺；另一方面，却有大量旧式塾师被排除在教师行列之外。对此，徐特立认为教师资格可以适当放宽，把能够利用起来的一切力量，要尽量利用起来："一定要知识分子，或一定要男子，要成年，一定要新的、革命的知识分子，旧的不敢用来当教员的话，这小学一定办不好。"② 因而，徐特立主张改造旧式知识分子，"用私塾老先生加以十天半个月训练，首先看重实习批评，比一般教育收效在十倍以上，因此，他们知道怎样使用自己的知识，并通过学生的活动向学生学习，这样，

---

① 李龙如. 一代师表徐特立［M］. 长沙：岳麓书社，1998：10.
② 徐特立. 漫谈［M］//武衡，谈天民，戴永增. 徐特立文存：第三卷. 广州：广东教育出版社，1995：95－96.

教员也提高了"①。这种短期急训，立足于教育学科知识及实习批评，养成旧式塾师有效传授知识的技能、熏陶他们的国民意识及师生教学相长的习惯，通过急训得以提高的旧式塾师可以纳入教师行列。当然，针对旧式塾师的这种短期急训是远远不够的，还需要他们在教育教学过程中不断学习，进一步提升改造。

借鉴在长沙短期培训 800 所小学教师的经验，徐特立在苏区，面向小学教师和塾师，开办短期教员训练班，即后来的闽瑞师范。教员训练班最初只培训了 30 名教师，训练结束后，这 30 人分散到各地发挥了很大作用，于是又办了一个 600 人的训练班。苏区教育部的训练班之外，徐特立很是关心地方所办的各种教员训练班。繁忙的工作之余，总是亲自前去指导，教他们通过实习批评的办法培训教师。这些经过培训的教师，为苏区乡村教育的发展及广大乡民的扫盲做出重要贡献。据不完全统计，至 1934 年，苏区的列宁小学已经发展到 3052 所，补习学校 6462 所。苏区的模范县——兴国，到红军长征时，已有 300 所初级小学，教师 800 多人，这些教师基本上都是出自徐特立所办的闽瑞师范和列宁师范。②

小学、师范之外，徐特立还在苏区办有一所农业学校、一所五个年级的工会学校、一所有四百名学员的党校，以及军事院校方面的红军大学、骑兵学校、步兵学校、无线电学校、医科学校。③

这些学校，虽然因为师资和物资的限制，程度不是太高。在美国记者埃德加·斯诺眼中，甚至"像整个苏维埃组织一样，一切都是十分临时性的"，但这些学校是"地地道道共产主义的，不仅在意识形态方面是如此，而且在利用他们所能搜刮的技术知识，'提高文化水平'方面也是如此"④。

在教师人数不足的情况下，为了达到觉醒更多大众的目的，徐特立提倡"老公教老婆，儿子教父亲，秘书教主席，识字的教不识字的，识字多

---

① 徐特立. 漫谈［M］//武衡，谈天民，戴永增. 徐特立文存：第三卷. 广州：广东教育出版社，1995：98.

② 江来登，孙光贵. 徐特立人生轨迹及教育思想发展研究［M］. 长沙：湖南人民出版社，2009：224.

③ 徐特立. 人生五十始［M］//武衡，谈天民，戴永增. 徐特立文存：第一卷. 广州：广东教育出版社，1995：137.

④ 徐特立. 人生五十始［M］//武衡，谈天民，戴永增. 徐特立文存：第一卷. 广州：广东教育出版社，1995：137.

的教识字少的"①。总之，要把一切能利用起来的人都利用起来，开展苏区民众的扫盲教育。在这些扫盲教育活动中，不仅教民众识了字，还灌输了他们革命的意识和家国思想。

徐特立想方设法在苏区办学，启发民智，深得人们的尊敬和赞颂。中国文艺协会曾为庆祝徐特立六十大寿赋诗：

> 苏区有一怪，其名曰徐老。
> 衣服自己缝，马儿跟着跑。
> 故事满肚皮，见人说不了。
> 万里记长征，目录已编好。
> 沙盘教学生，ＡＩＵＥＯ.
> 文艺讲大众，献身说明了。
> 教育求普及，到处开学校。
> 绿水与青山，徐老永不老。②

（二）推广边区教育

在苏区大规模发展乡村教育的经验，为徐特立以后发展边区教育奠定了良好基础。徐特立在担任苏维埃临时中央政府驻西北办事处教育部部长后，立刻着手调查边区的教育状况。调查结果让人十分失望：陕甘宁边区共有23县，各级小学只有120个，文盲人数为99%，要想找一个读书识字的人真是难上加难，私塾老先生都是凤毛麟角。③ 要在文盲率百分之九十五以上的边区发展教育，觉醒大众，任务之艰巨可想而知。斯诺感叹："要是西方的教育家，谁都会感到气馁的"，但是，有着"丰富多样的经验——在帝制、资本主义、共产主义形式的社会中的生活和教书的经验"的老徐，"能够胜任他所面临的任务"，"是不会感到气馁的"。④

---

① 熊瑾玎. 革命老人徐特立 [M]. 北京：工人出版社，1959：37.
② 平生谢绝人称寿 [M] //李龙如. 一代师表徐特立. 长沙：岳麓书社，1998：371.
③ 江来登，孙光贵. 徐特立人生轨迹及教育思想发展研究 [M]. 长沙：湖南人民出版社，2009：304－305.
④ 埃德加·斯诺. 红星照耀中国 [M]. 北京：作家出版社，2008：170.

徐特立清醒地知道，边区民众思想的落后及许多其他偏见，"都是由于无知和愚昧所造成的"，他的任务就是要"改变他们的这种思想状态"。①

徐特立没有沮丧，"一切从头开始"。利用边区办冬学的习惯，要求全边区按区开办，"至少每区两校"，边区的冬学如火如荼地开展起来，甚至还开办了妇女冬学。有《劝学歌》这样形容："十一来西风凉，河里冻冰地上霜，抽闲学习顶放帐，不识字的人们都到书房。天寒日短不能神（陕北方言，闲着之意），搞通思想识字多。会认会写又会用，今后不要再求人。"②

在冬学的基础上，徐特立还积极发展小学。发展小学，没有教师是不行的。徐特立再次借鉴他以往短期急训小学教师的经验，从各地选出适合当老师的人，开办小学教师训练班。小学教师训练班办起来后，徐特立担任班主任，编写教材，亲自授课。培训的这一批小学教师，很快成为边区教育的拓荒者。

徐特立全身心地投入到边区教育事业中，希望能早日觉醒更多民众。由于经济封锁，边区教育条件极其落后，徐特立凭借革命乐观主义精神，鼓励边区师生发挥聪明才智，自力更生，"学生买不到纸、笔、墨，就用木盘装着泥土，用木棒或手指在土中写字；没有书籍，教员抄写在黑板上，学生在土盘练习；黑板桌椅一概没有，却建立了四百三十个小学校。鲁迅师范学生三百余人，没有费一文钱的开办费，而教室和自习室的桌凳是由学生从河沟弄来的石板做的"③。

在徐特立的费心筹谋和大力推动下，边区教育有了快速发展。抗战前夕，边区小学由原来的 120 所增至 320 所，到 1942 年，更是达到 1198 所。④

---

① 徐特立. 人生五十始［M］//武衡，谈天民，戴永增. 徐特立文存：第一卷. 广州：广东教育出版社，1995：136.

② 徐特立与陕甘宁边区的冬学运动［M］//李龙如. 一代师表徐特立. 长沙：岳麓书社，1998：266.

③ 徐特立. 抗战五个年头中的教育［M］//武衡，谈天民，戴永增. 徐特立文存：第二卷. 广州：广东教育出版社，1995：230.

④ 江来登，孙光贵. 徐特立人生轨迹及教育思想发展研究［M］. 长沙：湖南人民出版社，2009：306－310.

（三）新中国成立后对乡村教育的关注和提倡

徐特立多年来通过短期培训班急训小学教师，以应对小学师资不足的成功经验，成为新中国成立初期小学师资训练的有益借鉴。

新中国成立以后，徐特立虽然年已古稀，但青春焕发。鉴于新中国百废待兴，不仅急需知识分子，尤需大力推进群众教育，提高广大民众的服务意识和服务能力。他引用列宁《青年团的任务》说："现代的科学，现代的技术，依赖于电气化。不识字的人是不适宜于解决电子化的。"① 所以，即便他的工作重点已经转向修史，但依然十分关心新中国的教育发展，关心乡村教师的培养和乡村民众的教育。

面对师范生，徐特立鼓励他们下乡从教，服务乡村。1957 年，在北京第一师范学校学生毕业离校之际，徐特立号召他们"一生都做教师，再也不想别的"，"下乡以后，要多买书，刻苦学习，天天用心"②。鼓舞他们要有面对乡村物质生活匮乏的勇气："革命青年要在任何环境中都可以工作。人有一个头脑，两只手，再有进步的政治思想，就能克服一切困难，勇敢地创造奇迹"，鼓励他们"要有向毛主席学习的志愿，这样就能把自己推向前进，同时把乡村的教育事业搞好"。③

徐特立指出，为了更好地建设乡村，适应乡村教育的需要，乡村教师需要具备一定的乡土知识："因为从书本上得到的东西，多半是一般的东西，要和学生生活相结合，就使一般的知识变成具体的知识……因为学生的生活问题，有教员指导其解决，在师生共同讨论问题时，就能给学生以知识，并把当时学来的知识，用来指导学生当时的行动。用这样的方法来教学生是'经师'又是'人师'"④。否则，教师的"教育就会是空洞的"，

---

① 徐特立. 在教师节谈新民主主义教育［M］//武衡，谈天民，戴永增. 徐特立文存：第三卷. 广州：广东教育出版社，1995：310.
② 徐特立. 教育工作者应是先进分子［M］//武衡，谈天民，戴永增. 徐特立文存：第五卷. 广州：广东教育出版社，1995：349.
③ 中央教育科学研究所. 徐特立教育文集［M］. 北京：人民教育出版社，1979：288.
④ 徐特立. 给小学教师的一封信［M］//武衡，谈天民，戴永增. 徐特立文存：第三卷. 广州：广东教育出版社，1995：266.

"政治活动和经济活动及其他一切文化方面的活动，都会是盲目的和半盲目的"，① 不能适应乡村教育之实际。乡村教师如果不能了解乡村实际，不能参与乡村的建设活动，乡村教师的教育活动将是无效的。所以，徐特立对乡村教师苦口婆心，谆谆教诲："小学教师们，你们担负着农村教育的责任，你们如果不了解农村的情况，那么，你们的教育就会是空洞的"②。

徐特立认为，作为乡村中的知识分子，对乡村应有责任感，同时也为了让乡村教师更好地融入乡村生活，而不是囿于学校一隅。他主张乡村教师应尽可能地参与到乡村的文化建设和干部培养中去："至于乡村下层干部，一般的是农民出身的为多，他们的文化水平往往落后于实际工作。小学教师在可能条件下，帮助他们学习文化，同时和他们在一起也了解地方的工作经验。"③ 事实上，只有成长于乡土的乡村教师，对乡村人事和乡村文化十分熟悉，城市乃至外来的乡村教师，对乡村是极其生疏的，通过参与乡村的文化建设和干部培养，不仅能迅速熟悉工作环境，建立良好的乡村人际关系，也能在这种积极的社会交往中，排遣外来的孤独和寂寞，以及精神的空虚，有利于他们扎根乡土，建设乡村。

彼时，社会上不少知识青年不愿从事乡村教育，甚至有乡村子弟从学校毕业后不愿在乡村服务，主要是因为乡村教育资源缺乏，文化也极落后，以为在乡村服务没有前途。乡村教育的这些不足，徐特立觉得都是有解的。针对乡村教育资源缺乏，徐特立觉得："教学最好是从实地实物的观察入手，这就要把乡土和学校周围的事物补充到一般的教科书里去，使这教科书与学者生活联系起来，……再说，乡土和学校周围的事物不仅可作教科书的补充，同时它本身就是现实的、活生生的教科书。譬如雨后春耕的绿野、掘煤采铁的矿山、晒盐打鱼的湖海、机器轰隆的工厂……你如果引导学者去实地观察，不独给他们以自然科学的知识，而且包含公民课陶冶的

① 徐特立. 给小学教师的一封信［M］//武衡，谈天民，戴永增. 徐特立文存：第三卷. 广州：广东教育出版社，1995：267.
② 徐特立. 给小学教师的一封信［M］//武衡，谈天民，戴永增. 徐特立文存：第三卷. 广州：广东教育出版社，1995：267.
③ 徐特立. 小学教师的地位和前途问题［M］//武衡，谈天民，戴永增. 徐特立文存：第四卷. 广州：广东教育出版社，1995：392.

重要价值，爱祖国、爱劳动、爱公共财物等等的公德心，必油然而生。"①乡村拥有如此丰富的乡土教育资源，可谓"遍地是黄金"，但能否合理利用，却需要"明眼人"。徐特立举了一个例子：以前山东某地一位书呆子教师讲蒲公英，校园里的蒲公英正开着一片金黄色的鲜花，而教师却在教室里死啃教科书，绘图、抄笔记、口讲指画，累得口干舌燥，头昏眼花，学生仍是莫名其妙，最后老师唉声叹气、十分遗憾地告诉学生："可惜本地没有蒲公英供你们观察。"所以，徐特立十分重视乡村教育中对乡土资源的开发，鼓励一切教育者和受教育者，"以研究地方乡土为出发点，进而认识本国，认识世界，认识整个宇宙"②。

乡村虽然文化落后，书籍也不如城市丰富，徐特立觉得，关键在于教师要有自我进步的内心需要和付出实际行动的努力。他以身说法："我是农村里的蒙学教师，一直教了十年蒙馆，也就埋头读了十年的书……在埋头苦干的十年中，自己自学的东西，经过了十年的积累，应用到学校的教学中去，也勉强够用的。"较之城市，现在的乡村虽然条件差一些，但"至少在农村有报纸看，也有新旧书籍，只要自己努力，并不会阻碍自己的前进"③。为了鼓励教师自学，徐特立专门写了一篇《与小学教师谈自学经验——庆贺〈小学教师〉创刊》，介绍如何边教书边读书，如何从工作中学习的经验。

面对城乡差距，徐特立在鼓励青年积极贡献、服务乡村的同时，也真诚关心乡村教师的地位和待遇问题。早在边区工作时，徐特立得知小学教师一时存在生活困难的情形，于是发起为小学教师捐款的活动，并带头捐了100元。新中国成立前夕，胜利在望，徐特立为鼓舞小学教师"以教育服务社会"的热情，提出要在经济条件改善后，"小学教师的待遇也应提高"，"必须制定优待小学教师的条例，如年终加俸，特别加俸，及老时的

① 徐特立.教育讲座［M］//武衡，谈天民，戴永增.徐特立文存：第四卷.广州：广东教育出版社，1995：183.
② 徐特立.教育讲座［M］//武衡，谈天民，戴永增.徐特立文存：第四卷.广州：广东教育出版社，1995：184.
③ 徐特立.怎样当好乡村教师［M］//武衡，谈天民，戴永增.徐特立文存：第四卷.广州：广东教育出版社，1995：267.

退休金，死后的遗族抚助金一类的条例"。①。新中国成立以后，随着经济发展，提高教师待遇，尤其是现在对乡村教师的支持力度越来越大，徐特立最初的设想在今天都逐渐实现了。

在近代教育发展过程中，平民、乡村、女子教育三者为软肋。徐特立敏锐地意识到了这一点，并致力于弥补上述教育发展的不足。正如徐特立的学生所评价，徐特立所办学校有三个特点：一是面向平民，二是面向农村，三是极力支持女子教育。② 尤其是乡村广大平民，是徐特立教育关注的重点。

徐特立投身教育五十多年，一生致力于平民、乡村教育的发展和推动，尤其是他走上革命道路后，对苏区、边区教育的改造和推广，新中国成立后对全国乡村教育的提倡，其对觉醒广大民众、提高国民素质、为实现教育救国而尽心尽力，真正做到了"群有师尊党有光"，是一个真正革命的人民的教育家！

参考文献：

[1] 武衡，谈天民，戴永增. 徐特立文存：1－5 [M]. 广州：广东教育出版社，1995.

[2] 江来登，孙光贵. 徐特立人生轨迹及教育思想发展研究 [M]. 长沙：湖南人民出版社，2009.

[3] 马建强. 追寻近代中国的教育大师 [M]. 北京：教育科学出版社，2008.

[4] 周世钊. 我们的师表 [M]. 北京：北京出版社，1959.

[5] 熊瑾玎. 革命老人徐特立 [M]. 北京：工人出版社，1959.

[6] 湖南省长沙师范学校. 怀念徐特立同志 [M]. 长沙：湖南人民出版社，1979.

[7] 李龙如. 一代师表徐特立 [M]. 长沙：岳麓书社，1998.

[8] 埃德加·斯诺. 红星照耀中国 [M]. 北京：作家出版社，2008.

[9] 中国人民政治协商会议湖南省宁乡县委员会文史资料研究委员会. 宁乡文史资料：第五辑. 内部资料，1988.

[10] 谢觉哉. 贺信 [N]. 解放日报，1947－01－10.

---

① 徐特立. 给小学教师的一封信 [M]//武衡，谈天民，戴永增. 徐特立文存：第三卷. 广州：广东教育出版社，1995：268.
② 李维汉，群有师尊党有光 [M]//武衡，谈天民，戴永增. 徐特立文存：第五卷. 广州：广东教育出版社，1995：419.

第四章
乡村教育的创造家：陶行知

一、建理想之国：教育救国的人生选择

（一）教育救国的缘起

陶行知（1891—1946），原名陶文濬，曾用笔名斋夫、韵秋等，安徽歙县西乡黄潭源村人。父亲陶长生，母亲曹翠仂，有一妹妹文渼，后来成为他在晓庄办学的臂助。幼时父亲经营酱园，母亲操持家务，酱园破产后，仅靠家中两亩田地无法维持一家生计，母亲遂给人浆洗缝补以资贴补。

七岁时，陶行知入旸村方秀才蒙馆开蒙读书，同时在家跟随父亲读书写字。十五岁时，因母亲在歙县教会学校崇一学堂帮佣，

图 4 – 1　陶行知

陶行知得以入校读书。两年后，校长唐进贤回国，崇一学堂停办，陶行知前往杭州，考入教会学校广济医学堂学医。因该校"严重歧视非基督教徒"学生，陶行知入校仅三日即退学，回家自学英语一年。①

---

①　陶行知. 我的学历及终身志愿——致 J. E. 罗素 [M] //方明. 陶行知全集：6. 成都：四川教育出版社，2020：455.

1909 年，陶行知十九岁，到苏州谋生，生活困窘，在街头偶遇唐进贤校长。在唐进贤的推荐下，陶行知考入南京金陵汇文书院预科中学部。1910年，南京宏育书院并入汇文书院，改名为金陵大学。1910 年秋，陶行知升入金陵大学文科就读。

1911 年辛亥革命爆发，热血青年陶行知返回徽州，任徽州议会干事，但半年后即返回金陵大学，继续学业。也许，正是这一次的革命经历及革命后的乱象，使得陶行知对暴力革命及其效果产生怀疑，教育救国思想开始萌芽。

在金陵大学读书期间，陶行知开始研究阳明学，信仰王阳明"知是行之始，行是知之成"的知行观，改"文濬"名为"知行"，后推翻王阳明的知行观，于 1934 年改名为"行知"。大学期间，陶行知创办金陵大学学报《金陵光》中文版，目的在于"推广规模、保存国粹、灌输学术"①，并任主笔，撰写《因循篇》《伪君子篇》《为考试事敬告全国学子》《共和精义》《呜呼某校》等多篇文章。在《呜呼某校》篇中，陶行知对中国教育现状很是担忧："一学期而读十八面书，已属不成事体。考时复取其半，以为范围；范围之外，复有指点。指点不足，继以夹带；夹带不足，继以枪替、剽窃。学生以此欺教员，教员亦以此误学生，成何教员？成何学生？更成何学校？然就吾之目光所观察，正不止某校已也。"②

辛亥革命而建民国，对于民主、共和，陶行知抱以无限期待，然而民初共和存在国民程度不足、伪领袖、党祸以及多数之横暴等险象。如何规避这些共和险象？陶行知认为"教育实建设共和最要之手续，舍教育则共和之险不可避，共和之国不可建，即建亦必终归于劣败"。认为要建共和民国，必提高国民程度，而国民程度的提高，必赖之于教育。因为"人民贫，非教育莫与富之；人民愚，非教育莫与智之；党见，非教育不除；精忠，非教育不出。教育良，则伪领袖不期消而消，真领袖不期出而出。而多数之横暴，亦消于无形。况自由平等，恃民胞而立，恃正名而明。同心同德，必养成于教育；真义微言，必昌大于教育"。③ 陶行知普及教育及教育救国

---

① 陶行知.增刊中文报之缘起［M］//方明.陶行知全集：1.成都：四川教育出版社，2020：139－140.

② 陶行知.呜呼某校［M］//方明.陶行知全集：1.成都：四川教育出版社，2020：170－171.

③ 陶行知.共和精义［M］//方明.陶行知全集：1.成都：四川教育出版社，2020：189.

思想逐渐清晰。

（二）赴美取经，建理想之国

然而民初教育不良，如《呜呼某校》者甚多，教育何以救国？陶行知将改革教育的希望转向美国，欲往哥伦比亚大学求取真经，希望通过教育建立民主、共和的理想之国。在后来给罗素的信中，陶行知坦言："三年前（即1913年），余选就哥伦比亚大学为余在美之最终目标，然因资历不济而未能及时来校就读。"①

1914年夏，陶行知前往美国留学，同船者有陈鹤琴等近百名中国留学生。

陶行知到了美国，进伊利诺州立大学②学习政治学。学习之余，担任伊利诺州立大学中国留学学生会干事，并为留美学生杂志《中国学生季刊》撰稿。1915年6月，陶行知参加了芝加哥大学举办的基督教青年会（亦称美中基督教学生联合会）。此次大会后，陶行知"矢志以教育管理为终身事业"，遍查其熟知的美国大学，再次发现哥伦比亚大学师范学院乃"最佳去处"。1916年，在给哥伦比亚大学师范学院院长罗素的信中，陶行知进一步坚定了其教育救国志愿："余今生唯一目的在于经由教育而非经由军事革命创造一民主国家。鉴于我中华民国突然诞生所带来之种种严重缺陷，余乃深信，如无真正之公众教育，真正之民国即不能存在。"③

陶行知是一个行动派，教育救国思想明晰以后，立刻付诸行动。在攻读政治学的同时，选修了《教育行政学》《教育研究法》《教育心理学讨论》等课程。④ 在获得伊利诺州立大学政治学硕士学位后，1915年9月，陶行知转入哥伦比亚大学师范学院攻读博士学位。

实际上，陶行知在美国留学期间，经济一直处于困窘之中。陶行知自费赴美留学，经济本不宽裕，1915年1月父亲去世之后，养家重担也不得

---

① 陶行知. 我的学历及终身志愿——致 J. E. 罗素 [M] //方明. 陶行知全集: 6. 成都：四川教育出版社，2020：456.

② 在美国求学期间，陶行知给 J. E. 罗素写了一封信，信中所用名称为"伊利诺大学"。王以岭的《陶行知年谱长编》用的是"伊利诺伊大学"。

③ 陶行知. 我的学历及终身志愿——致 J. E. 罗素 [M] //方明. 陶行知全集: 6. 成都：四川教育出版社，2020：456.

④ 王文岭. 陶行知年谱长编 [M]. 成都：四川教育出版社，2012：14.

不荷之于肩，经济状况"乃陷于极大困境"。但因教育救国真经尚未取得，陶行知一方面咬牙坚持，一方面想法获得经济资助。1915 年 5 月，陶行知写就《中国运入美国物产大宗之研究》一文，寄送安徽当局，申请庚款奖学金，并顺利获得"部分奖学金"。转入哥伦比亚大学后，纽约生活费用太高，陶行知很快就感觉经济难以为继。在孟禄的介绍下，申请获得利文斯通奖学金。有了庚款资助和利文斯通奖学金的支持，陶行知自信"再经两年之培训，余将回国与其他教育工作者合作，为我国人民组织以高效率之公众教育体系，以使他们能步美国人之后尘，发展和保持一真正之民主国家，因此乃唯一能够实现的正义与自由的理想之国"①。

在哥伦毕业大学师范学院学习期间，陶行知学习了杜威《学校与社会》、孟禄《教育史》、克伯屈《教育哲学》《基础方法》及其他课程。其时，杜威在哥伦比大学师范学院任教，其实用主义哲学思想及进步主义的教育主张，对陶行知影响极大。据《胡适留学日记》记载："杜威为今日美洲第一哲学家，其学说之影响及于全国之教育、心理、美术诸方面者甚大，今为科仑比亚大学（即哥伦比亚大学）哲学部长，胡（天潃）、陶（知行）二君及余皆受学焉。"②

1916 年底，陶行知开始着手撰写博士论文，题目为"中国教育哲学与新教育"。陶行知的论文题目，可以说是杜威思想影响的直接反映。其时，杜威为美国哲学大家，提倡实用主义哲学，并在 1896 年创办芝加哥实验学校，希望培养民主社会所需的能科学思维和行动的优秀公民，实则是美国的新教育运动。陶行知本就抱着革新民国教育、建立理想之国的希望，杜威的实验学校及其对学校与社会关系的思考，于陶行知而言，正如溺水之人适逢救命稻草，不仅成为其教育救国思想的最重要来源，也是他回国之初教育实践的行动指南。陶行知后来在思想上翻了半个跟斗，提出生活教育理论，正是受杜威教育思想的启发。

不过，陶行知的博士论文探讨教育革新，在写作中存在实际困难——需要调查中国教育目前最急要之问题及教育统计数据。这些问题，不要说在国外，即便是国内，也不易得。其时，国内教育界和思想界远不如五四

---

① 陶行知. 我的学历及终身志愿——致 J. E. 罗素［M］//方明. 陶行知全集: 6. 成都：四川教育出版社，2020：456.

② 胡适. 胡适留学日记［M］. 长沙：岳麓书社，2000：657.

以后活跃，对于教育现状的批判和反思尚未成为潮流，陶行知虽然多方委托故旧提供教育资料，但于论文撰写而言，资料问题一时难以解决。

1915 年，南京高等师范成立，教务主任郭秉文毕业于哥伦比亚大学师范学院，致函邀请陶行知回国任教。一方面是博士论文因资料搁浅无法进行，另一方面是巨大的经济压力，多方权衡之下，陶行知决定回国任职。孟禄虽然深感遗憾，但还是联系哥大学位审查委员会委员伍德布里奇博士，建议先对陶行知进行口试答辩，结束学习，待其回国，"搜集资料，提交所完成的论文之后，再行审查"并授予学位。[①]

1917 年 8 月，陶行知回到祖国，任南京高等师范教育学教授，主讲《教育学》《教育行政》《教育统计》等课程。

陶行知一边教学，一边收集博士论文资料，做了大量的教育调查工作。遗憾的是，1920 年冬，南京高等师范一场大火，陶行知的博士论文及资料皆化为灰烬。[②] 当然，如果陶行知要再起炉灶，重写论文非为难事。但陶行知其时已将关注重心置于中国教育改造，学位于他已成身外物，他更愿意将有限的时间和精力用于平民的教育、大众的教育，以建立民主自由的理想之国。

二、初涉教育实验：
由校内的教学改革到校外的平民教育试验

（一）在南高师的教学改革

回国初期，陶行知主要在杜威教育思想的影响下进行教育实践。一方面受西方自然科学注重实验的影响，另一方面得益于杜威运用实验主义研究教育的成功经验，陶行知视实验为改造中国教育之良方。1917 年下半年，陶行知发表《试验主义之教育方法》一文，指出试验者，发明之利器也。试验虽不必皆有发明，然发明必资乎试验。欧美之所以进步敏捷者，以有

---

① 王文岭. 陶行知年谱长编［M］. 成都：四川教育出版社，2012：23.
② 刘锐. 陶行知传［M］. 北京：北京时代华文书局，2016：21.

试验方法故；中国之所以瞠乎人后者，以无试验方法故。试验之于教育，虽迟于物理、生物诸学，然其进步皆由试验而来。反观我国清末教育改革以来，"拘于古法，而徒仍旧贯者有之；慕于新奇，而专事仪型者有之……何怪乎吾国教育之不振也"。故陶行知呼吁，"欲教育之刷新，非实行试验方法不为功"，"非试验的教育方法，不足以达救国之目的也"。①

1919 年 2 月，陶行知发表《试验主义与新教育》一文，将有无发明力作为评判教育新旧的标准，指出当前中国教育存在依赖天工、沿袭旧法、率任己意、仪型他国及偶尔尝试等弊端，这些弊端必赖试验方能去除。②

对于试验主义，陶行知非只提倡，更重力行，其早期试验以南高师为中心进行。陶行知最初是南高师的教育学教授，曾在教育研究会上演讲《以科学之方，新教育之事》，推动教育改造。1919 年 2 月，陶行知发表《教学合一》，提出教学应该合一。原因有三：第一，先生的责任不在教，而在教学，在教学生学；第二，教的法子必须根据学的法子；第三，先生需要一边教，一边学，而不仅是贩卖知识。③ 1919 年 10 月，陶行知任南高师教务主任后，即在南高师改"教授法"为"教学法"，同时改良课程，实行选科制（即学分制），并于 1920 年率先在南高师开设暑期学校，培训教学及管理人员，开暑期教师培训之先河，学员来自国内 17 个省市，共1041 人。④

正是在这次暑期学校里，陶行知和前来授课的胡适等人谈及他的人生志愿：要用四通八达的教育，来创造一个四通八达的社会。

1921 年底，在孟禄饯别会上，陶行知发表演讲，认为我国教育要谋革新，须有两种精神：一为开辟的精神，一为试验的精神。有开辟的精神，愿意到人皆不肯去的地方服务，足迹所到之处，就是教育所到之处；有试验的精神，对于教育问题才有彻底的解决，对于教育原理才有充分的发现。⑤ 为创

---

① 陶行知. 试验主义之教育方法［M］// 方明. 陶行知全集：1. 成都：四川教育出版社，2020：209－210.

② 陶行知. 试验主义与新教育［M］// 方明. 陶行知全集：1. 成都：四川教育出版社，2020：5－9.

③ 陶行知. 教学合一［M］// 方明. 陶行知全集：1. 成都：四川教育出版社，2020：18－20.

④ 王文岭. 陶行知年谱长编［M］. 成都：四川教育出版社，2012：49.

⑤ 陶行知. 在实际教育调查社为孟禄举行的饯别会上的讲话［M］// 方明. 陶行知全集：1. 成都：四川教育出版社，2020：338.

造四通八达的社会，陶行知已经做好到艰苦环境中进行教育播种的思想准备。试验主义是陶行知一直坚守并力行的指导思想，是陶行知后来屡经挫折而永不言弃的精神动力。可以说，试验主义贯穿于陶行知以后所有的教育实践活动。

（二）平民教育的推广与创新

1921 年底，中华教育改进社成立。1922 年 2 月，陶行知担任中华教育改进社主任干事，其教育工作的重心和教育改造的中心由南高师逐渐转移到社会，转移到平民教育。

当立志进行大众教育以实现教育普及的陶行知，虽已做好思想准备，却一直忙于中华教育改进社的社务及公共教育事务，尚未真正行动时，另一个留美博士晏阳初却已经开始了他致力一生的事业——推广平民教育。五四运动前后，学校及青年学生开始关注平民教育，至 1923 年夏成为全国性的教育运动。

晏阳初留学期间，就开始关注劳工教育，并立志将终身献给劳苦大众。1920 年回国时，正是国内平民教育逐渐兴起的时候。晏阳初最初在上海基督教青年会主持平民教育工作，于 1922 年发起全国识字运动，并前往长沙、烟台、嘉兴等地进行平民教育试验。虽还处于局部试验阶段，却渐成潮流，引起国内教育名流的注意。

其时，国内有一批热心的教育家，鉴于民为邦本，期谋教育普及，而以人数之众、经费之巨，虽辛苦奔波而无大成效，正颇感无力。平民识字教育，成为国民在短时间内接受最为基础的普通教育的希望。

1923 年 5 月 27 日，熊希龄夫人朱其惠、陶行知、晏阳初、黄炎培、袁希涛等人会于上海，发起平民教育促进会，研究全国平民教育进行的办法。同时，陶行知和朱经农负责编辑平民教育课本，所编辑的《平民千字课》第一册于 8 月在商务印书馆出版。

1923 年 8 月 26 日，中华平民教育促进会总会在清华学校成立，朱其惠为董事长，陶行知任董事会书记，晏阳初任总干事，最初在长江流域提倡并实施平民教育运动。

陶行知对平民教育日益关注。1923 年秋，他考察了江苏、安徽、江西、湖北等省的平民教育，认为平民教育运动，就是平民读书的运动，目的在于使平民读一点书，得一点做人、做国民的精神。① 平民教育培植平民做国民的能力，这和陶行知培养共和国国民的教育理想是基本一致的。不过，陶行知认为，中国的平民有四万万之多，其教育需要全社会的一致合作。不仅平民教育团体要大力推广平民教育，现有的学校也应该划定范围负起责来，私塾、公署都应该提倡并力行。毕竟，"我们研究学问，非只为增加一个人的幸福，目的总是要改造社会"②。

陶行知认为，要推广平民教育，首先要造成一种以不读书为耻的舆论。以往大家只是看重读书人，但还未形成以不读书为耻的观念。其次，推广平民教育，要使读书和饭碗发生密不可分的关系。如规定不识字，则不能在商店服务之类。③

实事求是地说，陶行知主张将推广平民教育和"饭碗"联系起来，其推广教育之心可嘉、其情可悯，但在当时的中国，如果真正贯彻的话，其结果就是欲速则不达，引起平民的反感乃至反对。不过，好在陶行知虽然提倡，但一直本着试验主义的精神，先试试看，再根据批评进行改善。

在对平民教育的调查和实施中，陶行知发现，以往推行平民教育，多是通过平民夜学的方式进行。但夜学只能涉及平民中的一小部分，大多数的平民，因为种种客观原因，无法进夜学读书。因为夜学有时间、地点限制，不太适合带小孩的、做家务的、干买卖的等各种平民。陶行知认为，"不能来而勉强来，必定要妨害家庭的事务，扰乱生活的常态。读书是要紧的，管家谋生也是要紧的"④。可见，陶行知正是在推广平民教育的过程中，注意到教育和生活之间的关系，为其后生活教育理论的提出奠定了实践基础。

平民夜学只能满足一小部分平民的教育需要，但是一种新兴的办法——平民读书处（原不叫平民读书处，后由陶行知和江西省视学桂玉兰

① 陶行知. 长江流域平民教育运动之性质组织及方法［M］//方明. 陶行知全集：1. 成都：四川教育出版社，2020：478.
② 陶行知. 长江流域平民教育运动之性质组织及方法［M］//方明. 陶行知全集：1. 成都：四川教育出版社，2020：480-481.
③ 陶行知. 长江流域平民教育运动之性质组织及方法［M］//方明. 陶行知全集：1. 成都：四川教育出版社，2020（1）：486.
④ 陶行知. 平民读书处之试验［M］//方明. 陶行知全集：1. 成都：四川教育出版社，2020：489.

等人取现名）得以发现，并成为推广平民教育的利器。平民读书处可以开设于每家店铺、每个家庭，凡会识字的人皆可教不会识字的人。不会识字的人也可教人，他们读一句通一句，通一句即可教一句。不过，不通者教人，不能像老师一样站在讲台上教很多人。他可以教一个人，即可以教他左边一个人和右边一个人。于是一教两，两教四，识字的人就越来越多了。这种方法，被称为连环教学法。① 后来陶行知在发现小孩子的潜力后，基于连环教学法，发明了小先生制。

平民读书处的发明，让陶行知仿佛看到了公众教育普及的曙光。他是一个力行者，也是一个试验主义者，立刻就在全国各处试办起来。一方面通过他所服务的机构试办，如中华教育改进社的职员在羊市大街、东南大学教育科在北门桥；另一方面则通过私交好友，在社会各处试办，如郑晓沧、胡适、陈鹤琴等人在家里，洪范五在成贤学舍，王仕泰在小饭馆，慧空和尚在栖霞寺，薛仲起在轮船，江彤侯在教育厅，江爱吾在安徽省公署，袁烈青在监狱。② 同时，他还前往全国各地，演讲并助力成立地方平民教育促进会，发动社会各个阶层的民众、各个机关推广平民教育。平民教育成为陶行知此时期工作的重要内容。

陶行知后来总结，推广平民教育的办法，就是"开饭馆"和"家常便饭"的法子。"开饭馆"，就是开办平民学校；"家常便饭"，就是使得各个家庭、店铺、工厂、机关，都要有一部分人去教其他一部分人。③ 可以认为，正是在社会各处试办平民教育的经验，陶行知才逐渐形成社会即学校的认知。

经过将近一年的试验和推广，《平民千字课》④ 在全国二十个省区得到推广，受益平民四十万。⑤ 于是，在长江流域地区推广平民教育的基础上，

---

① 陶行知. 长江流域平民教育运动之性质组织及方法 ［M］//方明. 陶行知全集：1. 成都：四川教育出版社，2020：483.

② 陶行知. 平民读书处之试验 ［M］//方明. 陶行知全集：1. 成都：四川教育出版社，2020：491.

③ 陶行知. 平民教育实施法 ［M］//方明. 陶行知全集：1. 成都：四川教育出版社，2020：519.

④ 《平民千字课》共四册，是根据晏阳初自编的《一千字汇》和陈鹤琴所编的平民教材，选取二者中共有的八百字，由陶行知和朱经农重新整理编辑而成。

⑤ 陶行知. 四十万的平民学生 ［M］//方明. 陶行知全集：1. 成都：四川教育出版社，2020：532.

中华平民教育促进会开始筹划全国平民教育计划，拟在十年或五年之内，使十二岁以上二十五岁以下之一万万不识字的人，能受一千字所代表之共和国民的基础教育。①

在全国推广平民教育，自然会涉及乡村平民的教育问题。也可以说，"平民教育是到民间去的运动，就是到乡下去的运动"②，陶行知的教育视野逐渐由城市转移到乡村。

综观此时期陶行知的教育试验，无论是在南高师（后来合并成立为东南大学）的教学改革，还是平民教育的推广试验，陶行知的初衷一直没变，都是希望实现民众教育的普及，建立理想的民主共和之国。总体而言，陶行知此时期基本是在做"东洋车夫"，搬迁美国教育并借鉴杜威思想，故其试验不成系统，尚未形成明确的思想体系。不过，创造不是凭空产生的，正是在不断的试验中才能有新的发现。陶行知的生活教育理论，正是在前期借鉴美国教育和试办平民教育的过程中逐渐萌芽，并最终在晓庄时期自成体系，成为其以后教育实践的思想指针。

三、教育新时代的开启：在晓庄的乡村教育改造

（一）到乡村去：由城市平教转战乡村教育

清末教育改革以来，新式学校主要设置于城市，占据人口百分之八十五以上的乡村，还是传统私塾的主阵地。1919 年，余家菊发表《乡村教育的危机》一文，引起学界关注。鉴于乡村教育的危机，以及师范生毕业后不愿下乡服务，或是下乡后无法适应乡村生活的现实困境，江苏教育界提出省立师范院校在乡村设立分校，培养适应于乡村生活的乡村教师。1922—1924 年，五所江苏省立师范院校陆续开始在各地建立乡村分校，也有少数乡村教师开始了对乡村小学的改造。

---

① 陶行知. 平民教育运动与国运［M］//方明. 陶行知全集：1. 成都：四川教育出版社，2020：501.

② 陶行知. 平民教育概论［M］//方明. 陶行知全集：1. 成都：四川教育出版社，2020：571.

20世纪以来，西方教育界十分重视量化研究，教育调查成为当时流行的教育研究方法。陶行知回国后，一方面是受西方教育潮流的影响，另一方面是博士论文的撰写需要，因而十分关注教育调查。中华教育改进社成立后，调查是其中一项重要工作。在调查过程中，乡村教育的调查逐渐受到关注，主要由赵叔愚负责。在学界思潮和平民教育运动中，陶行知逐渐关注到中国乡村教育及其问题。

1921年，陶行知就主张在乡村设立师范学校："现在师范多设在城市，因之乡村受益少。因乡下学生入师范后，都不愿在乡下做事而愿在城市做事。我以为有好多师范学校，应当设在小的镇上，一方面宜可与乡下的环境相接近，一方面要有实地教学的机会。中国的农民占85%以上，设立师范学校，宜顾全农家子弟。"①

1922年新学制颁布后，师范教育的制度设计非但没有解决乡村师资问题，反倒对整个师范教育都有所削弱。针对学制中对师范教育的规定，陶行知指出，师范教育制度存在几个缺点，其中一个就是初级师范大多数设在都市里，毕业生所受的教育不适合乡村教育的特别需要，师范生习惯都市生活后，决不愿到乡村服务，导致乡村师资缺乏。虽然学制中特设师范讲习所培养乡村师资，然而这种讲习所地位尴尬，教育界并不以正式学校对待，往往因陋就简，乡下的人吃大亏。②

陶行知将关注的目光转移到乡村后，最初只想创办一个乡村幼儿园，后来则想把"中国全国乡村教育运动一齐都要立他一个基础"③。立下这个宏愿后，陶行知就要求自己"一年之中，务求不虚度一日；一日之中，务求不虚度一时"。

陶行知既然试图推动全国乡村教育改造，于是加大了对乡村教育的研究和考察。彼时，江苏省立师范学校乡村分校和少数乡村小学的自我改造，走在乡村教育改造的前线，陶行知和中华教育改进社乡村教育研究员赵叔愚等人开始对沪宁一带的乡村教育进行考察。

---

① 陶行知. 对于师范教育的意见［M］//方明. 陶行知全集：1. 成都：四川教育出版社，2020：328.

② 陶行知. 新学制与师范教育［M］//方明. 陶行知全集：1. 成都：四川教育出版社，2020：377.

③ 陶行知. 送给国家的寿面——给母亲的信［M］//方明. 陶行知全集：8. 成都：四川教育出版社，2020：104.

1924 年夏，陶行知和赵叔愚前往燕子矶小学参观。燕子矶小学不但教学生读书，并且教学生改造学校、改造乡村环境。学校里没有听差、没有斋夫，一切洒扫应对之事，全由教师和学生分任。学生会做事，学校也因此得到学生家长的信仰。短短半年，燕子矶学校的学生由七八十人增加至一百二十四人，女生因有校长夫人的教导，也由寥寥无几增加至三十多人。①

陶行知认为，平常办学，学校自学校，社会自社会，不要说联络，连了解也说不到，燕子矶小学很好地做到了学校与社会的联络，并主张乡村学校最好由夫妻合办。为此，他专门写了一首小诗：②

> 男学生，女学生，结了婚，做先生。
> 那儿做先生？东村或西村。
> 同去改旧村，同去造新村。
> 旧村魂，新村魂，一对夫妻一个魂。

其时，陶行知尚未提出自己的生活教育理论，还处于提倡宣扬杜威"教育即生活""学校即社会"思想的阶段。燕子矶小学的改革，可以说是杜威思想的完美实现，也是早期乡村教育研究者改造乡村学校的理想。因而，陶行知和赵叔愚参观完燕子矶小学后，不仅感动，尤感快乐，即便回程中突遇大雨，淋成落汤鸡，二人都觉得不虚此行。

从 1924 年开始，中华教育改进社尤其是陶行知将重心转移到乡村教育，经过几年的教育研究和提倡，陶行知认为中华教育改进社以往的提案，依赖于政府或他方面实行者居多数，一旦政府及他方因故搁置，则议等于不议，③ 遂将重点转移到教育改进社本身能行之事。在中华教育改进社第四届年会演讲中，陶行知正式提出中华教育改进社试办乡村师范教育的想法："提倡以乡村学校为改造乡村生活之中心，乡村教员为改造乡村生活之灵魂。其具体办法，应设试验乡村师范学校以实验之。"④

---

① 陶行知.半周岁的燕子矶国民学校——一个用钱少的活学校［M］//方明.陶行知全集：1.成都：四川教育出版社，2020：39－41.

② 陶行知.同到乡下去［M］//方明.陶行知全集：1.成都：四川教育出版社，2020：552.

③ 陶行知.年会感言［M］//方明.陶行知全集：2.成都：四川教育出版社，2020：199.

④ 陶行知.中国教育政策之商榷［M］//方明.陶行知全集：2.成都：四川教育出版社，2020：213.

　　试验乡村师范的想法一萌芽，便不可抑制地突生猛长起来。陶行知开始为试验乡村师范学校做各种准备。1925 年 12 月，陶行知在北京师范大学乡村教育研究会成立大会上发言，主张先试办乡村小学再试办乡村师范学校，以乡村学校作为改良乡村生活的中心。① 同月，陶行知出席江苏省立乡村师范分校联合会第二届常会，提出"乡村师范学校负有训练乡村教师、改造乡村生活的使命"，但是，乡村师范如果"舍去实际生活不改而单在书本课程上做功夫，怕是没有多大成效的。我们不要以为把师范学校搬下乡去就算变成了乡村师范学校。不能训练学生改造面前的乡村生活，绝不是真正的乡村师范学校"②。

　　1926 年 5 月，联合改进农村生活董事会成立，陶行知主持会议，并当选为副会长。参与乡村教育的社会团体越来越多，文字下乡、知识分子下乡渐成潮流。

　　1926 年 9 月，陶行知出席江苏省教育会召开的乡村标准学校讨论会，提出乡村标准校长的三种资格："一要有农夫的身手；二要有教师的头脑；三要有社会改造家的精神。"③ 在讨论会上，陶行知大力宣扬燕子矶小学的办学成绩。

　　陶行知的宣讲和提倡，对关注乡村教育的乡教工作者不仅是精神鼓舞，更是行动指南。江浙地区一些乡村小学和县立师范在自我改造中渐有成效，卓有声誉。这些早期自主进行改造的乡村小学和乡村师范，又成为陶行知进一步考察和研究的对象。

　　1926 年 9 月，中华教育改进社加强了乡村教育调查，聘请丁兆麟考察沪宁一带的乡村学校，以为改进乡村教育的参考。丁兆麟在考察了二十多所学校后，提到无锡开原小学的潘一尘校长在听了陶行知的讲座后，回去即着手改造开原小学，并卓有成效。

　　陶行知立刻前往开原小学考察。开原小学也取消了门房听差，由教师

① 王文岭. 陶行知年谱长编 [M]. 成都：四川教育出版社，2012：162.
② 陶行知. 师范教育下乡运动 [M]//方明. 陶行知全集：2. 成都：四川教育出版社，2020：243.
③ 陶行知. 天将明之师范学校——江宁县立师范学校半日生活记 [M]//方明. 陶行知全集：1. 成都：四川教育出版社，2020：53.

和学生负责学校事务。教学上，在一定程度上打破了学级制，酌采设计教学和道尔顿制，并成立"新民村"为学生课外自治组织。陶行知认为，开原小学的改革，最大特长就是引导学生组织积极的活动，这恰好是"西洋文化能补充东方文化"中最重要的地方①。

在丁兆麟的介绍下，陶行知和赵叔愚、邵德馨参观了江宁县立师范学校。江宁县立师范主持改革的宋鼎先也是在听了陶行知的讲座后，立刻以乡村校长的标准试行于该校，对该校师范生进行相应训练。陶行知一想到"中国农民生活如何困苦，一般师范学校如何走入迷途，裨益于农民子女之乡村学校如何稀少，徐校长之三顾茅庐，② 宋先生之以身作则，和正统派教育家对他们的冷笑态度"③，忍不住潸然泪下。但江宁县立师范师生那种贫而乐的精神、学小学的虚心以及将有远大前途的前景，又令陶行知十分欣慰，以为乡村师范教育终于看见了曙光。

1926 年 11 月，中华教育改进社特约乡村教师研究会成立，陶行知出席并演讲。他提议"农村学校教师一方面教学生，一方面间接地教学生的家人，或者每星期每月邀他们来用种种的娱乐如留声机一类东西，助他们的兴趣，渐渐输入需要的知识"，同时组织巡回图书馆和乡村教育成绩展览会，引起社会对乡村教育的关注④。

乡村教师研究会在召开几次讨论会后，决定成立乡村教育同志会，江苏的乡村教育逐渐形成氛围。特约乡村教师研究会的第三次会议，参加者除乡村小学、乡村师范的师生外，还有江苏省教育厅长江问渔、东南大学教授、省视学⑤等参会，总计百余人⑥。

---

① 陶行知. 无锡小学之新生命——开原乡立第一小学一日生活记 [M] // 方明. 陶行知全集：1. 成都：四川教育出版社，2020：57–65.

② 指江宁县立师范学校校长徐卓夫三请尧化门小学校长宋鼎先担任该校训育主任及学生活动指导员。

③ 陶行知. 天将明之师范学校——江宁县立师范学校半日生活记 [M] // 方明. 陶行知全集：1. 成都：四川教育出版社，2020：53.

④ 陶行知. 教育改进社特约乡村教师研究会成立纪事 [M] // 方明. 陶行知全集：2. 成都：四川教育出版社，2020：260.

⑤ "省视学"即民国时期省教育厅派往各地视察学务的人，即今日的省督学。

⑥ 陶行知. 教育改进社特约乡村教师研究会成立纪事·附三：特约乡校教师研究会第三次会议纪事 [M] // 方明. 陶行知全集：2. 成都：四川教育出版社，2020：265.

在广泛调查和深入研究的基础上，陶行知的乡村教育思想渐成体系，生活教育理论呼之欲出。在特约乡村教师研究会结束时，陶行知发表《我们的信条》，提出十八条教育信条：

我们深信教育是国家万年根本大计。

我们深信生活是教育的中心。

我们深信健康是生活的出发点，也就是教育的出发点。

我们深信教育应当培植生活力，使学生向上长。

我们深信教育应当把环境的阻力化为助力。

我们深信教法学法做法合一。

我们深信师生共生活，共甘苦，为最好的教育。

我们深信教师应当以身作则。

我们深信教师必须学而不厌，才能诲人不倦。

我们深信教师应当运用困难，以发展思想及奋斗精神。

我们深信教师应当做人民的朋友。

我们深信乡村学校应当做改造乡村生活的中心。

我们深信乡村教师应当做改造乡村生活的灵魂。

我们深信乡村教师必须有农夫的身手，科学的头脑，改造社会的精神。

我们深信乡村教师应当用科学的方法去征服自然，美术的观念去改造社会。

我们深信乡村教师要用最少的经费办理最好的教育。

我们深信最高尚的精神是人生无价之宝，非金钱所能买得来，

就不必靠金钱而后振作，尤不可因钱少而推诿。

我们深信如果全国教师对于儿童教育都有"鞠躬尽瘁，死而后已"的决心，

必能为我们民族创造一个伟大的新生命。①

陶行知提出，乡村教育工作者要向着农民"烧心香"，心里要时刻记着农民的甘苦，要深信教育是国家万年根本大计。

陶行知指出，虽然信条由他提笔撰写，但却是在前期乡村教育实践的

---

① 陶行知. 我们的信条［M］//方明. 陶行知全集：1. 成都：四川教育出版社，2020：74 - 75.

基础上总结而成。陶行知虽然谦虚，但谁又能否定这些教育信条不是由他所创呢？

乡村教育的理论思考既已成熟，在实践中试验就成为顺理成章之事。

（二）晓庄学校：农民化与化农民的尝试

1. 聚同志于乡野：晓庄试验乡村师范学校的筹备与招生

晓庄学校，原名晓庄试验乡村师范学校，后因设置了幼儿园、小学、师范，故改名为晓庄学校。

1926 年 7 月，中华教育改进社开始筹备试验乡村师范学校。在筹备的同时，陶行知和赵叔愚等人继续考察沪宁一带的乡村学校。根据考察结果，以燕子矶、尧化门及明陵小学为试验乡村师范学校的特约小学，并开始筹建晓庄小学。[①]

1926 年 12 月，中华乡村教育改进社发表了由陶行知撰写的《改造全国乡村教育宣言书》，提出中华乡村教育改进社今后的主要使命之一就是力行乡村教育政策，要筹募一百万元基金，征集一百万位同志，提倡一百万所学校，改造一百万个乡村。其乡村教育政策是要乡村学校做改造乡村生活的中心，乡村教师做改造乡村生活的灵魂。乡村师范的主旨在造就具有农夫身手、科学头脑、改造社会精神的教师。[②]

在改造乡村教育宣言书的基础上，陶行知进一步提倡对中国乡村教育进行根本改造，因为中国乡村教育走错了路！他教人离开乡下往城里跑，他教人吃饭不种稻，穿衣不种棉，做房子不造林；他教人羡慕奢华，看不起务农；他教人分利不生利；他教农夫子弟变成书呆子；他教富的变穷，穷的变得格外穷；他教强的变弱，弱的变得格外弱。陶行知大声呼吁："前面是万丈悬崖，同志们务须把马勒住，另找生路。"生路是什么？生路就是"建设适合乡村实际生活的活教育"。活的乡村教育要有活的方法，活的方法就是教学做合一；活的乡村教育要用活的环境，不用死的课本。要运用

---

① 王文岭. 陶行知年谱长编 [M]. 成都：四川教育出版社，2012：183.

② 陶行知. 中华教育改进社改造全国乡村教育宣言书 [M]//方明. 陶行知全集：1. 成都：四川教育出版社，2020：83.

环境里的活势力，去发展学生的活本领——征服自然改造社会的活本领。[1]

陶行知主张由乡村实际生活产生乡村中心小学，由乡村中心小学产生乡村师范。故乡村师范学校就是依据乡村实际生活，造就乡村学校教师、校长、辅导员的地方。[2] 中华教育改进社和陶行知想办的乡村师范，在课程、方法和管理上和江苏已经办理的省立师范乡村分校有很大的不同。试验乡村师范学校依据乡村中心小学办理，中心小学不是附属于师范学校，而是师范学校的主脑，是师范学校的母亲。乡村师范学校如何传播中心小学的精神、方法和因地制宜的本领呢？方法就是教学做合一。

陶行知在南京高等师范时，主张教学合一。1925 年在南开大学演讲，仍用教学合一的说法。南开校长张伯苓提议改为学做合一，陶行知豁然贯通，直称为教学做合一。以教学做合一为方法，试验乡村师范学校的全部课程就是全部生活，没有课外的生活也没有生活外的课程。大体而言，试验乡村师范学校的学习内容有五类：一是中心小学生活教学做；二是中心小学行政教学做；三是师范学校第一院院务教学做；四是征服天然环境教学做；五是改造社会环境教学做。[3]

为何乡村师范学校有"试验"二字呢？陶行知解释，虽然看到了乡村教育的一线光明，但无成验可循，没有十足的把握，自然是用科学的方法先去试他一试了，故称之为试验乡村师范学校。

解释清楚试验乡村师范学校的宗旨、方法、内容等基本问题后，陶行知一方面奔波筹集试验乡村师范学校的经费，一方面聘请教师，准备招生开学。

1926 年 12 月 17 日，中华教育改进社在《新教育评论》上公布试验乡村师范学校第一院简章草案，并于 1927 年 1 月 10 日刊发招生广告：

培养目标：一、农夫的身手；二、科学的头脑；三、改造社会的精神。

---

① 陶行知. 中国乡村教育之根本改造 [M] //方明. 陶行知全集：1. 成都：四川教育出版社，2020：85.

② 陶行知. 试验乡村师范学校答客问 [M] //方明. 陶行知全集：1. 成都：四川教育出版社，2020：87.

③ 陶行知. 试验乡村师范学校答客问 [M] //方明. 陶行知全集：1. 成都：四川教育出版社，2020：89.

考试科目：一、务农或土木工操作一日；二、智慧测验；三、常识测验；四、作文一篇；五、五分钟演说。

本校准备：一、田园二百亩供学生耕种；二、荒山十里供学生造林；三、最少的经费供学生自造茅屋住；四、中心学校数处供学生实地教学做；五、指导员数人指导学生教学做。

投考资格：初中、高中、大学末一年半程度学生；有农事或土木工经验，及在职教师有相当程度，并愿与农民同甘共苦、有志增进农民生产力、发展农民自治力者，皆可投考。倘有志兴办乡村小学者，为预备师资起见，选择合格学生，保送来校投考，尤所欢迎。少爷、小姐、小名士、书呆子、文凭迷，最好不来。

报名日期：三月十日起

开学及开工期：三月十五日。

报名处及函索章程处：南京安徽公学；北京中华教育改进社。

学费免收，膳杂费详见简章。①

招生广告刊登后，一些有志于服务乡村、改造社会的青年学生产生强烈兴趣。尚在清华大学读书的操震球，以前听过陶行知的讲座，对陶行知"钦念之忱，与时俱进"。虽然无法再亲聆教诲，但陶行知对操震球的影响极大。在清华学习期间，操震球思考自己的将来，"自信以我目前状况，欲效劳于社会，事之最急最要者，一为提高农民知识，二为增进农民生产"②。操震球既已有志于乡村改造，但清华没有乡村教育。所学非所欲，操震球兴味索然，"久欲弃之，恨无所适"。看到陶行知要办试验乡村师范学校，操震球"不禁推案乍起，喜跃如狂"。赶紧给陶行知写信，询问报考资格及考试程序等。在信中，操震球担心他才大学二年级，不符合晓庄的报考资格，而且于农事或土木工等经验，也全无信心。对于操震球来信，陶行知十分高兴，回信操震球可以报考，但也极为坦诚地告知晓庄生活的挑战。

另有一学生程本海，本为中华书局编辑，看到晓庄的招生广告后，觉

---

① 王文岭. 陶行知年谱长编 [M]. 成都：四川教育出版社，2012：192 – 193.

② 陶行知. 乡下生活之苦乐——给清华学生操震球的信 [M] // 方明. 陶行知全集：8. 成都：四川教育出版社，2020：109 – 110.

得晓庄师范"方放射其光芒于吾国教育界中，足以使吾国奄奄垂毙之教育，立获得一勃勃之生机"①，相信今后教育将开启新时代。于是立刻辞职，准备投考。

不仅有志青年对试验乡村师范满怀兴趣和信心，也有乡村小学自谋教育改造而派遣教师前来学习。浙江的曹聚仁，其父亲清末就开始办理乡村小学，希望对乡村教育有所贡献，但效果不著。曹聚仁从当时大力提倡新教育的浙江第一师范学校毕业，对教育改革极为关注。看到晓庄试验乡村师范学校的招考消息，立刻推荐其父亲以前的学生王琳前来学习，希望学成之后，以育才小学试验乡村教育，改造乡村。② 王琳自己也给陶行知写信，介绍自己的求学经历，自信具有农夫的身手，愿意"舍身从事"乡村教育。③

操震球、程本海、王琳等青年，早有服务教育、改造乡村的志愿和理想，晓庄试验乡村师范的创办，对他们而言如同渴了看见水，困了遇见床一样，他们投考晓庄的意志十分坚定。

也有部分虽有服务社会志向，但尚处于懵懂、迷无方向的青年学生。李楚材描述他决定投考前的状态："我在这种学校（城市化、贵族化的学校）里过了好多年生活，筋骨已经很懒散，走路时两只手很文雅的荡动，身体向前弯着，踱着四方的步调，有些没有刚果勇敢的气概。劳力的事情，一概由工人包办，自己成了一个特殊的劳心阶级，目空一切地谈着、吟着、写着，很自负的想改造社会，造福人民。"但"社会的危机在那儿？社会的情形是怎样？社会的需要是什么？以及一般人民的苦痛在那儿？他们的生活是怎样？他们急切所需要的是什么？我根本没有想到这些问题，我也不能想到这些问题，因为我处的环境，站的地位，所见的事物，所闻的消息，所想的问题，和社会是绝对隔膜的，和一般人民是绝对分离的"④。

看到试验乡村师范的《答客问》之后，李楚材怦然心动。不过一想到

---

① 程本海. 在晓庄 [M]. 上海：上海中华书局，1930：1.
② 陶行知. 加入乡村教育运动——致曹聚仁 [M] //方明. 陶行知全集：8. 成都：四川教育出版社，2020：220.
③ 陶行知. 为中国教育寻觅曙光——致王琳，附王琳致陶行知函 [M] //方明. 陶行知全集：8. 成都：四川教育出版社，2020：223.
④ 李楚材. 破晓 [M]. 上海：上海儿童书局，1932：4–5.

考试要考农事，入校后要自己做饭、建房、干农活等，李楚材担心自己吃不得苦。犹豫几天后才决定报考。

晓庄师范考试前后，适逢国民军北伐，攻打南京，火车站基本都是兵车，南京遍地都是士兵。3 月 11 日，战火纷纷中，晓庄师范的招生考试按时进行。来自北京、湖北、安徽、江西、浙江、江苏等地的 13 名考生前来应试。① 陶行知本以为在这风声鹤唳、草木皆兵的战乱时期，能来 3 个人已经是了不得了，没想到一下子来了 13 个，而且都非常精神，十分激动。

考场设在燕子矶小学。作文两题，其一为"孟子说劳心者治人，劳力者治于人，对不对"？其二为"有人说我们办试验乡村师范是行许行之道，对吗？"二题任选一题。然后是常识和智慧测验，主要考查各人的智慧和常识情况，以备后续学习的指导，并不计较分数之高低。

下午口试，抽签取得演讲题目，准备五分钟即开讲，演讲三分钟。听讲人为试验乡村师范的指导员和晓庄附近的农民、小学生等。

最后一场考试是农事。号子一响，考生都拿着锄头开始垦山。虽然多数人并不擅长农事，但都十分认真。本就以乡教为理想的自不用说，即便是最初比较犹豫的李楚材等人，也是不甘落后。"汗从额角上背上渐渐渗出，于是把棉衣脱去；依旧不息地垦掘，流着热汗，汗发出水蒸汽，像白雾般在眼前。喘着气，呼呼地在喉间作响。不一会，锄柄上有红色黏着，心里非常害怕，这是什么咧？原来，是从薄脆的手皮里所浸出的鲜血呀！血！不管，要做一件事，要使一件事做得好，总要流汗，总要流血。"②

晓庄的本次考试，早就有志于乡村教育者的决心自不待言，其他投考者能冒着战火前来，农事考试又颇能吃苦，态度积极乐观，也表现出其对乡村教育的热情和志向。因而，13 名考生全部录取，分别是谢维棨、戴伯韬、操震球、李楚材、王琳、程本海、王洞若、陈昌嵩、李相维、裴志发、葛尚德、徐企周、季雪云。③

---

①　陶行知.十三位门徒——家信［M］//方明.陶行知全集：1.成都：四川教育出版社，2020：121.

②　李楚材.破晓［M］.上海：上海儿童书局，1932：9 – 10.

③　陶行知.十三人［M］//方明.陶行知全集：2.成都：四川教育出版社，2020：285.

因战争影响，有部分学生未能及时赶到，后来补考，又录取 3 名。① 可能中途有 1 人退出，实际最后增加 2 名，分别是季时言、韩度。后来季时言、韩度因事离开，又增加李仪寿和马侣贤，晓庄第一届师范生实际有 15 名。指导员有陶行知、赵叔愚、杨效春、邵仲香、吕镜楼、马绍季、朱葆初、于振声、韩凌森、徐澄、乔启明等。②

事实上，晓庄师范的师范生，包括后来的艺友，主要录取标准在于是否有服务乡村的决心和志愿。陶行知乃至晓庄的师生都坚信，要从事乡村教育，非有决心不可，并且必须打破文凭迷和虚荣心，要在实际上用功夫，要去和农人做朋友，才是晓庄的真同志。在晓庄后来的一次招考中，录取比例只有一半，落榜的原因皆因其"志愿不坚强，都是被动而来"③。

晓庄早期的招考，往往是凭考试一日之表现及面试情况决定去取，难免会有意志不坚者被录取，学生到校后"长吁短叹，怨恨诅咒"，学校也遗憾未能选拔真才。因而，招生录取标准也根据实际情况不断优化。即便如此，还是有投机者考进来。时任晓庄师范兼职指导员的张宗麟就认为："本校所以有不振的原因之一，是招考不严密，招收了投机分子进来。他们是来享利益的，不是来探险的。"④

随着晓庄师范声誉鹊起，到晓庄参观学习者络绎不绝，有个人的、有团体的；有短期的，有长期的。尤其是长期参观者，在长达数月的参观学习中，对晓庄的理念及具体进行不再是"临渊羡鱼"，而晓庄对于长期参观者的志向和决心也有充分了解。故从第四届招生开始，倾向于从长期参观者中挑选，以选拔真心从事乡教者，为改造乡村教育努力奋斗。⑤

1927 年 2 月 5 日，试验乡村师范学校第一院地址，择定南京小庄（后改为晓庄），举行奠基礼。2 月 10 日，试验乡村师范开第一次董事会，推举

① 陶行知. 晓庄开学勉励桃红——给桃红的信 [M] //方明. 陶行知全集：8. 成都：四川教育出版社，2020：123.

② 李楚材. 破晓 [M]. 上海：上海儿童书局，1932：2.

③ 程本海. 在晓庄 [M]. 上海：上海中华书局，1930：54.

④ 喻本伐，郑刚，张汶军. "被代理校长风波"始末———"张宗麟在晓庄"系列研究之三 [J]. 生活教育，2020（6）：25 – 30.

⑤ 方与严. 方与严教育文集——陶行知及其生活教育 [M]. 成都：四川教育出版社，1995：508.

陶行知为校长，赵叔愚为第一院院长，第二院专收女生，下学期开办。①

　　1927年3月15日，晓庄试验乡村师范学校行开学礼。这是一个什么样的开学礼呀？没有教室，没有办公室，没有图书馆。在早春的清冷中，在万道霞光里，学生穿着草鞋，拿着绳子，搭了四座帐篷，从农家借了一张桌子，几条板凳，在江苏省教育厅长江问渔、南京市教育局陈鹤琴、徐作人及姚文采等城市里来的客人和晓庄附近的老人、小孩等一百多人的观礼下，晓庄开学了。②

　　2. 教学做合一：晓庄师范的乡野生活

　　（1）什么是教学做合一？

　　教学做合一，是晓庄师范的校训，也是办学方法。晓庄师范的教学和管理，便是在教学做合一的理念下进行的。虽然晓庄的师生最初对教学做合一没有提出疑问，但在实际操作上却存在误解，且外界在借鉴教学做合一的经验时，也有诸多误会。陶行知于是在学生集会上专门做了一次演讲，以释其疑。

　　陶行知先是梳理了教学做合一的产生经过，然后向学生强调：教学做是一件事，不是三件事。我们要在做上教，在做上学。在做上教的是先生，在做上学的是学生。从先生对学生的关系说：做便是教；从学生对先生的关系说：做便是学。先生与学生并没有严格的分别，会的教人，不会的跟人学。因此，教学做是合一的。③

　　陶行知的演讲，解决了晓庄师生的理解问题，但外界和参观者对教学做合一及具体实施，依然有很多疑问。为此，晓庄的教务主任杨效春专门写了《晓庄一岁》，回答这些疑问。杨效春解释说，教学做是一件事，不是三件事。教学做在文字上是有三个名称，实际只是一个活动。同为一个活动，对事说是做，对己说是学，对人说是教。为了说明教学做实则是一件事，杨效春举了一个例子：扫地。我在扫地，是做。我因扫地而知道扫地的方法及扫地的辛苦，我不仅增加了扫地的能力，而且因知道扫地的辛苦

　　① 试验乡村师范董事会第一次会议记［M］//方明. 陶行知全集：11. 成都：四川教育出版社，2020：574.
　　② 杨效春. 晓庄学校与中国乡村教育［M］. 上海：爱文书局，1928：58；李楚材. 破晓［M］. 上海：上海儿童书局，1932：11.
　　③ 陶行知. 教学做合一［M］//方明. 陶行知全集：1. 成都：四川教育出版社，2020：106.

不再骄慢于扫地的校工，改变我为人处世的态度，这便是学；因我扫地，影响于我的同学或同事，他们也愿意扫地，且愿意扫得更干净，这就是教了。①

即便多有解释，外界对于教学做合一的疑问依然存在。有人专门写信和陶行知探讨教学做合一的问题，认为教学做合一不能得人类全部的经验，有轻视读书的流弊，忽视精神上的活动。最后向陶行知提出问题：教育就是做，先生以为如何？②

针对质疑，陶行知认为，之所以会有上述质疑，主要是对"做"的理解不同。什么是做呢？做便是"在劳力上劳心"。单纯的劳力，只是蛮干，不能算做；单纯的劳心，只是空想，也不能算做；真正的做只是在劳力上劳心。陶行知认为，中国教育有一个误解，以为用嘴讲便是教，用耳听便是学，用手干便是做。这不仅误解了做，也误解了教和学。事实上，教学做是一件事的三方面：对事说是做，对自己之进步说是学，对别人的影响说是教。③

陶行知在逐一回答质疑之后，总结提出生活教育就是教学做合一。

教学做合一，三件事合成一件事，其中最为重要者，当属做。陶行知以前信奉王阳明"知是行之始，行是知之成"，但后来在教育实践中，觉得行动才是最重要的。中国以前的教育，是关起门来干，只有思想，没有行动。陶行知将王阳明的话翻个筋斗，一变为"行是知之始，知是行之成"。杜威主张五步教学：感觉困难—审查困难所在—设法去解决—择一去尝试—验证，得到结论。陶行知认为应该在感觉困难前添上一步"行动"。唯有行动，到行不通的时候，方才觉得困难，才去寻求解决，才有新价值的产生。因而，陶行知笑称：行动是老子，思想是儿子，创造是孙子。④ 所以，陶行知认为，做的最高境界，就是创造。

在晓庄三周年时，陶行知再次总结了教学做合一的理论。指出教学做

① 杨效春. 晓庄一岁［M］. 上海：上海儿童书局，1928：14－15.
② 陶行知. 答朱端琰之问·附与陶行知先生论"教学做合一"［M］//方明. 陶行知全集：2. 成都：四川教育出版社，2020：30.
③ 陶行知. 答朱端琰之问［M］//方明. 陶行知全集：2. 成都：四川教育出版社，2020：18－19.
④ 陶行知. 创造的教育［M］//方明. 陶行知全集：2. 成都：四川教育出版社，2020：448.

合一，包括三个方面，一是事怎样做便怎样学，怎样学便怎样教；二是对事说是做，对己说是学，对人说是教；三是教育不是教人，不是教人学，乃是教人学做事。① 无论哪一方面，做是学的中心，也是教的中心。他再次强调，教学做合一不是别的，是生活法，是实现生活教育的方法。最初，生活教育戴着一顶"教育即生活"的帽子，自从教学做合一的方法试行之后，渐渐地觉得"教育即生活"的理论行不通。一年前（1929 年）我们便提出一个"生活即教育"的理论来代替。从此，生活教育的内容、方法便脉脉贯通了。②

（2）学校生活教学做：基于生活的教育

晓庄师范的培养目标是乡村儿童所敬爱的导师，他们是改造乡村的灵魂，需具有农夫的身手、健康的体魄、改造的精神。随着陶行知思想的进一步发展，以及对乡村教育的进一步研究，他在农夫的身手、健康的体魄、改造的精神之外，增加了科学的头脑，艺术的兴趣两项要求。并建议以国术来培养康健的体魄，以园艺来培养农夫的身手，以生物学来培养科学的头脑，以戏剧来培养艺术的兴趣，以团体自治来培养改造社会的精神。③ 因而，晓庄的教学做，便是围绕着乡村教师的这些基本要求在教学做。主要包括师范学校生活、中心小学的生活和行政、征服天然环境和改造社会环境等几个方面的教学做。

①师范学校生活教学做。鉴于以前的师范生到了乡村学校，不会烧饭，不适应乡村生活而导致无法服务乡村教育的困境，晓庄师范以生活教育理论为指导，培养乡村教育工作者。虽然晓庄早期受杜威"教育即生活"思想的影响，但方法一直是教学做合一。因而，晓庄师生同生活，共甘苦，教师和学生一起住宿，一起吃饭。晓庄没有门房听差，只有两名校工：一个负责送信和挑水，另一名耕种学生劳作剩余的田地。校园里的洒扫、烹饪等一应事务，全由教师和学生负责。

有参观者质疑晓庄的师生花大量时间做粗事，是否会影响学生的正课，

---

① 陶行知. 晓庄三岁敬告同志书［M］//方明. 陶行知全集：2. 成都：四川教育出版社，2020：451.

② 陶行知. 晓庄三岁敬告同志书［M］//方明. 陶行知全集：2. 成都：四川教育出版社，2020：451 – 452.

③ 陶行知. 这一年［M］//方明. 陶行知全集：2. 成都：四川教育出版社，2020：361.

杨效春的回答是：什么叫作正课？我们看大家共同洒扫，轮值烹饪，就是正课，也就是教育，教育决不能离开人生的工作以外去讲的。学校中人干这些粗事，可以养成勤劳耐苦的习惯，操练柔弱易病的体魄，工作就是运动，就是体操，可以明了粗事之不易做、粗工之不可轻侮。手脑双全，心身并用，一面做事，一面学习，可以得见真理之发明。①

所以，晓庄师范的校园生活由师生共同负责。首先要解决的当然是烧饭问题——师生轮流烧饭。晓庄的师生，虽然大多数出身农家，但早年的教育使得他们脱离农家生活。好在他们抱着改造乡村的决心，乐于学习，善于学习。点燃从山上割下来的茅草，在农家媳妇"烧火要空"的指导下，用火钳把先前烧下来的炭拨到两旁，草搭在两边，草的下面空了，空气进去，火焰就旺盛了。烧好粥，整理粥菜——半斤咸萝卜干。担心萝卜干不够十八人吃，做饭的也学会将萝卜干切得细小，块数就多一些。② 生活的经验，正是在做的过程中得以积累，得以总结提炼。

由于最初没有良好规划，校务显得混乱，于是组织起试验乡村师范学校共同生活委员会，发挥互治精神，练习治事能力。试行一段时间后，觉得还是比较散漫，便在前期经验的基础上，组织乡村教育先锋团：凡晓庄师范的人员皆为当然团员，采取军队组织精神以整肃共同生活的纪律，增进团体行动的效率，以试行"学校自治"。③ 晓庄的团体生活和校务自治自此走上正轨。

除开日常生活等杂役事务外，晓庄的学习生活如何进行呢？在晓庄，"课程就是生活，生活就是课程，无生活以外的课程，亦无生活以外的课外作业"，"上课，自修，课外作业，都是旧日的教育词典里才有的名词"。晓庄后来以艺友的方式招收幼稚师范生，但无论是第一届师范生，还是后来录取的学生以及艺友，程度不齐，有初中程度，有高中程度，也有大学程度。他们的志愿也不相同，有的想办乡村小学，有的想办乡村师范，还有的想办乡村幼稚园或乡村民众教育。因而，晓庄对学生的要求，"只有最少限度的一致的规划，并无如一般学校的全班一律的繁重的功课表"。

---

① 杨效春. 晓庄一岁 ［M］. 上海：上海儿童书局，1928：20 - 21.
② 李楚材. 破晓 ［M］. 上海：上海儿童书局，1932：36 - 37.
③ 杨效春. 晓庄一岁 ［M］. 上海：上海儿童书局，1928：22.

晓庄最少限度的一致要求是什么呢？一天中，早上五点半起床洗漱，然后是寅会（即朝会）、拳术，七点吃饭及洒扫整理，八点至十二点，办公、读书及分组研究；十二点中饭，下午则干农事或手工，处理杂务及游息，一周会有一个下午会朋友去（和农民交朋友）；晚上则阅报、读书或开会，写日记。一月中，要做的事有编草鞋、做仪器，种地种菜；要看的书有《明日之学校》《科学大纲》《乡村教育经验谈》《教育心理概要》等。①

这些是晓庄学生最低限度的学习要求，不同学生可以根据自己的实际情况，"要做工自己做工，要看书自己看书。没有专门的教书匠，也没有专门的读书人"。晓庄学生看书，除开规定的最低限度的书之外，并不固定，也不限多少。"要做什么事，便去看什么书。并不是为看书而看书，是为了用书而看书。这样看的书，既能清楚；做的事也有帮助，书和实际生活联系起来了"②。因而，在夜间，昏暗的灯光下，晓庄的学生，有的看书，有的写日记，有的总结自己会朋友的经验，教学做合一了。

晓庄的师范生教学做合一，晓庄的指导员同样教学做合一。晓庄实行师生共居、共同生活制度，指导员的教学做，对师范生是最好的示范。如指导员吕镜楼先生，教师范生做木工、造仪器。师范生从来没有使用过这些工具，他鼓励大家的精神，一个个细心教导、说明、示范，没有一刻空闲。他一得空，便手持斧锯，继续工作，或是手执书卷，研求学问，不肯浪费时间。他给师范生人格上的影响和宁静的态度，"是非常重大的"③。

②小学生活教学做。陶行知自承："教学做合一的理论最初是应用在培养小学师资上面的。"④ 他认为，乡村教育的生路是"要从乡村实际生活产生活的中心学校，从活的中心学校产生活的乡村师范，从活的乡村师范产生活的教师，从活的教师产生活的学生、活的国民"⑤。主张培养小学教师要在小学里做、小学里学、小学里教，所以，小学是培养小学教师的中心，也就是师范学校的中心。因而，晓庄师范以中心小学生活为训练之中心，

①　杨效春. 晓庄一岁［M］. 上海：上海儿童书局，1928：28－30.
②　李楚材. 破晓［M］. 上海：上海儿童书局，1932：60.
③　李楚材. 破晓［M］. 上海：上海儿童书局，1932：23.
④　陶行知. 晓庄三岁敬告同志书［M］//方明. 陶行知全集：2. 成都：四川教育出版社，2020：451.
⑤　陶行知. 中国乡村教育之根本改造——在上海青年会的演讲［M］//方明. 陶行知全集：2. 成都：四川教育出版社，2020：278.

中心小学生活包括活动和行政的教学做，便是晓庄师范学生另一重点学习内容。

中心小学活动教学做包括国语、公民、历史地理、算术、自然、园艺农事、体育游戏、艺术、童子军及其他学生活动；中心小学行政教学做包括布置校景、设备、卫生、教务、经济等内容。[①]

可见，中心小学生活的教学做，实则包含小学学科教学及校务管理等一应事务。这些事务能力的培养，在师范学校是无法完成的，必须要去小学教学做。因而，晓庄在办理试验乡村师范前，就先筹备中心小学。最先以当时办理乡村教育良好的燕子矶、尧化门小学为特约小学，以供乡村师范生实习。

特约小学是"试验适于乡村生活之教材及教法，并注重养成学童尊崇劳作及服务社会之精神，以供各地乡村小学之参考；并试行以学校为社会一切活动之中心，以为乡民协力改进全乡之教育的、社会的、道德的、物质的、乡政的及经济的生活之集合所"[②]。特约小学之外，晓庄还自办晓庄小学、和平门小学、吉祥庵小学、万寿庵小学、三元庵小学、神策门小学等6所中心小学，作为晓庄师范实施小学活动教学做之中心，且为改造各小学所在地乡村社会生活之中心。

晓庄小学开办最早，成立于1927年3月5日，是师范生首先试验小学教学做合一的中心小学。最初借用长生庵办学，条件简陋，黑板只有一小块，一张四方桌子算是教员的办公处和写字台，没有凳子，只有一个方形的木板。一切教学用具如笔、墨、砚台、纸张、闹钟和粉笔等，都装在一个提篮里，指导员（教师）每天提着来去。晓庄小学新校舍落成后，陶行知书"双手万能"为校训，两边还有一副对联：和马牛羊鸡狗猪做朋友，是土豪劣绅军阀的对头。

新校舍落成后，晓庄小学举行开学礼。晓庄小学的小学生、小学生的小伙伴、小学生的家长、小学生的先生——试验乡村师范生，都光赤着脚，

---

① 陶行知．中华教育改进社设立试验乡村师范学校第一院简章草案［M］//方明．陶行知全集：2．成都：四川教育出版社，2020：267－268．

② 陶行知．中华教育改进社特约试验燕子矶乡村小学［M］//方明．陶行知全集：2．成都：四川教育出版社，2020：256．

来参加开学典礼。①

　　晓庄小学落成后，晓庄的师范生，一边在晓庄师范教学做，一边在晓庄小学教学做，师范学习和小学实习同时进行。师范生在实习之前，先拟教学做方案表，经过指导员签字后，才能去小学教学做。教学做结束后，必须写总结报告。② 师范生在晓庄小学教学做，遇到各项困难的问题，凡是自己不能解答的，便提交小学设计研究会讨论或请人研究。这样，"我们所学的，便是所教的，也便是所做的。问题愈亲切，求知的心也愈切近；学的固有所用，教的亦有所循，便是真实经验，真实学识了"③。

　　经过晓庄师范的师生提倡和努力，晓庄小学发展迅速，学生由最初的二三十人很快增加至七十人，有幼稚园④、初级小学和高级小学三部。晓庄小学的教育目标和晓庄师范一致，要求具备健康的体魄、劳动的身手、科学的头脑、艺术的兴趣、改造社会的精神。⑤

　　晓庄师范的各个中心小学，主要由师范生试办。这些师范生有着强烈的乡村情怀和改造乡村的志愿，他们全身心投入乡村教育事业中。在晓庄师范指导员的指导下，由乡村师范生负责指导的中心小学，具有组织翔实、经费节省、能真正联络农户家庭、积极进行乡村社会改造等优点。不过，由于师范生多数并无办学经验，故各中心小学也存在缺乏图书、缺少间接经验借鉴、指导计划周详而实际上又不能落实从而任由师范生自我摸索等不足。⑥

　　张宗麟后来也指出，由于晓庄一些制度设计上的不足，指导员既要试验研究，又要指导师范生在晓庄的教学做，还要指导师范生的小学教学做，随着师范生和小学的增加，指导员指导不过来，导致学生不满，甚至出现

---

　　① 李楚材. 破晓 [M]. 上海：上海儿童书局，1932：97-98.
　　② 张宗麟. 晓庄生活日记数则 [M] // 方明. 陶行知全集：11. 成都：四川教育出版社，2020：754.
　　③ 李楚材. 破晓 [M]. 上海：上海儿童书局，1932：98.
　　④ 晓庄小学最初的幼稚园，只是一个雏形。因小学生上学时，往往将未及学龄的弟弟、妹妹们带来学校。为了便于教学，办学者便将这些弟弟、妹妹组成"学前班"，分专人引他们玩乐。1928年春，在这个学前班的基础上，由幼稚师范生创办了晓庄幼稚园。
　　⑤ 戴自俺，孙铭勋. 晓庄批判 [M]. 上海：上海儿童书局，1934：45-47.
　　⑥ 戴自俺，孙铭勋. 晓庄批判 [M]. 上海：上海儿童书局，1934：62-63.

不服安排的情况。①

具有一定的中心小学实习经验后，师范生还需要到晓庄师范的特约小学参观、实习。因为特约小学在乡村教育方面已有成效，有口皆碑，有很多经验可供借鉴。师范生也可以贡献自己在中心小学的发现和心得，进行交流学习。虽然各特约小学的教学目标有所不同，但都满足陶行知以最经济的投入取得良好成绩的标准，学校教师都能以身作则，学生都能相互合作，从实际生活出发养成良好公民，学习之余，还要进行乡村社会改造。

晓庄师范生在特约小学的参观实习，没有固定的时间规定，少则数天，多则数月。到特约小学参观实习，在主观上是借鉴学习特约小学的乡村教育经验，彼此进行交流；在客观上弥补了师范生缺乏实际指导的不足，对于师范生的成长极有裨益。

程本海曾在尧化门小学实习三个月。他秉承陶行知教育"好国民"及晓庄师范的教育理念，给尧化门小学的学生影响极大。临走时，各年级学生都给他写信，感谢他经常和他们聊天交流，从他那里获益良多，带给他们很多快乐。②

程本海等人还在无锡河埒口的开原小学实习，认为开原小学的潘校长处理社会关系得当，学生与教师关系密切。在参观完河埒口的化新女学后，他建议两校合并，集中经济力量，完备学校设施，集中优势力量办学。③

③幼稚园生活教学做。陶行知最初的乡教意愿，其实是办理一个乡村幼稚园。他早期在考察乡村时发现，农忙时节，农人忙于劳作，幼儿无人照顾，不得不让正在上学的哥哥姐姐在家照看，导致大量小学生缺课。陶行知设想，如果在乡村开办幼稚园，不仅可以使乡村受过教育的妇女谋得职业，幼稚园还能成为乡村妇女运动的中心。况且，陶行知一直提倡夫妻办学，乡村小学教师办小学，夫人办幼稚园，不仅可以减少乡村教师的寂

---

① 喻本伐，郑刚，张汶军."被代理校长风波"始末——"张宗麟在晓庄"系列研究之三[J].生活教育，2020（6）：25－30.

② 程本海.在晓庄[M].上海：上海中华书局，1930：100.

③ 程本海.在晓庄[M].上海：上海中华书局，1930：26.

窦，还可以树立乡村家庭之模范。①

创办乡村幼稚园的想法一经萌芽，陶行知立刻行动起来。经过多方选择，陶行知选址燕子矶，以陈鹤琴创办的鼓楼幼稚园为特约幼稚园，聘得陈鹤琴、张宗麟、陆慎茹为幼稚园指导员，由陈陶遗捐助 500 元，乡村幼稚园的筹备正式开始。②

乡村幼稚园之议起于 1926 年秋，因指导员陆慎茹猝然病逝，加上陶行知决定先创办试验师范，故燕子矶幼稚园的创办便有所推迟。直至晓庄师范开学后，陶行知才重拾幼稚园的创办工作。

1927 年 11 月，中国第一个乡村幼稚园——燕子矶幼稚园诞生。燕子矶幼稚园最初借用燕子矶小学的房屋，在南京市教育局的补助下，得了几张小椅子和小凳子，向鼓楼幼稚园借了一架小风琴，招了三十几个孩子，一个指导员徐世璧，三个艺友，燕子矶幼儿园就开学了。③

燕子矶幼稚园的创办，拉开了我国办理乡村幼稚园的序幕。1928 年 4 月，在江苏大中学师范科联合会上，与会人员议决：推广乡村幼稚园，由晓庄先行试办，将详细情形随时报告各乡师，再行斟酌仿行。④

1928 年 5 月，在燕子矶幼稚园的落成典礼上，陶行知发表演讲，宣称要将这个幼稚园"不但献给燕子矶的小朋友们，应当把它献给全国的小朋友们"。⑤

晓庄师范的第五届学生、来自贵州的戴自俺和孙铭勋，志在乡村幼儿教育，在晓庄学习时期间，即开始到燕子矶幼稚园实习。1929 年 9 月，戴自俺开始主持燕子矶幼稚园的工作，并成立晓庄幼稚教育研究会，研究乡村幼儿教育问题。燕子矶幼稚园在进行幼儿教育的同时，开始试验艺友制⑥幼稚师范教育。燕子矶前小学校长丁超的夫人及尧化门小学校长宋鼎先的

---

① 陶行知. 推广乡村幼稚园案［M］//方明. 陶行知全集：2. 成都：四川教育出版社，2020：320.
② 孙铭勋，戴自俺. 晓庄幼稚教育［M］. 上海：上海儿童书局，1934：9.
③ 孙铭勋，戴自俺. 晓庄幼稚教育［M］. 上海：上海儿童书局，1934：8.
④ 王文岭. 陶行知年谱长编［M］. 成都：四川教育出版社，2012：224.
⑤ 程本海. 在晓庄［M］. 上海：上海中华书局，1930：112.
⑥ 艺友制，艺就是教学艺术，友是指朋友，学生与有经验的老师交朋友，在实践中学习当老师，边干边学。

夫人，都是燕子矶幼稚园通过艺友制的方式培养出来的。①

在幼稚园的基础上，晓庄试验乡村师范学校幼稚师范院得以成立，以"看护的身手、科学的头脑、儿童的伴侣、乡村妇女运动之导师"为培养目标。

在燕子矶幼稚园的基础上，随后又成立了晓庄幼稚园。晓庄幼稚园起初由李楚材等人主持，后由孙铭勋负责，所有女同学都到幼稚园进行教学做，由张宗麟和徐世璧指导。1930年2月，戴自俺和孙铭勋创办迈皋桥幼稚园。乡村幼稚园在晓庄地区初露头角。

正是因为晓庄不仅有试验乡村师范院，有中心小学，还有幼稚园和幼稚师范院，所以后来改名为晓庄学校。

（3）乡村环境改造教学做：农民化与化农民

陶行知认为，乡村学校应当做改造乡村生活的中心，乡村教师应当做改造乡村生活的灵魂，改造乡村是其从事乡村教育的终极目的。但是，中国之前的乡村教育走错了路，必须要进行根本改造，才能建设适合乡村实际生活的活教育。活的乡村教育要教人生利，要叫荒山成林，瘠地长谷，教人人能自立、自治、自卫。活的乡村教育要用活的环境，要用环境里的活势力，去发展学生的活本领——征服自然、改造社会的活本领。② 因而，乡村环境改造（征服天然环境和改造社会环境）的教学做是乡村师范的重点内容。

农民化。要征服自然，改造乡村社会，要化农民必先农民化。要农民化，不仅要改变自己的生活习惯，要能吃农人所吃之食，穿农人所穿之衣，做农人所做之事，而且要改变自己的思想，改变以前认为农人愚笨而轻视农人的态度。事实上，农人实则有许多事情是值得知识分子学习的。③ 因而，陶行知主张，要化农民，必须自己先成为农人，和农人交朋友，才能得到他们的信任，才能和农民打成一片，最终真正改造乡村。

乡村环境恶劣，没有坚定的乡村教育情怀和改造乡村信念的学生，很

---

① 孙铭勋，戴自俺. 晓庄幼稚教育 [M]. 上海：上海儿童书局，1934：15 – 16.

② 陶行知. 中国乡村教育之根本改造——在上海青年会的演讲 [M] //方明. 陶行知全集：2. 成都：四川教育出版社，2020：276.

③ 杨效春. 晓庄一岁 [M]. 上海：上海儿童书局，1928：42.

难适应乡村环境。晓庄在招生广告中就广而告之：少爷小姐不要来。因而，晓庄的师范生，多数是出自农家且希望改造乡村的有志青年。尤其是第一届的学生，冒着炮火前来应试，没有房屋只得自己搭建茅草屋。他们借住过农民的房子，住过农场，住过帐篷，最后才住进了自己搭建的茅草屋。

李楚材记录他们借住农家的艰苦情形："低矮的草房三间，一间是屋主的寝室，厨房又占了半小间，其余就是我们住的、玩的、吃的、坐的、读书的地方。除掉一张破坏的方桌，两三条板凳外，什么都没有。青菜根，糙米饭，矮草屋，过了真正的农家生活有二十几天。"①

在师生共同努力下，晓庄的茅草屋搭建起来了，师生扛着铺盖和书籍兴高采烈地搬进自己新修的茅草屋。不过，住新居的快乐很快就被漏雨冲淡了不少。毕竟都是知识分子，以前没有真刀实枪地建筑过房屋，茅草屋在建好后的第一次大雨时，漏雨了。经过茅草滤过的黄色的雨水，沿着墙壁往下流，在白墙上留下一条蜿蜒曲折的斑痕，有的雨水直接漏到坎坷的地上或是床铺上。不过，有了几次漏雨的经历后，晓庄师生赶紧修补茅草，茅屋终于能遮风挡雨了。②

虽然住得艰苦，但晓庄的师生颇能以苦为乐，并逐渐适应了农家生活。大家每天根据学校和自己的计划，看书的依旧看书，做工的依旧做工，做社会活动的依旧做社会活动。劳累一天后，在豆大的火点下，师生围坐在一起谈话，上下数千载，纵横几万里。有时兴致来了，大家还可以开一个小型的音乐会：指导员马绍季先生的凡哑林时常奏着，谢维棨的戏时常不入调地唱着，风琴的声音也不停地响着。

晓庄师范是从无到有，逐渐建设起来的，经费极度紧张，第一届师范生很快就体验到了农民生活困苦无依的窘境。有一次，因为陶行知、赵叔愚和杨效春都有事离开晓庄，师范生们自己在晓庄学习、做事，最后只剩下一块钱。十几个人，一块钱怎么过活呢？经过讨论，决定买面包（非西式面包，应该是杂粮馒头，笔者注）。

第二天一早，买面包的人挑了筐子去了，其余的人照旧起床洗漱，出

---

① 李楚材.破晓［M］.上海：上海儿童书局，1932：33－35.
② 李楚材.破晓［M］.上海：上海儿童书局，1932：47.

早操，打拳锻炼身体。然后做工的依旧做工，种植的依旧种植，看书的依旧看书，写文章的依旧写文章，一切和平时一样。

面包买回来了，两筐灰白而粗涩的面包，每人只分得四个，要支撑一天。没有钱买咸菜，面包也没有馅料，而且硬实得很，咬一口，咀嚼好久，混了唾液艰难地咽下去。①

住草屋，喝稀饭，吃咸菜，穿草鞋，挨饥受饿，师范生在生活上逐渐农民化。不过，要做到农民化，不仅要了解农民的生活和苦痛，真正体验农人的生活，还需要具备农夫的身手。晓庄不仅开学要考农事，入学之后更要学习农事。晓庄筹办有农田 200 亩、荒山 10 亩，以供晓庄师生开荒耕种，锻炼出农夫的身手。

李楚材回忆他进晓庄之前的学生生活：每当他的父母在酷暑下劳作时，他则适意地坐在柳树下，摇着葵扇高咏诗歌，进晓庄之后，他得在酷热的午后一点，顶着炎热的阳光，背着锄头去田里劳作。"细小的汗粒，从毛细管里挤出，一颗颗浸湿了制服，一颗颗又被太阳晒干。太阳依旧射来，汗珠依旧抛洒，制服依旧浸湿，我的背上好像烧着一盆盆热烘烘的炭炉，我的全身好像浸入沸腾的水里，风又吹不来，皮又剥不下……"虽然亲身经历着农人的苦痛和疲乏，但"已经感觉到世界上最可尊敬最当感激是终岁劳动、手足胼胝的农夫了"。② 第一次农作后，以前做惯少爷式学生的李楚材，思想在悄然地发生着变化。

火热的夏天，晓庄师生拿着山锄，向坚硬的土块上剁，拿着泥刀，雕筑灶洞。指导员吕镜楼先生，披着黄色的短衫，头发蒙满了灰尘，额上流着汗，大踏步地走来加入干得热火朝天的队伍。大家满头臭汗，筋疲力尽，方才歇息一下。晓庄的犁宫（学校大礼堂）建起来了，厨房落成了，厕所也有了。师生们农夫的身手越来越熟练了。

农夫的身手养成后，晓庄师生后来一到农场，就知道种多少棉花用多少地，开直畦还是横畦。"计划定了，便拿起锄头把润湿的土翻起，整块地

---

① 李楚材. 破晓 [M]. 上海：上海儿童书局，1932：43 - 44.
② 李楚材. 破晓 [M]. 上海：上海儿童书局，1932：100.

敲碎，一锄一锄地正应着那枝头上的小鸟的歌声相和着，真是多么曼妙。"①晓庄的师范生，不仅有了农夫的身手，而且真正地融入乡村生活，体验到劳动的乐趣了。

会朋友去。师范生的生活农民化只是农民化的基础，真正农民化是要能和农民交朋友，了解他们的生活和思想，真正和他们打成一片。第一届师范生借住农家时，就因为初到晓庄，尚未和农民打成一片，屋主对他们就似乎有些憎厌。因而，"会朋友去"，和农民交朋友，就成为师范生的必修课。

晓庄要求每个师范生都必须要有关系较为亲密的农友，如果没有，他就应当设法去与农民接近，渐渐成为朋友。每周二下午四点以后，或者晚饭以后，农民较为闲暇的时候，晓庄的师范生就定期"会朋友去"。

会朋友去干什么呢？或劝学，劝说农民子弟进小学，进幼稚园，或劝他们自己进夜校；或宣传乡村卫生，如灭蝇灭蚊及防疫等；或提倡修筑道路；或劝导农民加入联村救火会；或调查农村教育、经济及其他社会生活状况；或解释农民对于学校的疑问；乃至排解农友相互间的争端。②

师范生会朋友，并不是一帆风顺的。土豪劣绅对乡村教育的破坏、对晓庄的抵制、农民的不理解，使得师范生最初在会朋友时碰过不少冷面孔。他们也并不气馁，照样往农村跑，有时一天跑三四十里地。他们和真诚朴实的农民交往，同时也和新旧土豪劣绅作斗争。③

晓庄实行开门办学，欢迎外界前往参观，参观人尽可昂然而进，挺胸而出，没有任何阻碍。即便是农民，在农隙工暇，也可以自由前往晓庄参观玩耍，看见什么新奇事物，晓庄的人便常常耐心解答。参观多了，农民发现"学生也肯打赤脚种田，这倒奇怪"，"他们自己扫地、抹桌、烧饭、洗碗，还不是和我们一样的苦吃苦做"。④农民逐渐了解晓庄，师范生和农友的情感距离和思想距离在不断拉近。

---

① 程本海．在晓庄［M］．上海：上海中华书局，1930：84.
② 杨效春．晓庄一岁［M］．上海：上海儿童书局，1928：37－38.
③ 李楚材．破晓［M］．上海：上海儿童书局，1932：19.
④ 陶行知．晓庄试验乡村师范的第一年［M］//方明．陶行知全集：2. 成都：四川教育出版社，2020：307.

晓庄的农民最初只信任私塾，对于学堂则"敬鬼神而远之"，认为学堂是洋学堂，教的是洋书，要教小孩信洋教。虽然屡受挫折，但晓庄师生并不气馁，认为只是学校进行社会事业所要经历的考验。于是，晓庄师生就得多会几次朋友，进行宣传说明。如他们介绍晓庄小学："我们的学校不是'洋学堂'，我们要教小孩子读十三经，比私塾里的四书五经要多四经。我们教三字经，不教'人之初，性本善'，因为这是小孩子是（结合下文，此处似应为'不'，笔者注）能懂的，就是大人也不易懂，请问你能懂得吗？""我们学校里教三字经，第一句就是'蚕吐丝，蜂酿蜜。蚕是不是能吐丝，蜂是不是能酿蜜？这是任何人都能知道的。"于是，农民理解了，"咦，这的确比人……初容易懂些"。经过宣讲，农民朋友们对"洋学堂"了解了，于是，"吉祥庵、神策门、嘉善寺，大香坊各村的朋友，要我们去办学校"。①

农民不但把自己的孩子送进中心小学，自动组织起来保卫家园，从事一些公益活动，做增进生产的事业，而且真正地和晓庄师生做朋友了。农民家里新房落成，请亲朋乡邻庆贺时，也非要请程本海他们去吃饭。吃饭时，农民朋友自己抽烟喝酒，但尊重晓庄的师生，认为"这两样东西他们都不许的，这是很好的"。如果农民朋友请晓庄师生吃饭，谁因故未去，农民就会说"看他不起，不肯赏光"。② 晓庄师生和农民真正地打成一片了。

为了进一步农民化，增进和农民之间的情感和理解，真正和农民交朋友，晓庄师生还和农民一起娱乐。晓庄每周五晚上开娱乐会，方式和人数不定。每次娱乐会，总有许多村民加入，有老头儿、有老太太，有抱着孩子的妇女、有女孩、有男子。他们不仅来观看晓庄的娱乐，也参与各种表演。有的说故事，有的唱田歌，有的拉胡琴，有的吹笛子，大家一块儿嘻嘻哈哈，一块儿团聚娱乐。晓庄的师范生更是十分配合，男同学女同学，有的装着五六岁的孩子，唱着幼儿园的歌，踏着孩子般的步伐，表现出孩子般的姿势，逗得全场哄笑；有的装着时髦女子，唱着甜蜜的恋歌，跳着舞蹈；有的扮演老婆子老头子讲爱情故事；也有的唱着家乡特有的歌

---

① 李楚材. 破晓［M］. 上海：上海儿童书局，1932：56 – 57.
② 程本海. 在晓庄［M］. 上海：上海中华书局，1930：42，51.

曲……真是各尽其妙，各尽其乐，不仅自乐，而且乐人。

　　于是，在暮春的四月，农民尚未开始忙碌的时候，晓庄师生和农友们的联村运动会在和谐的情感下开幕了。参加人数在一千人以上，参与者有城里来的客人、有晓庄师生、有农村的青年男女。运动项目有提水竞走、挑粪竞走、挑柴竞走、跑山竞走、锄头舞、蓑衣舞、插秧舞，还有举石担、举石锁、踢毽、跳绳、跳远、跳高、拔河、开荒等。① 运动会的项目主要根据乡村特点和乡村资源设置，如牛队运动，三十多头耕牛，从南山坳里冉冉而出。骑在牛背上的，有的是农夫，有的是小孩；有的唱歌，有的吹笛；有的挂着红带，有的悬着黄条，浩浩荡荡而来。

　　各种运动项目中，最激动的当属跑山竞赛。晓庄一周年纪念日时，举行了跑山竞赛。除开蔡元培因为脚疾未参加外，吴稚晖老先生豪兴勃勃、毫不迟疑地加入了，杨杏佛和陶行知也笑嘻嘻地跑起来了。最终，第一名的锦旗被晓庄的武术指导员韩先生得到了。②

　　化农民。晓庄师生在农民化的过程中，也在不断地化农民，进行乡村自然环境、社会环境的改造。

　　在"会朋友"的过程中，晓庄师生发现乡村难以解决的一个问题是娱乐问题。农民能调剂精神苦恼和身体疲累的娱乐游艺，除开赌博、抽烟和迎神赛会外，竟是一件也没有。虽然晓庄每周五有娱乐会，但其他时间的娱乐问题如何解决呢？晓庄中心茶园——中国第一个乡村改良茶园开张了。

　　晓庄中心茶园有房屋两间半，方桌四张，条凳七张，长方桌三张，史地、博物、理化图表二十余张。茶园负责人和事务员由晓庄指导员、师范生、农友共同组成。

　　开张第一天，拄着拐杖的老太，飘着白发的老翁，背着锄头的农夫，携着孩子的农妇，都络绎而来，挤满了整个屋子。说书、唱歌、笑话、乐器，轮流进行。这里没有香烟，没有麻将，只有清茶、象棋，或者谈一谈国事，话一话丰年，认识几个字，打几次算盘，听一段留音机，打打乒乓

---

　　① 杨效春. 晓庄一岁［M］. 上海：上海儿童书局，1928：49 - 50.
　　② 李楚材. 破晓［M］. 上海：上海儿童书局，1932：71 - 73；程本海. 在晓庄［M］. 上海：上海中华书局，1930：85.

球。① 晓庄中心茶园，因不准赌博、不准吸食鸦片，提倡正当娱乐而得到乡间农妇的特别拥护，她们常常劝导自己的儿子或丈夫到中心茶园娱乐。

陶行知在之前推广平民教育的时候，就意识到乡村平民教育的缺乏。所以，乡村教育的对象非仅限于学校学生，乡村民众亦是陶行知晓庄办学的重点。因而，在会朋友时，在中心茶园，晓庄师生也会游说乡民参加民众学校。

一年时间内，在晓庄、神策门、万寿庵三个地方成立了三所民众学校。晓庄民众学校（即夜学）成立最早，也最艰难。最初农民对晓庄师范了解极少，加上附近村落极为零落，农民在农暇时间还要做工，养家糊口。经过再三宣传，1927 年 6 月，晓庄夜学终于聚集十三人得以开学。②

随着农民对晓庄的了解加深，和晓庄师生情感日益亲近，以及各中心小学的开办，农民的思想开始发生变化，甚至主动要求接受教育。万寿庵民众学校就是在万寿庵小学开学以后，极得当地人信任。他们觉得"我们的儿女有地方读书了，而我们偏无处识字"，于是万寿庵民众学校自然而然就办起来了。

三所民众学校，学生人数由晓庄民众学校最初的寥寥数人，到一年之后的每校数十人，规模日益扩大。学生年龄从十三岁到五十岁，男女皆有。③

随着中心小学的陆续开办，民众学校也在不断增加。尧化门小学开办后，附近的农民想要学习的愿望十分强烈，便也开办了一所民众学校。报名来学者有四十多人，不仅有四十多岁的农夫，还有八位女子，其中有两位每夜要走两里多路前来。④ 神策门民众学校的学生最多，有妇女二十七人，农人、商人二人，军士五十余人。⑤

虽然，农忙的时候，民众学校的人数会减少，但大家对于民众教育十

---

① 李楚材. 破晓 [M]. 上海：上海儿童书局，1932：58.
② 陶行知. 十三人 [M] // 方明. 陶行知全集：2. 成都：四川教育出版社，2020：285.
③ 杨效春. 晓庄一岁 [M]. 上海：上海儿童书局，1928：55.
④ 程本海. 在晓庄 [M]. 上海：上海中华书局，1930：77.
⑤ 杨效春. 中华教育改进社晓庄学校报告事 [M] // 方明. 陶行知全集：2. 成都：四川教育出版社，2020：590.

分乐观，对于农民的指导也极为用心。不仅教农民识字，增进常识，讲授卫生知识，举行民众同乐会，提倡正当娱乐，还经常给他们作时事报告。时事报告的内容经过精心选择，希望能开阔农民的视野，引起他们的兴趣，养成自动读报的习惯。如程本海讲时事报告，就选择了一个关于"呢帽"的新闻。当时报纸报道，城内抓获大量共产党，这些共产党都是戴呢帽的，有什么标志呢？正好民众夜校里有两个商人戴着新买的呢帽，现场拆开，里面有一张印有阿拉伯数字和东文的小纸条——这就是被认为共产党的标记。事实上，这些证据只能证明呢帽是日本货，纸条只是日本人的恶作剧。然而，汉口、芜湖各地都有因此被抓的中国人。程本海讲完新闻，又提倡了一下抵制日货。结果农民们都觉得读报不仅能开通知识，还有保全性命的好处。于是，起初随便谈心、很不专心的农民，全都寂静无声地竖起耳朵认真听讲了。[①]

民众学校不仅教读、宣讲时事，还提倡各种乡村改造事宜。鉴于尧化门的街道太不清洁，臭气熏天，负责尧化门民众学校教学的晓庄师生，决定用试验的态度、以身作则实行清洁运动。他们在民众夜学上宣讲清洁卫生问题后，提倡"我们一齐来扫街"，得到了大家的热情回应。于是规定每星期举行扫街运动三次，分为六队，每队有队长，分段负责。实行之初，虽然也听见不少风凉话，但当地的农民终于相信清洁卫生于他们自己是有益的，而由怀疑改为信仰了。[②]

晓庄是在战火和动乱中开学的。战争以后，乡村匪患十分严重。土匪在晓庄附近的迈皋桥打家劫舍，到处放枪，人心惶惶。李楚材记载了他们躲土匪的一幕："砰……砰……的枪声，很亮响很逼近的冲破严紧的空气而传入我们的耳膜里来。我们被枪声压迫得身心越变越小了……韩先生首先领女同学走，我被'或许'迷住了心，格外觉得恐慌，于是谢君和周君拖了我就走，走向后面的山上去……我们逞着寒光，争向那崎岖和杂乱的山路上爬。后面像有一群土匪荷枪实弹的追来；至少有一个土匪跟着。颤抖着，战栗着，惊恐着，寒冷着，匆急的神情，仓惶的气色，各人表现出各

① 程本海. 在晓庄 [M]. 上海：上海中华书局，1930：67 - 68.
② 程本海. 在晓庄 [M]. 上海：上海中华书局，1930：77.

人的忧虑，惊疑，悲哀"。①

经过多次躲土匪经历后，晓庄决定联村自卫，联合晓庄周围的村庄和公安局组织自卫队，请冯玉祥部队的一位营长帮助进行军事训练。晓庄的联村自卫，得到冯玉祥的大力支持，不仅支援了几十条枪支，还派遣几位官兵帮助军事训练。联村自卫队查夜、戒严、放哨，检查寄居民间的匪徒，进行农民自动的清乡运动，同时还查封烟馆赌场，劝诫吃烟。② 晓庄的安全有所保障，但也为后来晓庄被封埋下隐患。

除此之外，晓庄还陆续开办了乡村医院、晓庄剧社、中心农场、农民借贷、联村救火、植树造林等众多乡村改造事项。这些乡村改造事业有条不紊地进行着，晓庄地区的乡村也在不断进步着。

陶行知的理想是通过乡村环境的改造，在三年之内，肃清匪患，禁绝烟赌，使失学儿童都有机会求学，失学农民能受相当程度的教育，能自卫、能自治、能互相团结。十年之内，森林覆盖、农业赢利，将晓庄附近的水利交通都办好。③ 不过，随着 1930 年的一纸封条，陶行知在晓庄的试验归于失败。

晓庄被封，在形式上归于失败，但晓庄师范对于全国乡村教育改造的示范和引领，并没有因晓庄被封而减弱。乡村教育和乡村改造在 20 世纪 30 年代，成为一场轰轰烈烈、遍及全国的运动。

（三）乡村教育的曙光：晓庄师范的办学效应

在晓庄一周年纪念日上，来宾大约 3000 多人。除开城里的来宾外，乡村的农人、小学生也都成群结队结伴前来参加。大家穿着新衣，穿着布鞋，行着礼，说着"恭喜"，就像参加盛宴一样。锣鼓响起来了，大路上的一群人，拿着红绸，绸面上写着"新我农村"四个黑绒大字，这是北固乡四十七村送来的贺礼。晓庄大礼堂里，挂着"庆祝晓庄师范一周纪念"、"爱我农村"、"农民导师"等字样的横幅和玻璃框子，这些都是农民送来的。④一

---

① 李楚材. 破晓 [M]. 上海：上海儿童书局，1932：86 – 89.
② 戴自俺，孙铭勋. 晓庄批判 [M]. 上海：上海儿童书局，1934：32.
③ 戴自俺，孙铭勋. 晓庄批判 [M]. 上海：上海儿童书局，1934：29.
④ 李楚材. 破晓 [M]. 上海：上海儿童书局，1932：70.

年的时间，晓庄师生得到了乡村民众的信任。晓庄真正成为破晓的村庄，乡村教育出现了一丝曙光。

晓庄不仅得到乡民的信任，同样得到了关注乡村教育的同志的信任。全国各地的参观者接踵而来，有的参观一天即走，有的参观数天方才离开，还有的参观数月并最终留在晓庄。全国各地的有志青年慕名前来报考，也有以团体为单位派送前来学习。

1927 年 9 月，晓庄进一步扩充学额，并开始招收女生。1928 年晓庄开始招收艺友，试验"用朋友之道教人学做艺术或手艺"。至 1929 年，全国除开黑龙江、吉林和云南之外，各省皆有来学者，其中以江苏、浙江、安徽三省为最多。①

乡村师范，以江苏省立师范乡村师范分校开其端，但具有示范作用和影响最大者，当数晓庄试验乡村师范学校。陶行知所提出的乡村教师要具备"农夫的身手、科学的头脑、改造乡村的精神"成为乡村教育工作者的指南。晓庄师范的实践经验，成为各地乡村师范的榜样和示范。

1928 年 4 月，浙江乡村师范筹备委员会开第二次筹备会，陶行知应邀出席，会议决定将浙江省立乡村师范（即湘湖师范）委托陶行知指导办理。② 1928 年 6 月 27 日，陶行知与晓庄第一届师范生操震球、王琳、程本海三人，受蒋梦麟（当时主管浙江省教育行政）、刘大白邀请前往杭州，商议浙江省乡村师范建校的具体事宜。到杭州后，陶行知即和操震球商谈招生、办学预算、教职工人选等具体问题，并由操震球起草招生简章，陶行知审阅定稿。7 月 3 日，陶行知和操震球、朱葆初（晓庄师范建筑指导员）等人到湘湖勘定校址，最终决定在山顶修建乡村师范校舍，而在山腰修建中心小学。在确定了校舍建筑、办学方针及招生开学等具体事宜后，陶行知返回南京，操震球则留在杭州，主持学校的筹备事宜。10 月 1 日，浙江省立湘湖乡村师范学校开学，操震球任校长，王琳、程本海任指导员，以陶行知教学做合一的思想为教学原则进行教学管理。③

---

① 扈宁县派送南京晓庄学校学生之报告 [J]. 广西教育，1929，1（14）：40.

② 王文岭. 陶行知年谱长编 [M]. 成都：四川教育出版社，2012：224.

③ 浙江省湘湖师范学校. 浙江省湘湖师范学校校史（1928—1998）[M]. 浙江教育出版社，1998：10 – 12.

第一届师范生操震球等人学习期满后，即前往各地兴办乡村教育。随着后来的师范生陆续毕业，有的办理乡村小学，有的办理乡村师范，有的办理乡村幼稚园。晓庄师范生被各地争抢，供不应求。浙江、福建两省，已经成立乡村师范，湖北、广东正在筹备，都希望能从晓庄要到师范生。南通的乡间小学，依照晓庄中心小学的办法，已经改为中心小学校。一些办理乡村教育的地方，亦添设中心茶园，以谋农民的正当娱乐；也开设民众学校，以谋增进农民常识及识字机会。

各省纷纷驰函来校，向陶行知要求办理乡村教育的人才。陶行知实在应付不过来，只得答复"贵省或贵县如欲聘得乡教人才，则请速派送贵籍相当程度之学生，前来校学习半年，或一二年，当能答应所请也"①。

现成的乡教人才无法聘得，各地纷纷派送学生前往晓庄学习。至1929年7月，晓庄已有学生214人。② 冯玉祥本想聘请几位学生去办理乡教，无人可聘，于是一方面亲往晓庄参观，提前预订；一面又打算从河南、安徽、江西三省派遣五十人前来学习。因资源有限，陶行知不敢全面收纳，暂只应允二十余人。③

梁漱溟在广州办理乡治时，就曾经前往晓庄考察，对陶行知很是佩服，认为他"有眼光"。后来他在山东邹平办理乡村建设，请陶行知从晓庄给他介绍"懂得你的教育的人"。陶行知应该对梁漱溟的才华和乡治理想也极为佩服，先后给梁漱溟推荐了晓庄的三员大将：杨效春、张宗麟和潘一尘。④

晓庄学校因无成验可循，不得不采取试验主义，自我摸索，不足之处在所难免。如有的参观者参观完晓庄学校后，认为其具有中国化、生活化、劳作化和科学化等优点，但同时也不客气地指出：晓庄学校只重技能、轻忽学术，无专业的修养；中心小学的教师由师范生担任，总是更换，对小学生不利；注重劳作，而忽视办事能力的培养；同时还有图书缺乏、消极

---

① 扈宁县派送南京晓庄学校学生之报告［J］. 广西教育，1929，1（14）：40.
② 王文岭. 陶行知年谱长编［M］. 成都：四川教育出版社，2012：246.
③ 扈宁县派送南京晓庄学校学生之报告［J］. 广西教育，1929，1（14）：40.
④ 梁漱溟，艾恺. 我们从何处来？梁漱溟晚年口述［M］. 北京：外语教学与研究出版社，2018：83-85.

忍苦等弊端。①

对于外界的批判，陶行知和晓庄虚心接受。1929 年 7 月，张宗麟就建议晓庄师范"注重研究，减轻事务，培养有特长的乡村导师，并试验小学中心活动"，于是将全校分为农艺、生物、社会、卫生、工艺、数理化、艺术等七个组。②

本着有则改之，无则加勉态度，晓庄将各地参观者所撰写的报告及批评收集汇总，以示反省，以备改进，并在 1934 年出版。

晓庄学校，虽然存在各种不足，但瑕不掩瑜。梁漱溟参观之后，就认为晓庄的办法，"是很合于教育道理的"，"照此办法看去，我们可以断定这样的学校，一定会有结果的"。③

经由陶行知的提倡、各地参观者的宣传及晓庄毕业生在各地的践行，晓庄学校成为全国乡村教育的示范。"乡村教育之新曙光，正由晓庄辐射于全国"④，而以后"各省添办的乡村师范学校，多受他的影响，可算新生乡村教育运动时的一个生命源泉"⑤。

晓庄学校成为乡村教育的曙光和希望之外，还有一个非常大的成就，就是孕育出生活教育理论，并成为陶行知今后教育实践和教育创造的指导思想。

四、山海工学团：再造乡村教育的尝试

（一）发挥农民主体性：山海工学团的成立与试验

1930 年 4 月，晓庄被国民政府查封，并通缉校长陶行知。晓庄被解散，南京警备司令部布告的是"违背三民主义，散发反动传单，勾引反动军阀

---

① 陈昆池. 晓庄乡村教育运动的我见 ［J］. 南风（广州）. 1937, 13（1）：14－17.

② 王文岭. 陶行知年谱长编 ［M］. 成都：四川教育出版社，2012：246.

③ 梁漱溟. 一件有兴味的事——参观南京晓庄学校的所见 ［M］//方明. 陶行知全集：2. 成都：四川教育出版社，2020：605－609.

④ 扈宁县派送南京晓庄学校学生之报告 ［J］. 广西教育，1929, 1（14）：40.

⑤ 方与严. 方与严教育文集——陶行知及其生活教育 ［M］. 成都：四川教育出版社，1995：242.

（指冯玉祥），企图破坏京沪交通"①，后来胡汉民解释说晓庄"勾结国家主义派图谋不轨"②。

晓庄被解散的直接导火索是晓庄学生援助和记工厂的失业工人，并反对日本舰队自由驶入长江而向英、日帝国主义举行示威游行，远因和冯玉祥有关。晓庄被解散后，冯玉祥因此颇为自责。陶行知和冯玉祥皆为安徽人，二人关系极好，冯玉祥给晓庄捐钱捐枪，派军官指导联村自卫队的军事训练。晓庄开学后，由冯玉祥出资，陶行知负责，在晓庄修建了一座房屋，冯玉祥经常前往小住，平时则由晓庄师范代为打理。1928 年 11 月，冯玉祥和蒋介石关系尚好时，冯玉祥曾陪同蒋介石和宋美龄参观晓庄师范。③蒋介石夫妇第二次前往晓庄，蒋介石、冯玉祥的关系已经破裂。参观晓庄时，陶行知正在上课，由值日学生负责接待，蒋介石心中已然不快，参观过程中又发现有冯玉祥赠送晓庄联村自卫队的枪支，蒋介石心中的不快更甚。④ 深层次的原因，是晓庄师范的学生中，确实有共产党员在秘密活动。⑤ 国共关系破裂以后，国民政府对共产党严厉打击。基于多方面因素，此次晓庄的示威游行活动，使得蒋介石觉得有必要对晓庄出手，才有解散晓庄的行动。

1932 年 1 月，在冯玉祥的要求下，国民政府下令撤销对陶行知的通缉令，并发还晓庄师范的全部校产。⑥ 陶行知遂派原晓庄学生戴自俺、马侣贤等人前往晓庄接收校产，并拟有恢复晓庄的计划：第一步，恢复晓庄的六所小学和六所幼稚园，以为周围四十里普及教育的实验；第二步，在本年暑假开办一个大规模的暑期学校，专门研究儿童科学；第三步，恢复师范，就原定之初中、高中、大学各部，逐渐恢复，充实内容，并拟添设研究所，

① 徐特立. 护校宣言 [M] //方明. 陶行知全集：2. 成都：四川教育出版社，2020：464.
② 胡汉民. 解散晓庄师范的原因和经过：十九年四月十四日在立法院纪念周讲演 [J]. 浙江党务，1930（87）：25－28.
③ 冯玉祥与陶行知的交往——《冯玉祥日记》摘录 [M] //方明. 陶行知全集：11. 成都：四川教育出版社，2020：729.
④ 冯玉祥与陶行知的交往——《冯玉祥日记》摘录 [M] //方明. 陶行知全集：11. 成都：四川教育出版社，2020：729.
⑤ 陶行知. 关于晓庄茅屋问题——致冯玉祥 [M] //方明. 陶行知全集：8. 成都：四川教育出版社，2020：250.
⑥ 王文岭. 陶行知年谱长编 [M]. 成都：四川教育出版社，2012：293.

加以高深研究，使之成为乡村教育及儿童自然科学之源泉。①

大众教育是陶行知一直以来的追求目标。随着国民政府对普及教育的强调和推广，乡村民众的教育普及问题让陶行知更为关注。他希望能借助晓庄的教育基础，进一步试验并推广乡村教育。

遗憾的是，经过几个月的接洽，国民政府并无诚意发还晓庄校产，晓庄复校无望。不能借助晓庄继续试验乡村教育，陶行知决定另辟蹊径。在和戴伯韬等人的一次谈话中，他喜气洋洋地说："我又想通一个问题了，我打算办工学团"。

什么是工学团呢？"工就是做工。工以养生，就是教人民大众生产劳动来养活自己，不游荡闲散、依靠别人。学就是科学。学以明生，就是教导人民大众研究社会科学和自然科学，一则明了自己为什么会受苦受难，被人欺负压迫，如何才能求得出路；一则用自然科学来增加生产和破除迷信。团就是团结，就是团体。团以保生，这个意思就是教人民大众团结起来，结成坚固的团体来保卫自己的生存权利"②。

乡村工学团就是一个小工场，一个小学校，一个小社会，它是将工场、学校、社会打成一片，产生一个改造乡村的富有生活力的新细胞。乡村工学团由儿童组成的，称为乡村儿童工学团；由青年组成的，称为乡村青年工学团。

陶行知认为，要让人民大众觉醒，具备养活自己和保卫自己的能力，就必须要对人民大众进行五种教育：科学教育、劳动教育、文化教育、艺术教育和武装自卫教育。③

有了想法，陶行知最不缺的就是行动。很快，一帮志同道合者组建了一个乡村改造社筹备会，推举欧伟国、陈立庭、沈嗣生、海斯、叶桂芳、丁桂柱、陶行知为执行委员。准备先在乡村做工学团的试验工作，俟有成绩，再行推广。④

筹备工作之一就是选择地址。工学团的选址标准是：二里路以内有五

① 王文岭. 陶行知年谱长编 [M]. 成都：四川教育出版社，2012：296 - 297.

② 白韬. 回忆陶行知先生：其生平及其学说 [M]. 大连：光华书店，1948：97.

③ 白韬. 回忆陶行知先生：其生平及其学说 [M]. 大连：光华书店，1948：97 - 98.

④ 马侣贤，戴自俺. 山海工学团 [M]. 上海：上海儿童书局，1934：6.

个以上的小村；交通比较便利；没有学校；有破庙、民房公共建筑物可以租借。① 根据这个标准，晓庄原来的学生兵分两路，戴自俺、马侣贤一路，王作舟、郑先文一路，在上海周边寻找合适的地方。从七月开始，一直到九月，才在上海宝山县找到红庙的小侯家宅和孟家木桥两个地方。陶行知亲自前往孟家木桥和小侯家宅考察后，决定在小侯家宅办农民俱乐部，在孟家木桥办一所小学。②

1932 年 9 月 25 日，侯家宅青年工学团（夜学）成立。工学团成立的那天晚上，吃过晚饭后，大家提着一篮茶点和留声机从孟家木桥向侯家宅出发，然后布置会场。留声机唱起来了，孩子们来了，姑娘们来了，老太婆们来了，农友们含着烟卷笑着来了……青年工学团开学了。

1932 年 10 月 1 日，儿童工学团开学。儿童工学团开学后，孩子们开始学做工。在导师和工匠师傅的带领下，他们做简单的科学仪器、做儿童玩具、做木工、藤工……有了晓庄之前的办学经验，共和茶园、修路、卫生运动、同乐会等相继开展起来，工学团乡村教育和乡村改造的试验进展十分顺利。

1932 年 11 月，陶行知等人呈文宝山县教育局，申请私立山海实验乡村学校（即山海工学团）立案，取得合法地位。呈文中，陶行知阐述了山海工学团的七种主张：

1. 社会即学校；

2. 生活即教育；

3. 相学相师，会者教人，不会者跟人学；

4. 先生在做上教，学生在做上学，教与学都以作为中心；

5. 在劳力上劳心；

6. 行是知之始；

7. 与大众共甘苦，同休戚，以取得整个中华民族之出路③。

经过一年的试验，山海工学团有团员二百多人，有幼儿团员、儿童团员、青年团员，还有妇女团员。他们学识字、学科学、学种东西、学做凳

---

① 马侣贤，戴自俺. 山海工学团 [M]. 上海：上海儿童书局，1934：6.

② 王文岭. 陶行知年谱长编 [M]. 成都：四川教育出版社，2012：303.

③ 陶行知. 山海工学团创立文件 [M] //方明. 陶行知全集：3. 成都：四川教育出版社，2020：434.

子，实行生产教育，达到自立立人的目的。侯家宅和孟家木桥周边的各种职业农民工学团如棉花工学团等相继设立，并带领农民改良种植方法，提高了产量，农友的信任日益深厚，山海工学团再次名震全国。"陶氏的工学团主张，实在是教育上的新发现，是生活教育理论更具体化，更切合人民需要的一种形式与内容。因此，它能在短期内得到了成功"①。各地前往参观学习的青年男女络绎不绝。

1933 年 10 月 1 日，山海工学团成立一周年。在此之前，由乡村农友、儿童工学团团友及导师共同组成筹备会，筹备一周年庆典。周年那天，来宾可真不少，团体的有大夏大学教育学院参观团六十余人、沪西华工厂十余人、广西教育参观团五人、大场潜溪小学六人、宝山县教育局局长及督学等。个人的就更多了，有工学团的导师及各村农友、小朋友共五百多人。农友赠送的"农村增辉""农民良友""农民导师"等条幅都挂在礼堂和会客室，② 向来宾展示工学团一年来的巨大战果。

基于晓庄乡村教育经验的山海工学团，取得了巨大成绩。但是，山海工学团和晓庄学校又有显著不同。晓庄时期，陶行知的生活教育理论开始萌芽，但尚未成为体系。山海工学团时期，生活教育理论渐成体系，并成为工学团的理论指导。还有一个显著不同的地方，就是开始注重发挥农民的主体性。

陶行知在创办工学团时主张，工学团的主体是本村的真农人，就是靠自己动手种地吃饭的人，村外同志只处于推动、赞助、辅导的地位。这种村外的推动、赞助、辅导，只适合本村需要的时期为限。推动的宗旨在求本村之自动；赞助之宗旨在求本村之自助；辅导之宗旨在求本村之自导。乡村改造运动者，最忌代替农人做。因为代替农人做得太多太久，农人仍旧不会自己做。③

陶行知建议乡村改造，知识分子不能成为包办者，而应成为引导者和推动者，激发农民的自我发展能力，使之成为乡村改造的主力。晓庄时期，

---

① 白韬. 回忆陶行知先生：其生平及其学说 [M]. 大连：光华书店，1948：100.
② 马侣贤，戴自俺. 山海工学团 [M]. 上海：上海儿童书局，1934：90.
③ 陶行知. 对于乡村教育的第一个新建议——乡村工学团之试验 [M] //方明. 陶行知全集：3. 成都：四川教育出版社，2020：423 – 424.

陶行知虽然也曾提出民众运动是要陪着民众干、不要替民众干的观点，[①] 但尚未如工学团时期这么明确。

陶行知强调发挥农民的主体性，应该是在一定程度上受到梁漱溟乡村建设的影响。梁漱溟在乡村建设实践中，一开始就以"本地人自作"为宗旨，注重发挥农民自己的力量，外来的知识分子等力量主要是一种引导力量和推动力量，而不是建设力量，建设力量的主体始终是乡村的农民。

陶行知和梁漱溟作为乡村教育和乡村建设（乡村建设必须经由乡村教育才能实现）一南一北的两大巨头，不仅平时在各种乡村教育和乡村建设会议中经常交流，晓庄解散以后，负责人之一的杨效春即到邹平服务，经常和陶行知通信。因而，山东邹平的乡建模式和梁漱溟的乡建理念，陶行知非常了解，并有所借鉴。各种职业的农民工学团，正是这种真农人为乡村建设主体思想的具体体现。

各种职业的农民工学团的成功，使得农民对自家孩子的上学热情也高涨起来。到1934年，"各村庄都自动起来要求我们去办学。预计学生之多，绝非孟家木桥与萧场所能容"。于是各个村庄的儿童工学团陆续成立，报名的和实际到校的儿童团员都非常踊跃。如赵泾巷工学团，报名的小朋友近百人，实际到团的在八十人以上，平均每天能到七十人。[②] 随着工学团理念被更多人接受，工学团逐渐由乡村向城市攻城略地，亭子间工学团等各种工学团陆续成立。

（二）小孩教小孩：创立小先生制

1932年10月，当孟家木桥的儿童工学团开学时，虽然周围二十多个村庄失学儿童有五百多位，但儿童工学团开学这天只来了二十四位儿童。[③] 一方面是当时开学较急，宣传不到位；另一方面是很多儿童被家里的事情绊住，没法前来上学。

陶行知以前推行平民教育的时候，就已经提倡读书要紧，管家谋生也要紧。乡村民众因为劳动生产和家务牵绊，无法入学者实多。陶行知推广

---

① 陶行知. 生活即教育 [M] //方明. 陶行知全集：2. 成都：四川教育出版社，2020：403.

② 方与严. 方与严教育文集——陶行知及其生活教育 [M]. 成都：四川教育出版社，1995：671-672.

③ 马侣贤，戴自俺. 山海工学团 [M]. 上海：儿童书局，1934：41.

教育普及，并不是要强迫民众丢掉饭碗去读书，而是要尽量劝导他们拿着饭碗求学。① 所以，陶行知奉行墨子不叩也鸣的做法，主张普及乡村教育的信条就是"来者不拒，不能来者送上门去"②。

"来者不拒"是容易做到的，但如何做到"不能来者送上门去"呢？光靠现有知识分子，要想普及乡村教育，是做不到的。陶行知再一次开动大脑，创立了小先生制。

陶行知很早就意识到小孩子的巨大潜力。他早年推行平民教育时，儿子小桃6岁，在家里教奶奶识字，花了16天的时间，教奶奶学完《平民千字课》的第一册。陶行知根据这16天里所学的字写了一封信，他的妈妈居然看懂了，让他对小孩的能力有了初步认识。

晓庄解封以后，虽然晓庄学校未能恢复，但政府发还了一个村民自办的小学，由晓庄小学的一个学生胡同炳任校长。胡校长任用几个较大的、识字较多的孩子为教师，居然将那所小学办得生机勃勃。陶行知十分高兴，作诗一首以赞扬之：

> 有个学校真奇怪，
> 大孩自动教小孩。
> 七十二行皆先生，
> 先生不在学如在。

结果小朋友们回信说，大孩能自动，小孩就不能自动吗？大孩能教小孩，小孩不能教大孩吗？于是陶行知将"大孩自动教小孩"改为"小孩自动教小孩"。③

除小孩自动教小孩之外，还有一件事，让陶行知对小孩刮目相看。晓庄毕业生汪达之在苏北创办的新安小学里有七个小学生，为了践行陶行知的生活教育理论，自己组织了一个旅行团，到上海研学旅行。他们到上海

---

① 陶行知. 要劝导人民拿着饭碗求学，不强迫人民丢掉饭碗读书——致台和中［M］//方明. 陶行知全集：8. 成都：四川教育出版社，2020：321.

② 马侣贤，戴自俺. 山海工学团［M］. 上海：儿童书局，1934：114.

③ 陶行知. 大上海普及教育［M］//方明. 陶行知全集：11. 成都：四川教育出版社，2020：508.

找到陶行知，陶行知既高兴也惊讶，介绍他们到各工厂、学校、机关等地演讲。在沪江大学的一次演讲中，小学生们的教育主张受到该校师生的称道，还有一位教授称赞这些孩子几乎要打破他这位大学教育系教授的饭碗。看到孩子们的研学成绩，陶行知作诗鼓励他们：一群小光棍，数数是七根。小的十二岁，大的未结婚。没有父母带，先生也不在。谁说小孩小？划分新时代！①

当时山海工学团也有几位出色的儿童，能直接担任教学工作，陶行知将这些学生统称为小先生。② 小先生制在山海工学团诞生了，成为普及乡村教育的重要力量。

1933 年暑假，山海儿童工学团不愿意放暑假，但当时的工师要放假，没有人指导儿童。于是儿童团员组织了一个暑期儿童自动工学团，自己自动学习。暑期儿童自动工学团的经验，使得陶行知对儿童的能力更有信心。他决定试办乡村儿童自动工学团，使本村儿童联合起来自动实行工以养生、学以明生、团以保生的教育，承担调查本村状况、增进本村生产、改良本村风俗、共济本村急难以创造互助的村庄等多项任务。③ 在自动工学团的基础上，成立山海儿童社会组织，将山海工学团的儿童事业全交由小先生自己管理自己干。④

陶行知创立并推行小先生制，也意识到小先生面临的障碍实在是"屈指难数"，比如外界对小先生能力的不信任，对小先生如何教人的疑问等。陶行知写了大量的文章，介绍小先生的工作方式。

陶行知介绍，小先生教人，并不是承担整个班级的教育。一则小先生无力承担整个班级的教育任务，如果真由小先生对一个班级三四十名小学生指手画脚、高谈阔论，那实际上违反了生活教育原理，是对小先生的摧残。事实上，小先生只需承担两三个人的教育任务，教育对象是不能上学或不能常到工学团的人，即开门找学生，"不能来者送上门去"。

---

① 白韬. 回忆陶行知先生：其生平及其学说［M］. 大连：光华书店，1948：102.

② 白韬. 回忆陶行知先生：其生平及其学说［M］. 大连：光华书店，1948：102.

③ 陶行知. 宝山县试办乡村儿童自动工学团组织大纲草案［M］//方明. 陶行知全集：3. 成都：四川教育出版社，2020：158－159.

④ 陆德森. 儿童社会成立记［M］//方明. 陶行知全集：3. 成都：四川教育出版社，2020：637.

陶行知早年推行平民教育时，就发明了连环教育法。小先生教人也借鉴了连环教育法，实行"即知即传人"，即小先生的职务就是教人去教人。等到他的学生也在教人了，他那小先生的封号才有事实上的意义。因而，小先生的成绩，不在直接所教学生之多少，而在间接所传代数之多少。而且，小先生不是一个自由的职务，想干就干，想停就停，必须持之以恒地干下去，才能做到教育普及。①

山海工学团要求每个小先生每天除开自修学习之外，要教两个人。为了鼓励小先生的教人热情和毅力，采取教人比赛的方法：凡是教会家外一人读写四册书，可加一分，团员证上加一金星，以此类推。每星期指导员轮流到每个村庄指导两次，每月总集合一次，对教人情况进行指导和总结。②

小先生制实施后，引起全国乡教工作者的关注，并在各地试行。各地小先生也经常给陶行知写信，汇报小先生的实施情况，并请陶行知前往指教。陶行知也总是见信必复，耐心回答关于小先生的各种问题，方便的时候也前往演讲指导。

至1935年，江苏、浙江、山东、安徽、江西、河南、河北、湖南、湖北、山西、陕西、福建、广东、广西、四川、云南、甘肃、贵州、宁夏、上海、北平等省市都在实施或是筹备实施小先生制，通过小先生推广普及教育。③

曾经有人告诉陶行知，说小先生不灵，失败了。陶行知认为，小先生在全国25个省市推行，但真正有系统的实验，只有广西。其余各省市的小先生运动，尚在进行之中，说他失败，未免为时过早。④

小先生制实施以来，确实有诸多争议，但各地的试验一直方兴未艾。直至抗战时期，还有很多地方用小先生推行国难教育，唤起大众的救亡热情。

---

① 陶行知. 怎样指导小先生［M］//方明. 陶行知全集：3. 成都：四川教育出版社，2020：107－109.

② 陶行知. 山海与萧场之实验［M］//方明. 陶行知全集：3. 成都：四川教育出版社，2020：117.

③ 陶行知. 全国小先生普及教育表［M］//方明. 陶行知全集：3. 成都：四川教育出版社，2020：634－636.

④ 陶行知. 是谁不灵［M］//方明. 陶行知全集：3. 成都：四川教育出版社，2020：320.

五、教育改造的理论硕果：生活教育理论

（一）生活教育理论的提出

陶行知博士期间就学于美国哥伦比亚大学师范学院，受杜威思想和芝加哥实验学校影响极大。1919—1921 年，杜威在中国讲学，陶行知陪着杜威到处演讲，对其思想有更透彻之了解。可以说，陶行知早期的教育实践，主要是在杜威思想的影响下进行。

晓庄师范时期，陶行知逐渐意识到采取拿来主义的方法办教育，可能不太适合中国的国情。他认为："现在有一点我们应当注意的，就是以前的教育，都是像拉东洋车一样。自各国回来的留学生，都把他们在外国学来的教育制度拉到中国来，不问适合国情与否，只以为这是文明国里的时髦物品，都装在东洋车里拉过来，再硬灌在天真烂漫的儿童的心坎里，这样儿童们都给他弄得不死不活了，中国亦就给他做得奄奄一息了！我从前也是把外国教育制度拉到中国来的东洋车夫之一，不过我现在觉到这是害国害民的事，是万万做不得。我们现在要在中国实际生活上面找问题，在此问题上，一面实行工作，一面极力谋改进和解决。"①

陶行知虽然意识到这个问题，但其生活教育理论尚未提出。虽然开始质疑杜威"教育即生活"的思想，但并没有立刻抛弃，而是在杜威思想的影响下，深入思考教育和生活、学校和社会之间的关系。

经过一年多的晓庄试验，陶行知对教育与生活、学校与社会之间的关系逐渐思考清楚，生活教育理论渐成体系。但对于生活教育理论的提出时间，陶行知自己的说法不一。

在《生活教育的创立与成长》中，陶行知说生活教育第一次的发现，是民国七年在南京高师演讲，觉得中国教育太重书本，和生活没有联系。民国八年是生活教育思想的萌芽，民国十六年创立晓庄师范，是生活教育

---

① 陶行知. 晓庄试验乡村师范学校创校概况［M］//董宝良. 陶行知教育论著选. 北京：人民教育出版社，2015：201.

从理论到实践的开始。①

在《生活教育社立案的呈文》中，陶行知说生活教育理论发端于十二年前（1927 年），在此理论影响之下，曾先后成立晓庄学校、山海工学团等。②

在《晓庄三岁敬告同志书》中，又说到当初生活教育戴着一顶"教育即生活"的帽子，自从教学做合一的理论试行之后，渐渐地觉得"教育即生活"的理论行不通。一年前（1929 年）我们便提出一个"生活即教育"的理论来代替。从此，生活教育的内容方法便脉脉贯通了。③

陶行知上述关于生活教育理论的论述，有一个特点：成文时间越晚，对于生活教育理论的提出时间越早。可能的情况是：随着时间的推移，陶行知自己对于生活教育理论的提出时间开始模糊，或者说早期他确实已经注意到了杜威思想和中国国情有点格格不入，图谋思变，故在多年以后的回忆中，模糊了二者之间的界限。因而，有理由相信，在晓庄三岁的总结中，陶行知所提出的生活教育理论的时间最为可靠。

晓庄师范以试验为中心，尝试打破课程与生活的隔阂，打破教师与学生的界限，并打破学校与社会之分离。④ 生活教育理论在酝酿中就要破茧而出了。

此时期，陶行知一直在大力宣传的是他的教学做合一思想，强调行动的重要及教学做三者的关系。在《生活即教育》中，陶行知说："'教育即生活'是杜威先生的教育理论，也就是现代教育思潮的中流。我从民国六年起便陪着这个思潮到中国来，八年的经验告诉我说'此路不通'。在山穷水尽的时候才悟到'教学做合一'的道理。所以，'教学做合一'是实行'教育即生活'碰到墙壁把头碰疼时所找出来的新路。"⑤ 陶行知由碰壁，

① 陶行知. 生活教育的创立与成长［M］//方明. 陶行知全集：4. 成都：四川教育出版社，2020：530.
② 陶行知. 生活教育社立案的呈文［M］//方明. 陶行知全集：4. 成都：四川教育出版社，2020：258.
③ 陶行知. 晓庄三岁敬告同志书［M］//方明. 陶行知全集：2. 成都：四川教育出版社，2020：451－452.
④ 杨效春. 中华教育改进社晓庄学校报告事［M］//方明. 陶行知全集：2. 成都：四川教育出版社，2020：592.
⑤ 陶行知. 生活即教育［M］//方明. 陶行知全集：2. 成都：四川教育出版社，2020：7.

到怀疑杜威的思想，到找到"教学做合一"之新路，直至 1929 年，终于正式提出生活教育理论。

正是在不断思考教学做合一的过程中，陶行知终于总结出"教学做合一不是别的，是生活法，是实现生活教育的方法"这一思想。[①] 教育与生活、学校与生活的关系，陶行知也随之厘清，将杜威"教育即生活""社会即学校"翻了半个筋斗，改为"生活即教育""社会即学校"，正式提出生活教育的理论。

（二）什么是生活教育

生活教育是什么？陶行知最早的认识是："是生活便是教育；是好生活便是好教育，是坏生活便是坏教育；不是生活便不是教育；所谓之'教育'，未必是生活，即未必是教育。"[②] 在第二次演讲生活教育的时候，陶行知增加了晓庄的生活目标：是康健的生活，就是康健的教育；是劳动的生活，就是劳动的教育；是科学的生活，就是科学的教育；是艺术的生活，就是艺术的教育；是改造社会的生活，就是改造社会的教育。1930 年的第三次演讲中，因为晓庄主张所过的生活，应该是有计划的生活，所以又增加了"是有计划的生活，就是有计划的教育"。总之，"是那样的生活，就是那样的教育"，这就是生活教育。[③]

与"生活即教育"有连带关系的就是"社会即学校"。陶行知认为，整个的社会活动，就是我们的教育范围，不必谈什么联络，它的血脉是自然流通的。在推行平民教育时期，多数平民因为生计问题，无法到平民夜校学习，陶行知就发明连环教学法，推行平民读书处。店铺、家庭、亭子间等，都可以成为平民读书处，实际已经将平民教育的场所由学校推广到社会了。

陶行知认为，生活教育既以生活为中心，就需要冲破传统思想的限制。传统思想以文化为中心，奉行文化教育，认为教育就是读书。陶行知认为，一切文化只是生活的工具，书也只是生活工具的一种，书要拿来活用，而

---

① 陶行知. 晓庄三岁敬告同志书 [M] //方明. 陶行知全集：2. 成都：四川教育出版社，2020：452.

② 陶行知. 生活即教育 [M] //方明. 陶行知全集：2. 成都：四川教育出版社，2020：7 - 8.

③ 陶行知. 生活即教育 [M] //方明. 陶行知全集：2. 成都：四川教育出版社，2020：397 - 398.

不是拿来死读。①

操震球曾经问陶行知：为什么要主张"生活即教育""社会即学校"？

陶行知解释说，教育如果只集中于书本，与生活相隔绝，则教育的力量极小。拿全部的生活去做教育的对象，然后教育的力量才能伟大，方不至于偏狭。因而，要拿好的生活去改造不好的生活，拿整个的生活去解放偏狭的生活。生活即教育，是从书本到人生，是承认一切非正式的东西都在教育范围以内。② 主张"社会即学校"，是因为在"学校即社会"思想下，学校里面的东西太少了。但反过来，则教育的材料、教育的方法、教育的工具、教育的环境，都可以大大增加。虽然存在坏的社会，但依然要去认识坏的社会，要有所准备，才能生出抵抗力。否则，一入社会，便手忙脚乱，难以适应。③

陶行知主张"生活即教育""社会即学校"，至少有两大原因。一是陶行知一直提倡大众教育，认为教育不应该是少数人的特权。但中国以前的教育是贵族教育，即便是近代教育改革，实施新教育，人民大众还是被排斥在教育之外，这是民主共和难以真正实现的根源。所以，陶行知一直以实现教育普及为己任，推动大众教育的实现。大众教育的实施，自然不能局限于书本和学校，而应和大众的生活相联系，要和大众的生活环境相联系。二是中国以前的教育和生活相脱离。比如乡村民众，本来过的是乡村的生活，过的是种田植树的生活，结果接受的是城市的教育，接受的是书本的教育，和他们本来的生活经验、生活环境没有任何关系。所以，以前的教育，培养出来的是少爷、小姐，不是生产者。因而，陶行知希望能打破教育和生活的界限，打破学校和社会的隔阂，能真正实现大众教育。

生活教育理论甫经提出，一则因为早期论述较为空疏，二是和社会上正大行其道的杜威思想相背，立刻引起强烈关注。赞成者有之，反对商榷者有之。陶行知在不断解释和辩驳的过程中，生活教育理论愈加成熟。

————————

① 陶行知. 晓庄三岁敬告同志书［M］//方明. 陶行知全集：2. 成都：四川教育出版社，2020：452-453.

② 陶行知. 生活即教育——答操震球之问［M］//方明. 陶行知全集：2. 成都：四川教育出版社，2020：410.

③ 陶行知. 社会即学校——答操震球之问［M］//方明. 陶行知全集：2. 成都：四川教育出版社，2020：411.

1934 年，在《什么是生活教育》一文中，陶行知就指出："生活教育这个名词是被误解了。"误解的原因就是"教育即生活""学校即社会"这些理论的混淆，有必要肃清这些误解。生活教育到底是什么呢？生活教育是生活所原有，生活所自营，生活所必需的教育。教育的根本意义就是生活的变化。①

教育的根本意义是生活的变化。抗战爆发后，国人的生活发生了大变化，陶行知的生活教育理论进一步发展，提出生活教育的定义包括三个部分：一是生活之教育；二是以生活影响生活之教育；三是为着应济生活需要而办之教育。以生活影响生活怎么讲？就是要拿好的生活改造坏的生活，拿前进的生活来引导落后的生活。国难时期，就要拿抗战的生活来克服妥协的生活。②

生活教育理论提出以后，陶行知不断解释、不断完善，但质疑一直存在。1940 年，陶行知在答复质疑时，对生活教育理论进行了一个系统总结：

从定义上说，生活教育是给生活以教育，用生活来教育，为生活向前向上的需要而教育。从生活与教育的关系上说，是生活决定教育。从效力上说，教育要通过生活才能发出力量而成为真正的教育。"教学做合一"是生活法亦是教育法。为避免瞎做、瞎学、瞎教，所以提出"在劳力上劳心"，以期理论与实践之统一。"社会即学校"这一原则，要把教育从鸟笼里解放出来。"即知即传"这一原则，要把学问从私人的荷包里解放出来。"行是知之始，知是行之成"，教人从源头上去追求真理。工学团或集体主义之自我教育，是在团体生活里争取自觉之进步。"教育是民族解放、大众解放、人类解放之武器"，这种教育观，是把教育从游戏场、陈列室解放出来，输送到战场上去。总之，生活教育理论，是半殖民地半封建的中国争取自由平等的教育理论。③

四十年代，陶行知增补了生活教育理论的特征：①外行办的——免除过去那种酸溜溜的作风；②穷办法——中国是穷国家、穷社会，但是要以

① 陶行知. 普及现代生活教育之路［M］//方明. 陶行知全集：3. 成都：四川教育出版社，2020：205 － 206.
② 陶行知. 生活教育目前的任务［M］//方明. 陶行知全集：4. 成都：四川教育出版社，2020：228.
③ 陶行知. 谈生活教育［M］//方明. 陶行知全集：4. 成都：四川教育出版社，2020：358.

穷法办内容丰富的教育；③丘八作风——实行丘八教育，教育丘八学生。丘八教育的意义就是把教育当作武器以求民族解放和人类解放；④工人的手段；⑤科学的头脑。①

在生活教育理论的指导下，陶行知后来进一步提倡乡村教育，创办山海工学团；宣传大众教育，推广普及教育；抗战以后领导国难教育，乃至后来实施天才教育——创办育才学校，其目的只有一个：就是实现教育普及、生活提高、自觉性之启发及创造力之培养，在于帮助半殖民地半封建的中国能真正实现自由平等，能真正实现民主共和。

为了这个目的，陶行知俯首甘为孺子牛，废寝忘食地工作。1946 年 7 月，鞠躬尽瘁，死而后已，成为乡村教育界的普罗米修斯。

陶行知为实现民主自由的理想之国，将希望置之于教育普及和大众教育。他由推广平民教育，到聚焦乡村民众教育，进而在晓庄试验乡村师范，进行乡村教育改造的尝试。其培养农夫的身手、健康的体魄、改造的精神、科学的头脑、艺术的兴趣等乡村教育主张，成为大多数乡村教育工作者的教育目标；其生活教育理论，更是当时很多知识分子乡村教育的指针和方向。他创办山海工学团，创立小先生制，主张工以养生，学以明生，团以保生，极大地激发了乡村儿童和乡村民众的学习热情与创造精神。可以说，陶行知在乡村教育改造的过程中，从无到有，通过实验，多所创造，是名副其实的乡村教育的创造家。

参考文献：

［1］方明．陶行知全集［M］．成都：四川教育出版社，2020．

［2］王文岭．陶行知年谱长编［M］．成都：四川教育出版社，2012．

［3］董宝良．陶行知教育论著选［Z］．北京：人民教育出版社，2015．

［4］刘锐．陶行知传［M］．北京：北京时代华文书局，2016．

［5］杨效春．晓庄学校与中国乡村教育［M］．上海：上海爱文书局，1928．

［6］杨效春．晓庄一岁［M］．上海：上海儿童书局，1928．

［7］程本海．在晓庄［M］．上海：上海中华书局，1930．

［8］李楚材．破晓［M］．上海：上海儿童书局，1932．

---

① 陶行知．在生活教育运动十五周年纪念会上的讲话［M］//方明．陶行知全集：4．成都：四川教育出版社，2020：426．

［9］戴自俺，孙铭勋．晓庄批判［M］．上海：上海儿童书局，1934.

［10］孙铭勋，戴自俺．晓庄幼稚教育［M］．上海：上海儿童书局，1934.

［11］马侣贤，戴自俺．山海工学团［M］．上海：上海儿童书局，1934.

［12］白韬．回忆陶行知先生：其生平及其学说［M］．大连：光华书店，1948.

［13］方与严．方与严教育文集——陶行知及其生活教育［M］．成都：四川教育出版社，1995.

［14］浙江省湘湖师范学校．浙江省湘湖师范学校校史（1928—1998）［M］．杭州：浙江教育出版社，1998.

［15］梁漱溟，艾恺．我们从何处来？梁漱溟晚年口述［M］．北京：外语教学与研究出版社，2018.

［16］陈昆池．晓庄乡村教育运动的我见［J］．南风（广州），1937，13（1）．

［17］胡汉民．解散晓庄师范的原因和经过：十九年四月十四日在立法院纪念周讲演［J］．浙江党务，1930（87）．

［18］崀宁县派送南京晓庄学校学生之报告［J］．广西教育，1929，1（14）．

［19］喻本伐，郑刚，张汶军．“被代理校长风波”始末——“张宗麟在晓庄”系列研究之三［J］．生活教育，2020（6）．

第五章
乡村教育的规划家：梁漱溟

一、民族自救：都市青年的乡建选择

（一）上下求索："吾曹如何救苍生"

梁漱溟（1893—1988），祖籍广西桂林，1893 年生于北京，父亲梁济。家中兄妹四人，一个哥哥，两个妹妹。梁漱溟原名焕鼎，字寿铭，二十岁后取字漱溟。梁济饱读诗书，官至内阁中书，关心国事，拥护维新。他对中国现实问题的关注影响着少年梁漱溟。

梁漱溟幼时体弱。据他自己回忆：五六岁时，经常头晕目眩，天旋地转，坐立不稳，必得安睡卧榻。七八岁时，身体略有好转，但总不是一个活泼的孩子。好在年岁渐长，身体倒很少生病了。因为体质柔弱，家人曾担心他长不大，对

图 5 - 1　梁漱溟

他较为溺爱，6 岁还不会自己穿裤子。有一天早上，母亲问梁漱溟为何还不起床，梁漱溟气愤回答道："妹妹不给我穿裤子呀。"①

6 岁时，梁漱溟在家塾发蒙念书。梁漱溟的父亲梁济可以算是中国早期

① 李渊庭，阎秉华．梁漱溟年谱［M］．北京：商务印书馆，2018：2 - 3．

维新派的粉丝，在一般人都毁骂郭嵩焘讲洋务时，梁济就独排众议极以他为然。[①] 所以，梁漱溟的启蒙教育不是从"子曰诗云"发蒙，而是从一本名为《地球韵言》的世界史地入门书开始。

1899 年，北京第一所"中西小学堂"开办，梁漱溟被父亲送入这所新式学堂求学，从 A、B、C、D 开始了他的学习历程。后来，因为义和团的影响，梁漱溟在 1906 年去了顺天中学上学，在那里待了五年多，从此以后再无学校学习经历。如果从学历上说，梁漱溟的最高学历就是个中学。

梁漱溟幼时并不是一个天资聪颖的孩子，小学里的课业成绩较差，基本都在中等以下。但到了中学，心智开始发育，加上喜欢读书看报，课业成绩突飞猛进，有时还能名列前三。按照梁漱溟自己的说法，他资质平常，在学校也不特别勤学，出学校亦未用过苦功，只不过在心里对自己总有一种要求，不让一天光阴随便马虎过去。[②] 这当然有自谦的成分，但梁漱溟能以中学毕业生身份成为学术大师，和他善于思考且极强的自学能力有关。梁漱溟曾和俞庆棠等人一起吃饭，俞庆棠问他有何嗜好，梁漱溟答曰：吃一般，玩一般，唯一的嗜好就是思考。

梁漱溟从小就爱读书看报，逐渐养成独立思考的习惯。他最喜欢阅读的是梁启超编的《新民丛报》《国风报》里的文章。大量阅读报纸，逐渐养成梁漱溟的自学能力。在《我的自学小史》中，梁漱溟就自承："我的自学，最得力于杂志报纸。"在梁启超的思想引导下，梁漱溟对西方政治、经济等产生了浓厚兴趣，中学时期就喜谈政事，一心"要救国救民，建立功业"，甚至满怀热情地积极参与秘密革命活动。

中华民国建立后，政治腐败及军阀混战使得梁漱溟对暴力革命深感失望和沮丧。他后来回忆："对于'革命''政治''伟大人物'……皆有不过如此之感。有些下流行径、鄙俗心理以及尖刻、狠毒、凶暴之事，以前在家庭、在学校所遇不到的，此时都看见了，颇引起我对于人生感到厌倦和憎恶。"美国学者艾恺认为，梁漱溟的这种反感情绪，使得"他对政治和权力缺乏真正的理解——在他后来作为一位乡村改革家和政治调停者的活

---

① 梁漱溟. 答陈仲甫先生书［M］//中国文化书院学术委员会. 梁漱溟全集：4. 济南：山东人民出版社，2005：547.

② 梁漱溟. 我的自学小史［M］//中国文化书院学术委员会. 梁漱溟全集：2. 济南：山东人民出版社，2005：666.

动中，他运用了这种不正确的理解".①

基于政治失望和现实问题之不能解决，很长一段时间里，梁漱溟都处于一种精神苦闷中，甚至有自杀以解脱的思想倾向。在此期间，梁漱溟既不升学，也不做事，闭门不出，一心只读佛书，极为颓废。不过，虽然精神颓废，没有参与什么活动，但梁漱溟一直关心政治和现实问题，"一切大变动的经过，都还清楚".②

1917 年，梁漱溟南游，经苏州、杭州至湖南，在长沙住了三个月。适逢北京政府解散国会，张勋复辟，南北大战。梁漱溟十月由长沙回北京时，沿途军阀交战，民不聊生。义愤之下，写就《吾曹不出如苍生何》一文，提出吾辈应奋起，组织国民息兵会，以息争而罢战。青年时期的梁漱溟，认为造成今日中国之局面者，皆因武人专政，开始思考中国问题之缘起。《吾曹不出如苍生何》一文，显示了梁漱溟强烈的救国救民精神及初步的利用民力的思想。

（二）文化复兴：民族复兴的东方路径

但吾辈应如何"出"，才能解决今日中国之问题呢？梁漱溟从清末维新到辛亥革命，从西方的技术到制度，认为中国一路学来，始终没有解决中国的问题。最终，梁漱溟不得不从最根本的文化入手，思考东西方文化之差异，以及由此导致中西各国发展路径的不同，在文化路径上思考中国政治、经济、社会等一系列问题。

1917 年冬，应蔡元培邀请，梁漱溟到北大任教，讲授印度哲学。北大的陈独秀、胡适、李大钊等人大力提倡新文化，尤其是五四新文化运动之后，国内知识分子对于孔子和东方文化多持反对态度，激进者甚至希望将中国文化"连根拔去"。传统文化之坚持者如辜鸿铭、黄侃等人则是在反对新文化的基础上提倡中国传统文化。但新、旧两派，都是站在自我的立场讨论文化问题，甚少有人对东西方文化并提，思考两种文化的不同。李大钊曾作《东西文化根本之异点》一文，但梁漱溟认为是"论而不断"。

---

① 艾恺. 梁漱溟传［M］. 长沙：湖南出版社，1992：47.
② 梁漱溟. 在晋讲演笔记［M］//中国文化书院学术委员会. 梁漱溟全集：4. 济南：山东人民出版社，2005：679.

鉴于没有人"将东西方文化并提着说，也没有人着眼到此地"，梁漱溟"对于此问题特别有要求，不肯放松"，① 开始了他对东西方文化的比较和深入研究。1920 年，《东西文化及其哲学》出版。对此，熊十力极为佩服梁漱溟的勇气：在五四运动那个时期，在反对孔学、反对中国古老文化那么厉害的气氛中，梁先生提出未来世界文化是中国文化的复兴这话，是很有胆识的。②

在北大的新旧、中西文化论争中，梁漱溟虽未站队，但因其提倡中国文化而被陈独秀、胡适撰文批评。③ 最初，梁漱溟不屑回应。后因陈、胡认为他被教训得开口不得，是阻碍思想革新的障碍。梁漱溟毕竟年轻气盛，也有知识分子的尊严，忍无可忍，无须再忍，于是撰文驳斥胡适等人，同时表明他的立场：他研究中国文化，并不是站在陈、胡等人的对立面，反而在心理上是认同陈、胡等人的，认为他们要领导着大家走的路其实也正是梁漱溟自己愿领大家走的路，都是想通过思想文化的改造来改造社会，以求找到一条适合中国的道路。④

梁漱溟在讲演中经常自我贬斥，极其谦虚，实则自视甚高。他好思考，对于发现的问题喜欢一直思考下去，直到得到结论为止。北大这种文化论争的氛围，以及陈、胡等人对中国文化的态度，使得梁漱溟"无时不感觉到严重的压迫，非求出一解决的道路不可"⑤。其《东西文化及其哲学》一书，正是这种压力下用尽心力思考的结果。

梁漱溟认为，西方文化有两个根本特征：一是向前向上的、积极征服自然而形成的科学文化；二是民主精神，个人的事大家无权过问，公众的事大家都有参与做主的权利。中国文化呢？中国文化谦虚和谐，提倡与自然共存，文化是艺术的而非科学的；在社会生活中，中国文化注重伦理精神，讲求内省自得，缺乏对权威的抗争和平等的追求。然自西方文化传入

---

① 李渊庭，阎秉华. 梁漱溟年谱 [M]. 北京：商务印书馆，2018：37.

② 李渊庭，阎秉华. 梁漱溟年谱 [M]. 北京：商务印书馆，2018：50.

③ 虽然陈独秀、胡适等人撰文批判梁漱溟对儒家文化的提倡，但私下却是颇有交集的。

④ 梁漱溟. 答胡评《东西文化及其哲学》[M] //中国文化书院学术委员会. 梁漱溟全集：4. 济南：山东人民出版社，2005：744.

⑤ 方岘予. 梁漱溟先生的生平及其思想背景 [J]. 教育学报（北平），1938（3）：77 – 86.

我国，激起了国人关于中国问题解决路径的思考。以前提倡西化，无论是清末的新政，还是辛亥革命，走的是西方的道路。但事实证明，如果完全沿着西方的路子走，是走不通的，因为中国文化和西方文化截然不同。

在对东西方文化系统研究的基础上，梁漱溟不再认为中国的问题是武人专政了，"完全是文化的问题"①。因为今日中国的问题，主要是国民大众对自己的权利看得不重要，不去参与国政及争取个人自由，而任由少数人假冒民意掠夺政权。造成国民大众不愿意出头去过问和争持，正是因为中国文化主要是内求诸己，持"让人"的态度，对于在上的权威没有抵抗的意思。梁漱溟认为，如果中国永远走这条内求诸己、谦以让人的文化之路，则永远不会弄好。② 但完全沿着西方的路，也走不通。

所以，梁漱溟认为要解决今日中国之问题，自然应该从文化改造入手。一方面沿着中国固有的道路，坚守中国文化对于义而不是利的态度；另一方面沿着西方科学的、民主的文化方向，借鉴其向前的、争持的态度，改造中华文化，由文化复兴而实现民族复兴。

（三）曹州办学：文化复兴的尝试

如何由文化复兴而实现民族复兴？梁漱溟希望借讲学开风气，借文化改造进而进行政治改造，学术研究和政治改造不可分离。

梁漱溟最先的尝试是到山东曹州办学。山东王鸿一，同山东省主席靳云鹏关系很好，希望办一个大学，邀请梁漱溟主持。梁漱溟觉得办大学不容易，需要积累和预备，他自觉年龄太轻，在学术界尚无话语权，主张先办中学。

1924 年，梁漱溟到曹州中学负责高级部。根据亲师取友的办学原则，和学生共学共作共起居，希望能对学生的人生道路进行指导。他要求学生的衣食住行和消费生活都要简单朴素，学校少用校役，一切零碎事宜都得学生自己做，在学膳费用方面不统一规定，而由家长量力而行，以免贫苦

---

① 梁漱溟. 在晋讲演笔记 [M] //中国文化书院学术委员会. 梁漱溟全集：4. 济南：山东人民出版社，2005：665.

② 梁漱溟. 在晋讲演笔记 [M] //中国文化书院学术委员会. 梁漱溟全集：4. 济南：山东人民出版社，2005：678－681.

子弟无法求学。① 梁漱溟在曹州的办学理念和办学实践，和卫西琴在山西的外文学校颇为类似，应该是对卫西琴的办学经验有所借鉴。

卫西琴，又名卫中，德国人，长于音乐。因不喜德国皇帝而入了美国籍，又因对中国音乐和文化的兴趣，来到中国。受阎锡山邀请，在山西办理一所外国文言学校。1921 年冬，梁漱溟应邀前往山西讲演，结识卫西琴，并参观他在山西主办的外国文言学校，觉得这个学校很新鲜，很特别。虽然是外语学校，学习外文并不从字母、文法入手，而是要学生演剧、演戏，通过戏剧来学习外语。且卫西琴管理学校，由学生自己修理房屋，请做鞋工人教学生自己做鞋，学校里的商店由学生管理。② 这一切，在 20 世纪 20 年代初的中国，是如此的新奇，梁漱溟对卫西琴的教育思想和教学模式大为叹服，并从此和卫西琴长期交好。

梁漱溟在曹州办学，想要改善当时的教育弊端，希望打破特权阶级对教育的垄断，在教育制度上有所革新。实则其根本动机是"在解决人生问题及与人生问题连带而来的社会问题"③。梁漱溟的办学理想，吸引了北大的陈亚三、黄艮庸及北师大的徐名鸿等人跟随，一起到曹州办学、读书。

然则曹州办学终于失败。外因为山东政局变化，根本原因是梁漱溟与主事的王鸿一两人办学思路截然不同。加上梁漱溟在和曹州本土人士交接中，觉得当地人认为他"不过来曹就食"，乃深悟马一浮当年"礼闻来学不闻往教"之意，退意终于起而兴，而付诸行动。曹州办学失败，中国问题之不得解决，梁漱溟再次陷于思想苦闷之中。于 1925 年回到北京，和青年学生一起读书论学。

（四）乡村建设：民族自救的必由之路

其时，北伐战争前的革命空气渐厚，梁漱溟派往广州的王平叔、黄艮庸也回到北京，将广州的革命气象悉数告之。于是，"数年往来于胸中的民

---

① 梁漱溟. 办学意见述略 [M]//中国文化书院学术委员会. 梁漱溟全集：4. 济南：山东人民出版社，2005：788－789.

② 梁漱溟，艾恺. 我们从何处来？梁漱溟晚年口述 [M]. 北京：外语教学与研究出版社，2018：120.

③ 唐现之. 梁漱溟教育思想述略 [J]. 中华教育界，1935，23（6）：69－74.

族前途问题，就此新经验后，从容思省，遂使积闷烦瘼，不期而一旦开悟消释"。尤其是梁漱溟和李大钊私交极好，李大钊虽从未和梁漱溟谈及马克思主义，但他担任北大图书馆馆长，遇有值得一看的书，就随手递给梁漱溟。他主编的《每周评论》及他写的文章，都拿给梁漱溟看。① 所以，梁漱溟虽非共产党人，但对共产党及马克思主义，还是有所了解。这使得梁漱溟彻底放弃解决中国问题的西方路径："然实待共产党方启发了我们，对西洋人及其一切把戏的认识到最后一通透点；而后恍然，而后太息，西洋把戏之真不得而用之也。"② 民族自救还得向"东"走，回到中国自身。曹州办学时期就已萌芽的"农村立国"思想再度冒头，梁漱溟将改造社会、民族自救的目光转向了乡村。

梁漱溟将目光转向乡村，是多年深思熟虑的结果。在他晚年的回忆中，提到他很早就注意到乡村，初衷是想将中国建成立宪国家，立宪国家的基础是地方自治。但中国农民各自谋生，过于散漫，缺乏组织。所以，乡村自治的想法萌生，要把农民组织起来，组成团体。③

和生于乡村、长于乡村，因强烈的乡土情怀和改善乡村的主观意图而从事乡村改造的乡村工作者不同的是，梁漱溟生于都市，长于都市，没有乡村生活经历，自认"对于乡村没有什么深切的关系"，和乡村是极为隔膜的。但梁漱溟曾苦读佛学，在"思想上倾向佛家"。④ 佛家普度众生的思想，使得他自认"要行菩萨道"，"要到世间来"。⑤ 加上他自己对国家和民族的深切关怀，对时事政治的兴趣，使得梁漱溟在中学时期就"立心为国家社会做一番事业，希冀对国家社会有所建树"。梁漱溟后来回忆他从事乡村建设的动机，认为"完全是由于我对中国政治的烦闷，认为非由新政治习惯，

---

① 梁漱溟，艾恺. 我们从何处来？梁漱溟晚年口述［M］. 北京：外语教学与研究出版社，2018：90.
② 梁漱溟. 主编本刊（《村治》）之自白［M］//中国文化书院学术委员会. 梁漱溟全集：5. 济南：山东人民出版社，2005：11－12.
③ 梁漱溟，艾恺. 我们从何处来？梁漱溟晚年口述［M］. 外语教学与研究出版社，2018：61.
④ 梁漱溟，艾恺. 这个世界会好吗？梁漱溟晚年口述［M］. 北京：生活·读书·新知三联书店，2015：125.
⑤ 梁漱溟，艾恺. 这个世界会好吗？梁漱溟晚年口述［M］. 北京：生活·读书·新知三联书店，2015：27.

不能适合西洋政制；但欲培养新习惯，又非实行乡村自治不为功"，① 把乡村自治看作是民族自救运动最后的希望，乡村成为解决中国问题和民族复兴的关键。

二、由乡治到村治：在实践中建构乡建理论

（一）提倡乡治："求诸己"的乡村改造思路

1927 年 5 月，梁漱溟南游至广州。时任广东总参谋长代总司令的李济深，和梁漱溟是多年好友。经过多次交流后，梁漱溟建议："中国在最近未来，实际上将不能不是些分裂的小局面，每个小局面还都是大权集中于个人之手……在每个小局面中握有权力者，下焉者便为祸于地方，上焉者或能做些个建设的事业，这都不是我期望于你的。我期望你能替中华民族在政治上，在经济上开出一条路走来，方为最上。如何替民族开这条路出来？则我之所谓乡治是已。"②

其时，梁漱溟认为乡治是中华民族的唯一出路，因为构成中国社会主体的是众多农村。很多人认为先要国家好，才得农村好，这实在是种颠倒的见解。事实上，只有农村兴盛，整个社会才能兴盛；农村得到安定，整个社会才能真正安定。所以，梁漱溟所谓的乡治，"就是替农村求新生命的方法"。③ 梁漱溟的乡治思想至此方始成熟，并由此开始其改造乡村的尝试之旅。

在李济深的邀请下，梁漱溟任广州政治分会建设委员会主席，建议在广州开办"乡治讲习所"。在建议书中，梁漱溟明确提出，"今日中国之问题，看似在都市，而实在农村，即谓不然，都市农村各有问题，而所以解

① 梁漱溟. 邹平工作概谈［M］//中国文化书院学术委员会. 梁漱溟全集：5. 济南：山东人民出版社，2005：621-622.

② 梁漱溟. 主编本刊（《村治》）之自白［M］//中国文化书院学术委员会. 梁漱溟全集：5. 济南：山东人民出版社，2005：19.

③ 梁漱溟. 抱歉——苦痛——一件有兴味的事［M］//中国文化书院学术委员会. 梁漱溟全集：4. 济南：山东人民出版社，2005：840.

决之道，亦唯在求之农村乡治云云。窃将以是解决农村问题者"①。梁漱溟认为，地方自治（包括一切县市乡村之自治）在以地方之人自治地方之事，然而当前乡村诸事往往又把持在那些武断乡曲、假借公益以自肥的土豪劣绅以及喜好出头的新晋少年手中。地方自治最要者，在协助人民筹备自治人员的训练储备并解决农村经济问题。所以，他建议广州先开乡治讲习所，培养地方自治人员。

1928 年，梁漱溟在广州筹办乡治讲习所，并接办广州第一中学。因为他不愿意将乡治讲习所办在广州城里，广州一中地方宽敞，可以利用；另外他聘请卫西琴来广州办理高中师范班，一中比较合适。

梁漱溟认为，中国的新式教育，学生在学校里或学生在社会里养成了一种城市生活习惯，而且在城市里亦非平民化的生活，使得乡间儿童到县城里上学之后，便过不惯他旧日在乡村的简朴生活。小学如此，进而中学，再进而大学，则其习惯之濡染一级高一级，完全贵族化了，其所学无裨实际，不合于社会需要。对于这种变态的新式教育，梁漱溟早就看不习惯，曾呼吁知识分子当奋力求进于百业，以自效于社会，以改造今日之局面。②

为了办好乡治和广州一中，梁漱溟参观考察了国内乡村教育颇有声誉的南京晓庄、江苏栖霞等乡村师范。尤其是晓庄师范实施"教学做合一"的生活教育，提倡要养成农夫的身手、科学家的头脑、艺术家的兴味以及社会改造家的精神和热情，梁漱溟认为"都很合于我们的意思"③。

当然，梁漱溟也意识到，广州一中不能直接借鉴晓庄的办法，毕竟两所学校性质不同，培养目标及具体环境都有差异。但广州一中在一定程度上还是借鉴了晓庄的办学精神，如减少学校的校役、废除或减少校内的职员，将校内事务交给学生自己去做、在教学方法上进行改革等。梁漱溟办理广州一中的根本主张，"是要使学生用他们自己的心思、耳、目、手、

① 梁漱溟. 请办乡治讲习所建议书［M］//中国文化书院学术委员会. 梁漱溟全集：4. 济南：山东人民出版社，2005：834 – 835.

② 梁漱溟. 吾侪当何为［M］//中国文化书院学术委员会. 梁漱溟全集：4. 济南：山东人民出版社，2005：798 – 799.

③ 梁漱溟. 抱歉——苦痛——一件有兴味的事［M］//中国文化书院学术委员会. 梁漱溟全集：4. 济南：山东人民出版社，2005：845 – 846.

足，来做他们自己生活上的事情"。① 这既是对晓庄精神的借鉴，也是梁漱溟要发展中国民众自动力和主动力的早期尝试。

随后，梁漱溟重点考察了中华职业教育社在昆山徐公桥的乡村改进事业，以及平民教育促进会在华北的试验区，然后再到山西考察村政。

中华职业教育社由职业教育转向乡村改进、平民教育促进会由平民教育转向乡村教育，这种转变，梁漱溟认为是进步的，是非常值得去做的事。不过，这一时期，较之乡村建设，梁漱溟对乡村教育的认同度并不高，尚未意识到乡村教育是进行乡村建设的必由之路。他认为"中国这个问题不是从教育上，从一种社会事业，可得解决"，"以办教育的法子做乡村改进运动，必落人才钱财一概倒贴之路是无疑的。教育这事是天生赔钱货也。落入此路，其最大之弊即成了'替天行道'，而不易激发增长其自家固有能力"。② 山西的村政，梁漱溟认为提倡妇女不缠足、禁毒，这些很好。但缺点在于几乎是整个的靠官府督办，而未能启发民众的觉悟，发挥村民的自我力量，村民和村政纯处于被动地位。③

可见，梁漱溟此时提倡的乡治，想从根本上解决中国问题，希望能发动乡村的自我发展能力，而不仅仅是像职教社和平教会办理乡村教育那样借鸡下蛋。梁漱溟想要办理的乡治，是要"求诸己"，而不是"求诸人"。所以，梁漱溟的乡治，其出发点和终点都不是乡村教育，而是乡村建设。

出发之前虽满怀希望，但考察并没有解决梁漱溟心中的困惑，如村长问题、村民问题、制度问题、村事问题、筹款方法以及村公职薪水问题等七大难题。这些难题，现有的乡村教育和乡村改进实验区域都没有解决，这是梁漱溟在乡村改造中亟须解决的问题。

（二）基于村治的乡村建设思想

梁漱溟考察完毕，未及返回广州，而广州政局已发生变化，遂借居北

---

① 梁漱溟. 抱歉——苦痛——一件有兴味的事 [M] //中国文化书院学术委员会. 梁漱溟全集：4. 济南：山东人民出版社，2005：873.

② 梁漱溟. 北游所见记略 [M] //中国文化书院学术委员会. 梁漱溟全集：4. 济南：山东人民出版社，2005：890 - 891.

③ 梁漱溟，艾恺. 我们从何处来？梁漱溟晚年口述 [M]. 北京：外语教学与研究出版社，2018：139.

京清华园。其时，王鸿一和河南的彭禹庭等人在北平创办《村治》月刊，并于 1929 年冬在河南百泉创办村治学院。王、彭等人提倡"以求治必于乡村"，和梁漱溟的乡治理想可谓不谋而合。因而，受梁仲华、彭禹庭等人邀请后，梁漱溟欣然前往河南村治学院，任教务长一职，撰写《河南村治学院旨趣书》及课程纲要等，协助筹办村治学院。

在《河南村治学院旨趣书》中，梁漱溟第一次提出乡村的组织建设问题。他认为中国文化极端和平，和平之气周流充布于散漫自由的社会中。然力在组织，无组织则无力。中国社会乃村落社会，经济上极其散漫，大都主于自给自足；政治上极见自由，几无政府观念。中国极其缺乏强有力的组织，故要民族自救，必在于建设有组织的社会而已。但中国农民各自谋生，过于散漫，缺乏组织。所以，乡村自治的关键，就是要把农民组织起来，组成团体。①

如何在乡村建构组织社会呢？梁漱溟主张，一则使旧日自给自足的经济社会化，使散漫的村落化为有组织的大社会，即社会主义的经济组织社会；二则使政治民治化，建构民治主义的政治组织社会。建立经济组织社会和政治组织社会，其路径在于村治，由村落入手。因为村落不徒为一政治组织，同时也是经济组织，于建构极有力之组织社会最为相宜。②

河南村治学院隶属于河南省政府，得到冯玉祥和韩复榘的支持，于 1930 年 1 月正式开学，设农村组织训练部、农村师范部两部。农村组织训练部改良农村组织、增进农民生活以及合并农村政治组织和经济组织以实现地方自治为宗旨，从事农村组织的研究及实践。而农村师范部以乡村教育为宗旨，从事乡村教育的研究与训练，并附办农业教育及其推广。

河南村治学院从筹办到中原大战爆发而停办，只持续了一年的时间。在这一年里，梁漱溟负责村治学院的教学和日常管理工作，并教授乡村自治组织等课程。

1930 年 6 月，梁漱溟接办《村治》月刊。他在《村治》月刊中发表文

---

① 梁漱溟，艾恺. 我们从何处来？梁漱溟晚年口述［M］. 北京：外语教学与研究出版社，2018：61.

② 梁漱溟. 河南村治学院旨趣书［M］//中国文化书院学术委员会. 梁漱溟全集：4. 济南：山东人民出版社，2005：911–919.

章称："从我所要作的社会运动看去，正是一种最实在的文化运动。我的乡治主张正是切就政治问题、经济问题，而为人生大道的指点。"① 向担心他因办村治、专心于社会运动而忘却初心的朋友明示心声。

在河南村治学院时期，梁漱溟的乡治思想进一步深化，认为以往的救亡运动，往往是少数精英知识分子发动和参与，而遗忘了广大民众。事实上，中国问题之解决，全在社会中知识分子与乡村民众相结合，打成一片。因为，中国问题之发现与发动，必须要靠最先与外面接触、先知先觉的知识分子。但中国问题之解决，革命的知识分子必凭借大众，尤其是乡间民众。梁漱溟主张革命的知识分子要下乡间去，与乡间居民打成一片并拖引他上来。并断言，"如果这上层动力与下层动力总不接气，则中国问题永不得解决；而上下果一接气，中国问题马上有解决之望"②。

正是坚定了革命的知识分子一定要到乡间去，与乡间民众接近而浑融，方能解决中国问题之信念，所以，当蒋介石、阎锡山、冯玉祥之间爆发中原大战，蒋军攻占开封，河南村治学院于 1930 年 10 月停办后，梁漱溟没有萎靡，没有苦闷，而是再次前往山东，进行乡村建设的探索。

三、续未竟之事业：乡村建设的早期探索

（一）由"村治"到"乡村建设"的蝶变

中原大战以后，韩复榘脱离冯玉祥部，担任山东省政府主席，通过梁仲华邀请村治学院同仁到山东继续未竟之事业，选址邹平进行实验。

1931 年初，梁漱溟及河南村治学院的部分同仁、学生聚集山东邹平，开始筹备工作。基于河南村治学院的实践经验，梁漱溟等人认为，"村治"一词不如"乡村建设"通俗易懂，且村治学院偏重训练人才，缺乏学术研

---

① 梁漱溟. 主编本刊（《村治》）之自白 [M] //中国文化书院学术委员会. 梁漱溟全集：5. 济南：山东人民出版社，2005：24.

② 梁漱溟. 中国问题之解决 [M] //中国文化书院学术委员会. 梁漱溟全集：5. 济南：山东人民出版社，2005：206－220.

究，故易村治学院之名为山东乡村建设研究院。"乡村建设"一词至此方得提出，随后不断为人所引用，国内的乡村建设运动更加蓬勃发展。

由"村治"到"乡村建设"，当然不仅仅是语词的更替，实则意味着梁漱溟乡村建设思想的进一步成熟和系统化。在《乡村建设理论》一书中，梁漱溟自承他的乡村建设思想，"萌芽于民国十一年，大半决定于十五年冬，而成熟于十七年"[1]。

《乡村建设理论》是梁漱溟"从对中国问题的烦闷而找出来的答案"，是解决中国问题的思考结果。该书由两大部分构成，一是认识问题，二是解决问题。此书出版时间虽迟至 1937 年，但其理论在 1928 年基本成熟。1929 年梁漱溟暂居北京开始着手撰写，停停写写七八年。在这过程中，梁漱溟不仅在山东乡村建设研究院对学生进行系统演讲，还经常在各种场合演讲他的乡村建设理论。不停的演讲和思考，以及山东乡村建设的实践经验，使得《乡村建设理论》在出版的时候，和他所说的 1928 年即已成熟的乡村建设思想，存在一定差距。

梁漱溟的乡村建设运动，有系统的理论，其后在山东的乡村建设规划和实践效果也得到大家的认可。因而，梁漱溟被热心乡村运动的青年视为"全国乡建理论和实践的导师，也就是我们乡建工作者的北斗"[2]。他的一言一行都受到热切关注，并有众多追随者。

（二）山东乡村建设研究院：乡村建设的初期规划与实践

山东乡村建设研究院筹备期间，梁漱溟拟就《山东乡村建设研究院设立旨趣及办法概要》，较为系统地阐述了他早年乡村建设的理论。他认为中国乡村向来在文化上、政治上、经济上被都市占了上风。有知识的人皆奔向都市，乡村乃愈加锢蔽愚昧；亦愈加没人理会，没人注意，因之所受政治上的压榨与经济上的剥削愈甚。因果相循，都市里的知识分子充斥拥挤，乡村则愈感贫枯。事实上，梁漱溟认为，中国社会实为乡村社会，现在乡

① 梁漱溟.《乡村建设理论》自序［M］//中国文化书院学术委员会. 梁漱溟全集：2. 济南：山东人民出版社，2005：144.
② 致梁漱溟先生的公开信［J］. 中国农村（战时特刊），1938（15）：4－5.

村被破坏，必须要努力实现乡村自救。要实现乡村自救，须得知识分子一起下乡，进行乡村建设。因为促兴农业，不是农业片面的事，而在社会的方方面面，实为整个乡村的事，包括政治、经济、教育等各个方面。

梁漱溟总结说，乡村建设，事项虽多，大体可归为三大方面：经济、政治、教育或文化。虽分三面，实际不出乡村生活的一回事。故乡村建设从何方入手，均可达于其他两面。①

梁漱溟最先认为，乡村建设最急者在于培育乡村的经济力量和政治力量。而力量一在人的智能，二在物资，其作用的显现则在组织。但乡村力量非由外烁，无论是政府来作，还是团体来作，必皆以本地人自作为宗旨。

因此，山东乡村建设研究院的宗旨有三：一是研究中国乡村社会现在所迫切需要且适应乡村的组织方式；二是启发乡村自救意识；三是倡导知识分子下乡。工作任务主要有两个方面：一是研究乡村建设问题；二是指导乡村建设的实施。

梁漱溟主张乡村建设的理论研究和实践训练须同时并行，故山东建设研究院在组织上由三个部分构成：

（1）乡村建设研究部。最初主要进行乡村建设理论方面的学术研究和宣传，然后再具体研究山东省各地的乡村建设方案。故其招生对象为大学专门毕业或同等学力者，学习时间两年，毕业以后酌留本省服务或呈请省政府录用，限额30人。课程分基本研究（如乡村建设基本理论）和专科研究（如农村经济、乡村自治、乡村教育等）两种。

（2）乡村服务人员训练部。主要在于预备乡村服务人才，熏陶其乡村服务精神、训练其掌握实际问题之知识和解决实际问题之技能，具体包括乡村自卫、乡村经济和乡村政治等方面。其招生对象限当地年二十岁以上、世代乡居且受过相当教育如初中者。以40人为一班，约300人（邹平40余人，其他县每县约10人），第一届先从济南道属27县招生。学习年限一年，以储备乡村建设人才。课程有党义、乡村自卫、常识及训练、乡村经济生活研究（包括农村经济、社会调查统计、农业常识等众多内容）、乡村政治

---

① 梁漱溟. 山东乡村建设研究院设立旨趣及办法概要［M］//中国文化书院学术委员会. 梁漱溟全集：5. 济南：山东人民出版社，2005：224－227.

生活研究（包括乡村自治、乡村教育、卫生、风习改善等众多内容）。

（3）实施乡村建设的试验区域。储备人才的同时，拟以邹平为实验区试行乡村建设，以使学生得乡村建设的实践训练，并以此为各县乡村建设的示范，作为山东省乡村建设的起点。①

1931年6月，山东乡村建设研究院正式成立，梁仲华为研究院院长，孙廉泉为副院长。院内设研究部及乡村服务人员训练部，梁漱溟为研究部主任，陈亚三为训练部主任。拟以邹平县地区为实验区，由邹平县县长梁秉焜兼任实验区主任。实验县下属研究院，县长由研究院提名，省政府任命。② 实验区内设置农场，农场主任于鲁溪，隶属于研究院。研究院隶属于山东省政府，省政府每年拨给经费十万余元。研究院内的职员，大多为河南村治学院与定县平教会的同仁和朋友。

为了充分发挥乡村本土力量，邹平乡村建设工作原则以本地人为主，梁漱溟及研究院等外来知识分子为客，为本地主人建设乡村提供指导和辅助。但如何让本地主人相信这些外来客是真心帮助他们，梁漱溟最终还是选择从乡村教育入手。

1931年暑假，杨效春③主办乡村教师假期讲习班，召集邹平各乡小学教员约370人，进行假期培训。讲习会不仅讨论小学教育问题，而且把这些小学教师分成多个小组，由研究院里的学生作为导友，参加他们的生活，随时讲述乡村建设的意义。讲习会结束后，又帮助这些小学教师成立同学会，方便以后联络。梁漱溟办暑假讲习会的目的，就是通过小学教师——乡村知识分子，来宣传研究院的乡村建设工作。

讲习会之外，研究院在9月份又举办了一场农产品展览会，从各农业实验场如青岛大学农场、金陵大学农场、青岛商品检验局等处以及农民那里征集产品进行展览。展览会持续四天，参观人数四万多人，占邹平全县人

---

① 梁漱溟. 山东乡村建设研究院之工作［M］//中国文化书院学术委员会. 梁漱溟全集：5. 济南：山东人民出版社，2005：303-304.

② 梁漱溟，艾恺. 这个世界会好吗？梁漱溟晚年口述［M］. 北京：生活·读书·新知三联书店，2015：204.

③ 杨效春为陶行知的学生，曾为晓庄师范教师。受梁漱溟邀请，陶行知派其前来支持山东的乡村建设。

口的四分之一。虽然有相当部分人只是来看热闹，但展览会为有志于农村事业者开阔了视野，尤其是展览会结束后，有比赛优胜奖品的赠与，加深了民众对于乡建工作的印象。①

（三）乡农学校：乡村组织建设的尝试

经由暑期讲习会和农产品展览会的前期铺垫和宣传后，研究院才开始乡村建设运动的最重要工作：办理乡农学校，即民众学校。

在梁漱溟的认知中，组织建设是乡村改造的核心。乡农学校，表面上是乡村民众学校的形式，实际是初步的乡村组织，是梁漱溟一直希望能激发农民主动性的乡村基层新组织。

邹平的乡农学校，是在两百户以上五百户以下的村落社会里举行。乡农学校成立之初，先组织校董会（校董大多为本乡较有资望的领袖人物构成），再由校董推荐校长，由研究院训练部的学生担任教员。梁漱溟认为，校董和校长在乡间比较有威望和公信力，由他们出头召集本地成年农民入学，容易得到农民的信服，乡农学校的推广也较为顺利。

按照梁漱溟的设想，乡农学校由乡村领袖、成年农民及乡村运动者（即梁等外来的知识分子）构成，是由乡人自己发动、自己主持的学校。研究院训练部的学生来自乡村，是推动乡村建设的力量。如果没有乡村运动者，就不能发生向上的作用与进步的意义。故邹平乡村建设运动中，乡农学校占根本重要的地位。梁漱溟希望通过乡农学校来"推进社会，组织乡村"，通过乡农学校实现化社会为学校，即"社会学校化"。② 乡农学校组织系统如图 5-2③ 所示：

---

① 梁漱溟. 山东乡村建设研究院之工作［M］//中国文化书院学术委员会. 梁漱溟全集：5. 济南：山东人民出版社，2005：304-305.

② 梁漱溟. 乡农学校的办法及其意义［M］//中国文化书院学术委员会. 梁漱溟全集：5. 济南：山东人民出版社，2005：347-351.

③ 山东乡村建设研究院. 乡农教育［M］//杜成宪. 民国乡村教育文献丛刊. 北京：国家图书馆出版社，2017：288.

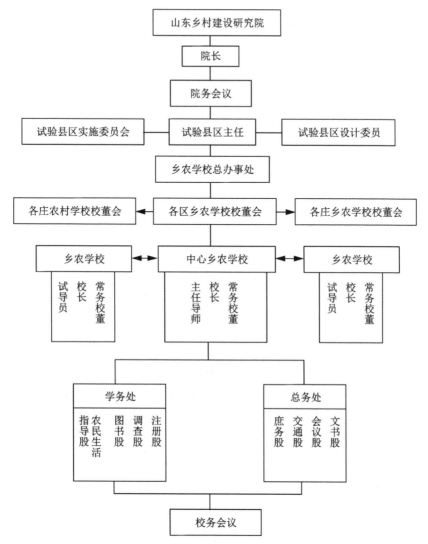

图 5 - 2 乡农学校组织系统

乡农学校的功课，有识字、珠算、唱歌、精神讲话等固定课程，也有因地制宜解决当地问题和进行当地事业的非固定课程。非固定课程主要根据乡农学校所在区域的实际需要而定，如果当地有自卫的需要，就进行自卫组织和训练；如果处于蚕桑区域，则进行蚕桑改良等。①

---

① 梁漱溟. 山东乡村建设研究院之工作［M］//中国文化书院学术委员会. 梁漱溟全集：5. 济南：山东人民出版社，2005：305 - 306.

梁漱溟在研究院的工作，除开规划设计和管理之外，每周星期一、二、四，还给研究部的学生讲授两个小时的乡村建设理论及中国的民族出路。①

乡村建设是什么？梁漱溟认为，一般人对乡村建设是存在误解的。要么误解为乡村建设就是一乡一邑小范围的事业，要么就认为乡村建设只是经济一方面的事业。② 这么狭隘地理解乡村建设，梁漱溟认为不仅在事理上说不通，在建设实践上更不可能。所以，梁漱溟向山东建设研究院的学生系统梳理了他的乡村建设思想，认为乡村建设至少包含四个层次的意思：①乡村建设源起于乡村的被破坏，故乡村建设就是救济乡村的运动；②乡村因受政治影响被无限制破坏，迫得不能不自救，故乡村建设实是乡村自救运动；③乡村建设运动是为了响应积极建设之要求，故为我民族社会的新建设运动；④中国问题在于数千年相沿袭之社会组织构造既已崩溃，而新组织尚未建立，故欲建设，必先建设一新组织构造。所以，乡村建设实为重新建设中国社会组织构造之运动。③

可见，梁漱溟的乡建思想，围绕从乡建之源起（乡村破坏）、乡建之实质（乡村自救）、乡建之理想（民族建设）、乡建之目标（组织建设）等几个方面进行。实现其建设目标的主要路径，就是乡村教育。

梁漱溟早年考察江苏、河北和山西的乡村教育改造，认为用"办教育的法子做乡村改进运动"是赔钱的买卖。但随着他在乡村建设中的不断实践与探索，对乡村教育的认识也发生了根本变化："政治、经济、教化，三者合一炉而共治之，而教化实居首位。"④ 梁漱溟认为，乡村现在最急切的事情，就是整顿人心与革除陋风弊俗。整顿人心，必须按照中国办法，以情义相感，方可感化；革除陋风弊俗，必须由教学组织从情义出发，勉其向上才行。如果单靠法律进行禁止或制裁，是无效的。因此，"必须用'教'的方法，从爱惜的意思出发，使大家自动禁绝，则此问题算有解决的可能。此教的功夫必须由团体去做，而此团体又必是教化、政治、经济三

---

① 黄齐生. 山东乡村建设研究院状况［J］. 教育与职业，1931（129）：699－702.

② 梁漱溟. 乡村建设是什么［M］//中国文化书院学术委员会. 梁漱溟全集：5. 济南：山东人民出版社，2005：373.

③ 梁漱溟. 乡村建设是什么［M］//中国文化书院学术委员会. 梁漱溟全集：5. 济南：山东人民出版社，2005：374－375.

④ 梁漱溟. 中国之地方自治问题［M］//中国文化书院学术委员会. 梁漱溟全集：5. 济南：山东人民出版社，2005：341.

者合一的团体"①。

　　梁漱溟所谓的团体，是教化、政治、经济三者合一的团体，也可以说是梁漱溟心目中的乡村自治团体。这个乡村自治团体即乡农学校。

　　因而，梁漱溟特别指出，邹平的乡农学校，和教育界里所进行的乡村教育运动及民众教育运动有所不同。教育领域里所进行的乡村教育运动和民众教育运动，也积极地在建设乡村，改善农民生活。但这种建设和改善，只是枝枝叶叶、零零碎碎地帮助农民，没有注意发挥农民的自觉性和主体性，没有建构乡村组织来引导农民自觉解决自身问题。②

　　确实，教育领域里所进行的乡村教育运动，往往是从教育角度出发，其行动终点虽然也想要解决乡村问题，实现教育救国，但缺乏对整个乡村问题的系统思考，缺乏从其他视角思考乡村问题。梁漱溟主持的乡村建设，不仅借鉴教育领域里乡村教育的经验，汲取教训，而且还借鉴了共产党所领导的农民运动经验。

　　虽然，在信仰上梁漱溟没有站队共产党，但因为和李大钊的私交以及对各种救国思想的关注，梁漱溟其实很早就在关注共产党的一些理论及实践。共产党领导的农民运动，善于发挥农民的自觉性，将农民组织起来，解决他们自身的问题，这些对于梁漱溟乡建思想中注重发挥农民力量具有较大影响。

　　在梁漱溟的乡建思想中，乡村自救是基本目标。通过乡村自救，然后才能救他人，才能建设一个新的国家。乡村建设，即新的国家的建设。所以，他所领导的乡村建设运动，既重视乡村教育的文化教化，同时也注重促进乡村的组织建设，通过乡村组织来激发乡村民众自我建设的主动性和自觉性。

（四）人才培养与农业改进

　　在促进乡村组织建设的过程中，梁漱溟认为，在一切组织中，多数民众固然必不可少，但如果缺少有头脑的领导人才，组织也不会成功。所以，

---

　　①　梁漱溟. 中国之地方自治问题［M］//中国文化书院学术委员会. 梁漱溟全集：5. 济南：山东人民出版社，2005：341.

　　②　梁漱溟. 乡农学校的办法及其意义［M］//中国文化书院学术委员会. 梁漱溟全集：5. 济南：山东人民出版社，2005：353.

在邹平实验区，小区域内设基础的乡农学校，对成年农民进行教育；同时在较大范围内设立乡农学校的高级部，以受过四五年以上教育的青年为学生，培养造就地方领导人才。

1931 年，山东乡村建设研究院的研究部和训练部招收第一届学生。研究部拟招收学生 30 人，报考者 96 人，南北各大学和各专门学校毕业者颇不乏人，最终录取 14 人。训练部的招生情况也极为乐观，拟招收 300 人，报考者 1000 多人，实际录取 245 人，余者从备选中取录。外省如江苏、四川及邹平以外各县考生共 60 余人自愿为附学生，自费学习。训练部所招收的学生中，现任小学教员占 70%，其余多为地方服务人员。① 小学教员如此多，可见梁漱溟最早通过暑期讲习会进行乡村建设的思想宣传还是比较有效的。

最终，训练部第一届实收学生 280 人，附学生 20 人，分为 7 班，每班设班主任一人。开设农村经济、社会调查等课程，其中以军事训练为最认真。前往参观者以为训练部的军事训练，认真到"非军事学校之军事训练而如此认真，可谓罕有"②。

到 1933 年 7 月，山东乡村建设研究院的研究部招收大学毕业之本省籍学生 30 人，外省籍学生 10 人，经过两年研究，结业后多半留在研究院及邹平、菏泽两实验区工作。训练部招收了两届学生，第一届招收旧济南道属27 县中等程度学生 280 余人，附学生 20 余人，经过一年的训练，结业后回本县进行地方服务；第二届学生来自鲁西鲁南 41 县，正式生 280 余人，附学生 40 余人，在邹平、菏泽两县实习，并将于 1933 年 10 月毕业。到 1933 年，邹平 27 县中共设民众学校（乡农学校）③ 77 处，其中高级部 60 班，普通班 87 班，总共 147 班，学生人数 5280 人。④

邹平早期的乡农学校倾向于社会教育。一直在山东乡村建设研究院负责教育事宜的杨效春解释乡农教育时说："乡农教育不是乡村小学教育。小

---

① 东乡村建设研究院招生情形 [J]. 村治，1931，2（2）：1.

② 黄齐生. 山东乡村建设研究院状况 [J]. 教育与职业. 1931（129）：699–702.

③ 因为此时山东乡村建设实验区工作尚未得到中央认可，乡农学校只发挥了乡村民众教育的单一功能，作为乡村基层组织的功能尚未得到发挥。

④ 梁漱溟. 山东乡村建设研究院工作报告 [M]//中国文化书院学术委员会. 梁漱溟全集：5. 济南：山东人民出版社，2005：390.

学教育的对象是学龄儿童。乡农学校的对象是十八岁以上的少年、壮年或老年，正是现今所谓超过学龄的一切人……乡农教育的活动内容有生计教育，也有公民教育、精神教育、语文教育、健康教育、休闲教育。一句话说完，乡农教育所指望的，对于乡农是整个的人生教育，对于乡村是整个的社会再造。"①

乡农学校之外，邹平实验县继续开设乡村小学教师讲习班。讲习班在研究院工作之初即有开设，进行乡村建设的思想宣传，借此打开乡建工作的大门。后来鉴于乡村小学教育成绩不良，以及进一步通过小学教师和农民取得联系，于是继续举行，共举办4期，每期一个月，由邹平县县长担任班主任，杨晓春为教务主任。讲习班讲习课程有党义、精神陶练、乡村建设理论、教育原理、乡村学校改进法、乡村自卫、社会调查、农家副业及其他学术讲演与讨论。前两期讲习班报名人数踊跃，本县小学教师270人，外县希望参加者26人。这些参与讲习的小学教师，在随后的农产品展览会及创办乡农学校时，助力颇大。②

教育之外，农业方面的改进是乡村建设的重点。农业方面的事务归研究院的农场负责，为了改进农业，农场在邹平举行农业巡回演讲，每区演讲一日，一个月共演讲十八次，听众五千余人。演讲内容包括棉子选种、蚕子选种、猪种改良、农业害虫防治、造林及树木栽种等。为了吸引听众，有时也会放映一些农业改良方面的电影助兴。在演讲的基础上，积极进行棉业、蚕业、造林等各方面的推广工作。③

经过两年的乡建实践，成绩之外，梁漱溟总结了研究院前期工作的不足：研究部的学术研究方面，乡村专业研究人员不足，导致研究工作针对性不够；训练部所训练的本地服务人员数量不少，但因训练时间只有一年，在服务精神的熏陶和技术能力的养成方面还存在不足之处；而实验区的工作，存在服务人员不够，且因无实验费和实验权，实验过程中的很多法令无法自由实施，还有教育方面的关注不够等困境。梁漱溟认为，有些不足是由研究院自身因素导致的，如主要将精力用于研究部和训练部的人员培

①　山东乡村建设研究院. 乡农教育［M］//杜成宪. 民国乡村教育文献丛刊. 北京：国家图书馆出版社，2017：19－20.
②　梁耀祖. 山东乡村建设研究院设施概括［J］. 山东民众教育月刊，1932，3（6）：5－20.
③　梁耀祖. 山东乡村建设研究院设施概括［J］. 山东民众教育月刊，1932，3（6）：5－20.

训上，而于乡村建设实践的指导不足。因而，梁漱溟决定，研究院在今后的工作中，要改变工作方向，将精力主要放在邹平和菏泽两个实验区的建设工作上。

四、咬定青山不放松：山东乡村建设的新时代

（一）县政建设实验：开启乡村建设新时代

山东乡村建设研究院的工作有三个方面：研究工作、训练工作（人才培养）及实验工作。研究院前两年的工作集中在研究和训练两方面，实验工作实际上遇到了一些障碍。当时，山东省政府向南京国民政府汇报，山东成立乡村建设研究院并在邹平设实验区，南京国民政府只同意了研究院的设立，实验区则被驳回。盖因南京国民政府当时对于地方自治不太重视，除开广东中山实验县外，其余实验区一概没有同意。

虽然南京国民政府没有同意，但省主席韩复榘大力支持。据张宗麟的描述，韩复榘对待梁漱溟，很有点像刘备对待诸葛亮。而梁漱溟对于韩复榘提供其乡建理论的实验场所，也是竭力谋划以回报其信任。[①] 所以，山东还是将邹平划为实验县，进行乡建实验。

不过，因南京国民政府不同意，邹平实验区的权限划分不明。作为邹平实验县的领导机关，研究院可以对县政府进行指导和命令，但当时县级行政组织，县政府之外，还有四局（公安局、财政局、建设局、教育局），这四局直接受省政府各厅指挥，县长对这四局没有指挥权。所以，1931—1932 年间，邹平实验区的实验工作其实没有真正展开，只能专注于研究和训练两个方面。

山东乡村建设实验工作的转机发生在 1933 年。随着乡村破产的进一步加剧，知识分子和各种民间团体提倡下乡，乡村工作开始取得一定成绩，逐渐引起南京国民政府对乡村问题的关注。1932 年，南京国民政府指定河北、山东、江苏、安徽各省成立地方自治筹备委员会，任命梁漱溟为山东

---

① 张宗麟. 从梁漱溟的辞职谈到乡村运动的前途 [J]. 中国农村，1937, 3 (4)：61-64.

地方自治的指导员，实际上是认可了梁漱溟前两年在山东乡村建设的成绩。

1932 年年底，南京国民政府在南京召开第二次全国内政会议，主要讨论地方自治问题。邀请了晏阳初、梁漱溟等乡村工作者参加，并参酌重要提案，如县政改革、地方自治等。在县政改革方面，内政部的意思是名称应叫"县政实验区"。而晏阳初和梁漱溟则认为县政实验区，过于注重地方行政。事实上，县政改革，应该从社会方面入手，求社会的改进。要求社会改进，则须先扫除文盲、改良农业、组织合作社，以改善人民生活和提高文化最为要紧，所以建议称名为"建设实验区"。内政部部长最后调和为两个名称皆用，称为"县政建设实验区"。

看似名称的争议，实则是乡村改造的内容之争。这次内政部会议的召开，使得各地乡村改进和乡村建设工作具有了合法性。山东乡村建设研究院的研究、训练和实验工作可以全面展开了。

1933 年 7 月，山东乡村建设研究院决定暂停研究和训练工作一年，全力开展实验工作，划邹平和菏泽为实验县。邹平以前河南村治学院教务长王怡柯为县长，以乡学和村学为乡村基层组织，采用教育同地方自治相结合的方式，进行乡村组织、地方行政之实验；菏泽以研究院前副院长孙则让为县长，以乡农学校为基本组织，采用教育同下级地方行政相结合的方式，主要从事地方自卫及训练民众方面的实验，也涉及县政改革。总体来说，实验县的各项工作，都是为了实现梁漱溟乡村建设之政、教、富、卫合一之理想，从而实现民族复兴和建设新的国家。山东乡村建设进入了一个全新的阶段。

（二）县政改革：以外力引自力

1. 邹平的行政改革与组织建设：乡学、村学与乡村建设

山东乡村建设研究院的实验工作，虽早有规划，但因外在因素的制约，迟至 1933 年 7 月才正式开始。不过，虽然时间有所滞后，但实验区的政治环境却发生了较大改变，乡村建设的工作内容得到拓展。如最初设想的实验工作，只是从社会改进着眼，行政改革和制度设计没有包含在内。经过两年乡建工作，梁漱溟发现乡村的种种工作，与行政上的关系十分密切，如果还是只从社会改进着眼，可能得不到预期效果。所以，当南京国民政府给予实验区地方自治权限后，县域行政改革，成为实验区的重要工作。

县域行政改革，涉及县政府和县以下区域的行政规划和组织问题。由于现在的实验区得到国民政府支持，可以按照乡村建设的理想试行各种新政。

县政府层面，县长的权限增加，原来由省府直辖的四局，现在废局设科，同时对户籍、人事变迁、卫生等各个方面的行政事宜，实验县都进行了革新。县以下区域的行政，邹平和菏泽的改革思路一致，但通过不同的基层组织实现：邹平以乡学和村学为基层组织，菏泽则以乡农学校为基层组织。

乡农学校，是在 1933 年以前尚未取得地方自治权限之前的乡村基层组织，即便没有自治权限的乡村也可以实行，且不会与现行法令相冲突。① 而村学和乡学，蜕变于乡农学校，和乡农学校在运行上是一致的，只是形式上要新一些，组织功能更明显一些。所以，以县政实验为重点内容之一的邹平，分区域设立乡学和村学，作为乡村基层组织。不过，梁漱溟自己在演讲中总是将乡农学校和村学、乡学混用，容易导致误解。

邹平县政实验计划由梁漱溟亲自拟定，主要参考 1932 年全国内政会议所通过的各省设立县政建设实验区办法三十条、县政改革案及地方自治改革案等法案拟定而成。邹平县政实验基于开发农民的自主发展力，着重于组织建设，包括县行政组织、自治组织及社会改进机关几个方面。

邹平的县政实验，实行县、乡、村三级制度，废除原来的区公所和乡镇公所等行政组织，以乡学和村学为乡村基层组织。乡学负责区公所原有的行政事务，由县政府委任乡学之常务学董一人为乡理事，必要时可以增加其他学董为助理员，协助处理。村学负责乡镇公所原有的行政事务，由县政府委任村学之常务学董一人为村理事，必要时可增加其他学董为助理员，协助处理。同时，乡学、村学另设一年龄、德行并茂者为学长，专门主持教育事务。乡理事及助理员、村理事及助理员，任期一年，除乡理事外，均为无给职（即义务工作）。

无论是村学、乡学还是乡农学校，梁漱溟非常重视学长和校董，由当地思想开明、品行端正、有号召力和公信力的人担任。他认为，只有有号

---

① 梁漱溟. 乡村建设理论［M］//中国文化书院学术委员会. 梁漱溟全集：2. 济南：山东人民出版社，2005：346.

召力和公信力的人出面，才能让农民信任，顺利地召集当地农民。①

为实施地方自治，邹平县以下的自治组织，分为乡、村、间、邻四级。乡、村自治区域划定后，暂时不成立正式自治组织，所有乡村自治事务，由乡学、村学暂负其责，用教育的方法，指导人民自治。实际上，乡学、村学不仅是基层行政组织，也是基层自治组织。梁漱溟期望以乡学、村学为试行机关，逐渐发展乡村地方团体生活，养成公民组织能力，而后自然形成其自治组织，并得国家之承认，著为法规。②

邹平县政实验区以乡学和村学暂代自治组织，以教育的设施为中心，促成乡村自治。乡学和村学何以能促成乡村自治呢？梁漱溟以为，以乡学和村学组织乡村，除教员外全是本地人。其负责的领袖如学长等人，由研究院代为安排。乡学和村学，虽然在组织安排上借助了外力，教员也是属于外力，但这是乡村自治之初必须经过的一个阶段：借助外力以引发自力。这种外力是必须的，是引发自力的关键因素。只有通过教员等引进外面新的科学技术、新的知识方法，并训练本地领袖人才，才能改变本地农民的思想并给予他们自我发展的能力，最终实现由农民自发促进乡学和村学组织之成长，促成乡村自治。

乡学受县政府指导，主要负责三方面的事务：一是教育事务。乡学设立升学预备部、职业训练部，以办理本乡所需要而村学不能独立办理的教育事务；凡设有乡学之乡，其原有的一切教育设施，除应编归村学者如高级小学、民众学校高级部外，皆统辖于乡学；乡学学长督促乡中不肖子弟改过迁善，调解乡邻矛盾；对所属村学进行指导辅助。二是社会改良事业。乡学指导本乡各项社会改良运动，兴办本乡各项社会建设事务。三是倡导实施乡自治事务，由乡理事负责执行，乡学学长监督。

村学受乡学及县政府指导，同样负责三方面事务：一是教育事务，设立成人部、妇女部、儿童部等，施以生活必须之教育，以养成其参加及改造社会的生活能力；设有村学之村，其原有之教学设施，如小学校、民众学校，皆统属于村学；村学学长负责督教村中不肖子弟，勿陷于咎戾。二

---

① 山东乡村建设研究院. 乡农教育［M］//杜成宪. 民国乡村教育文献丛刊. 北京：国家图书馆出版社，2017：5.

② 梁漱溟. 山东乡村建设研究院县政建设实验区邹平县实验计划［M］//中国文化书院学术委员会. 梁漱溟全集：5. 济南：山东民出版社，2005：379－381.

是提倡社会改良运动（如禁止缠足、戒早婚等），兴办本村各项社会改进事业（如合作社等），改善乡村生活，提高文化程度，促进社会进步。三是倡导实施村自治事务，由村理事负责执行，村学学长监督。①

梁漱溟认为，乡村问题的解决，有两大要素：一是以乡村人为解决乡村问题的主力；二是由知识分子带来新的方法、新的技术和新的眼光。二者缺一不可。在养成解决乡村问题主力的同时，必须要有外来的引导。乡村人虽然身在问题之中，也能感受到乡村问题的压迫，但他们缺乏理性的认识和自主的发动，乡村问题之来源及解决的方法，他们意识不到，需要有学问、有眼光、有新知识和新方法的人来引导他们。通过引导，让乡村人自觉齐心合力地解决问题。所以，村学和乡学，重点在激发乡村人自我解决乡村问题的自觉力和改造力，最终实现乡村改造。②

梁漱溟比较了当时影响较大的一些乡村运动团体，认为民众学校注重于学而忽略于乡村组织，而乡村改进会注重于乡村改进而忽略于学；平民学校注重了农民而忽略了领袖，乡村改进会注重了领袖而忽略了农民。只有乡农学校，③ 既注重学，也注重以基层组织身份做事，尤其注重以学包事；既注重乡村领袖，也注重农民。惟其如此，乡农学校才能实现乡村组织的功能，解决乡村问题。④

乡学和村学在推进社会改良和社会建设方面，进行得比较顺利。如农业改良，研究院设有农场，进行棉种改良，通过村学和乡学，将改良后的优良棉种推广于农民，代替原有产量不高的棉种。棉种推广之初，只有几千斤，逐渐发展到几万斤，两年以后达到两百万斤，不仅满足邹平所需，还能向临近县推广。参加的棉农，也由四十几个庄拓展到两百多个庄（全

---

① 梁漱溟. 山东乡村建设研究院县政建设实验区邹平县实验计划 [M] //中国文化书院学术委员会. 梁漱溟全集：5. 济南：山东人民出版社，2005：382 – 384.

② 梁漱溟. 乡村建设理论 [M] //中国文化书院学术委员会. 梁漱溟全集：2. 济南：山东人民出版社，2005：346 – 353.

③ 在《乡村建设理论》一书中，梁漱溟总是将乡学、村学和乡农学校混用。但邹平实验县重在地方自治和县政实验，所以，从内容上分析，《乡村建设理论》一书中的乡农学校，主要是指村学和乡学，而不是菏泽的乡农学校。

④ 梁漱溟. 乡村建设理论 [M] //中国文化书院学术委员会. 梁漱溟全集：2. 济南：山东人民出版社，2005：348 – 349.

县不到四百个庄).① 收获的棉产品等，由村学和乡学组织的合作社对外联络销售。

随着乡学和村学的逐渐充实，作为县以下行政组织的乡学和村学逐渐分化为乡长、乡农学校、乡公所、总干事、乡民会议五部分。其基本功能和现行地方自治组织的比较见表5–1②：

表5–1 邹平县以下行政组织

名称	其发展自	作用	与现行法令表面近似而不同	直接系统
乡长	原乡农学校校长	监督教训机关	表面若即现行法令之乡长，而语其作用乃替代现行法令之监察委员会与调解委员会，掌教训而不负行政责任	属于文化运动团体（社会运动团体）系统而得现政权之承认
乡农学校	原乡农学校	推动设计机关	表面近似现行法令之国民补习学校及国民训练讲堂，而作用大异	
乡公所	原乡农学校校董会	行政机关	相当于现行法令之乡公所	基于现政权下之政治组织系统
总干事	原乡农学校校董会常务董事	事务领袖	略同现行法令之乡长	
乡民会议	原乡农学校全体学生	立法机关	相当于现行法令的乡民大会	

对于邹平新的县以下行政组织，梁漱溟颇为自得："这个具体方案是我的一个设计；当我设计的时候，我自觉很用过一番心，不过行不行还有待于实验。"③

在这个新的县以下行政组织中，乡农学校（乡学和村学）依然是重要构成部分，不仅要训练民众，还是乡村发展的设计机构、推动乡村自治的

---

① 梁漱溟. 山东乡村建设研究院最近工作概述［M］//中国文化书院学术委员会. 梁漱溟全集：5. 济南：山东人民出版社，2005：490.

② 梁漱溟. 乡村建设理论［M］//中国文化书院学术委员会. 梁漱溟全集：2. 济南：山东人民出版社，2005：360.

③ 梁漱溟. 乡村建设理论［M］//中国文化书院学术委员会. 梁漱溟全集：2. 济南：山东人民出版社，2005：359.

机构。

由乡农学校（乡学和村学）到新的乡村基层组织，邹平的县政改革在县以下区域的行政改革方面有不少创新。只是改革后的乡村组织，其在乡村问题的解决方面效果如何，却因为抗日战争的爆发无法检验了。

2. 菏泽实验：乡农学校与乡村建设

菏泽是山东省乡村建设研究院属下的另一个实验县，县长孙廉泉。菏泽的基层社会组织是乡农学校，由校董会、校长、教员和乡民（学生）四个部分构成。山东实验区得到地方自治权后，菏泽的乡农学校就不再仅仅是一个民众教育的教育机构了，它还是乡村的基层组织。在县政试验中，晏阳初高度评价菏泽的乡农学校，认为"从县政府到乡村的地方政权机构中变化最大的是菏泽……这是目前进行的对地方政治机构最大胆的试验之一"①。

鲁西的菏泽实验县匪患严重，故以乡农学校为基层组织，从训练农民入手，由乡村自卫而推及各项建设。菏泽的乡农学校，校长和教员都是由研究院派驻，在乡农学校起引导作用，除民众教育之外，还要带领乡民完成县政府下达的各项任务。

如 1933 年，菏泽洪灾严重，乡农学校的教员（研究院派去的学生）领导乡民抢堵，堵不住就救护，救护不了就设法赈济，整个工作有条不紊。在研究院的引领和县政府的直接指导下，乡农学校在此次洪灾中，和乡民打成一片，赢得乡民信任，后面各项乡村建设工作推进十分顺利。

鉴于菏泽乡农学校的成功经验，山东省政府想在全省推行。为了慎重，于是增加济宁十四县进行乡农学校的推广，以省府委员、研究院副院长王绍常为实验区区长，以原菏泽县长孙廉泉为公署秘书主任，于济宁设区长官公署，统辖各县。

1935 年 1 月 1 日，鲁西实验区区公署正式成立，一面改造各县行政组织，一面分乡普设乡农学校，以研究院各届结业同学五百余人分任教职，训练农民。②

---

① 晏阳初．致 E. 赛登斯特里克 [M] //宋恩荣．晏阳初全集：4. 天津：天津教育出版社，2013：425.

② 梁漱溟．一年来的山东工作 [M] //中国文化书院学术委员会．梁漱溟全集：5. 济南：山东人民出版社，2005：770.

　　菏泽和济宁的乡村工作主要通过乡农学校完成。但在实践中，因为一县设十八乡，所以一县只有十八个乡农学校，数目太少。于是梁漱溟对乡农学校进行了补充，添设村农学校，直接在村中对村民进行普遍训练，这样既不会妨碍村民的生活和工作，同时也通过这种普遍训练，指导村民进行农业改良、办理合作社，以及整顿乡村（禁赌、禁毒）等。①

　　眼见菏泽和济宁的实验工作进展顺利，可以进一步扩大到全省。1935年底，华北局势紧张，日本要求华北五省（山东、河北、察哈尔、山西、绥远）独立自治。梁漱溟等人因山东乡村建设实验受到韩复榘及山东省府的支持，一旦山东落入日本之手，失去韩复榘的支持，则实验很可能就此无功；韩复榘则出于改革地方行政和民众训练的目的，彼此经过反复商讨后，制订了一个三年计划：在山东全省各县普设乡农学校，将菏泽所实验的工作选择两项（民众训练和行政改革：包括乡村行政改革、县政府行政改革和县政府以上行政改革）在山东全省推行。之所以只推行两项，而不是各项工作全面共进，是担心做得不实在。

　　这个三年计划，将山东全省分区分期进行。分区，就是将全省分成若干区，次第举办乡农学校；分期，就是今年作这一区，明年作那一区。之所以分区分期，因为人才训练不够，需要研究院继续培养能负责乡农学校工作的人员。所以计划第一年（1936年）第一期扩充至三十一县，第二期（1937年）再增设四十县，第三期（1938年）全省完成。②

　　总体来说，在实践中，邹平的村学乡学，以一村一乡之人为主体，研究院培养的学生作为教员参与进去。村学和乡学组织，通通用本地人，包括负责办事的校长。所以，村学乡学，实含有启发地方自治的意图，虽然不完全是地方自治，但做的却是地方自治的事情。而乡农学校则不然。一方面，乡农学校的校长教员都由研究院下派，把一县分成若干乡，每一乡设一个乡农学校，去训练民众，承担社会教育功能；另一方面，乡农学校作为基层行政机关，凡是县政府的命令，都由乡农学校传达到乡村，主要

　　① 梁漱溟. 我们在山东的工作［M］//中国文化书院学术委员会. 梁漱溟全集：5. 济南：山东人民出版社，2005：1019.

　　② 梁漱溟. 我们在山东的工作［M］//中国文化书院学术委员会. 梁漱溟全集：5. 济南：山东人民出版社，2005：1016－1017.

凭借行政力量去作社会改进的工作，而启发地方自治的意图较少。①

（三）社会改进：移风易俗，改善民生

梁漱溟认为，社会改进工作包括人民生活的改善，社会风俗习惯的改进，如禁烟、禁赌、放足、节欲等。山东乡村建设研究院的社会改进工作，从1933年开始，在邹平和菏泽两个实验县进行。邹平通过乡学和村学进行，菏泽通过乡农学校进行。

1. 卫生工作

邹平原来的医疗卫生极不令人满意。尤其是妇女生产，因为接生技术差及不讲卫生，死亡率很高，而一周岁的婴儿死亡率在百分之五十以上。所以，研究院于1934年在邹平县城设卫生院，由富有乡村卫生工作经验的李玉仁主事。在各项卫生工作之余，县卫生院招收中等程度的男女学生共二十人进行训练，训练完成后派往各乡设立卫生所。② 为解决乡村妇女的难产问题，对乡村妇女进行接生培训。经过短期训练后（不妨碍她们的农作），在各乡给她们提供一套家具，设置卫生所，帮助当地妇女接生。各乡普设卫生所后，妇女生产的安全性大大提高，以致邹平的人口一下子增加了不少，形成了新的人口问题。

2. 乡村保卫

乡村卫生之外，保卫工作是乡村改进的一个重点。山东各县原来具备治安能力的有县公安局、民团大队、团务局。但是，这三种保卫力量，不仅大都是百无聊赖之人，团丁中还有人通匪。于是将这些保卫力量全部裁撤，将维持治安的责任放在农民身上。具体做法有两种：一是组建治安乡队。通过乡学和村学先训练干部，由干部担任保卫队长，然后由干部召集民众进行训练。邹平的治安分成十三乡，每乡有队长，有队员。每月集合一次，练习打靶，会操训话。每年夏天搞夏防，防止土匪通过青纱帐混入，从每乡乡队抽调队员10名，集中在乡学，轮流放哨站岗。集中服务期间，公家供给伙食，服务天数8～10天。每年冬天有冬防，和夏防一样办法。二

---

① 梁漱溟. 我们在山东的工作 [M] //中国文化书院学术委员会. 梁漱溟全集：5. 济南：山东人民出版社，2005：1015-1016.

② 梁漱溟. 一年来的山东工作 [M] //中国文化书院学术委员会. 梁漱溟全集：5. 济南：山东人民出版社，2005：772.

是组织地方警察队，队员从各乡乡队抽调两三名，总数四五十名，集中在城里进行为期四个月的训练，内容涉及军事训练、农业改良、合作组织等。地方治安由农民负责之后，邹平全县只雇佣警察 60 名，主要负责传达政令。

菏泽多匪，通过乡农学校进行初级自卫训练，在（县级以上）行政区进行高级训练。从农民训练入手，将民众训练和军事训练相结合，由乡村自卫开始，再进一步推进乡村改进。其乡村治安同样由训练之后的农民完全负责。

3. 生计改良

乡村改进事业中，人民生计是一个不可忽略的内容，农业推广和合作社的办理是重点。如邹平的农业改良，由研究院设实验农场，改良棉种，通过村学和乡学，将改良后的优良棉种推广于农民。

研究院除开设置实验农场进行种子改良并进行农业改进之外，非常重视和大学的合作。梁漱溟认为，大学是学术创造机关，本应将学术创造应用于实践，但实际上乡村工作十分缺乏学术指导，因而认定中国的大学与实际社会太不相关，与乡村尤其有隔阂。有感于大学和乡村的隔膜，梁漱溟及研究院主动和各大学及研究机构合作。如研究院与金陵大学农学院、华洋义赈会山东分会合作，在济南辛庄成立合作农场进行优良小麦品种的研发。[①]

随后，研究院加大了和各大学的联络与合作，并进一步深化合作关系。研究院和几所大学合作，在济宁组织一个华北乡村建设协进会，各大学在此深入研究各项乡村事务。如工程方面主要和清华大学工学院合作，不仅许多教授前来济宁进行研究，也派遣学生来此实习，参与各项工程方面的测量与计算等实践工作。农业方面，和金陵大学农学院合作，农学院的教授、学生前来调查研究，并在济南成立合办农场，进行农业研究。卫生方面，主要和协和医学院合作，协和对实验县的医疗卫生进行指导。金融方面，由南开大学的教授担任财政科长，学生随同工作。领导农民方面，则由燕京大学的教授和学生负责研究设计。[②]

① 梁漱溟. 一年来的山东工作［M］//中国文化书院学术委员会. 梁漱溟全集：5. 济南：山东人民出版社，2005：771 - 772.

② 梁漱溟. 如何创造中国的新学术［M］//中国文化书院学术委员会. 梁漱溟全集：5. 济南：山东人民出版社，2005：1008 - 1009.

合作社也是乡村民生的重点内容。邹平的合作社侧重于生产运销，比如农民收获的棉产品等，由合作社对外联络销售。其中业务比较发达的要算美棉运销合作社。邹平棉花是美国脱子棉，经上海商品检验局认定为全国最优等的棉花，仅 1936 年一年的棉花产值超过了山东所有棉花的产值。因棉花优质，各大厂都来抢购，由此成立棉运合作社达两百个。至于其他如造林、养蚕等合作社，亦有百余个。商业的发达，使得邹平的农村金融业得以发展，并成立合作金库处理各种金融业务。

（四）乡教与乡建相结合：实验区的人才训练

1. 乡村教育：乡村建设的必由之路

梁漱溟在山东的乡村建设，无论是邹平的县政改革，还是菏泽的地方自卫，都是从教育着手。在梁漱溟的乡建实验中，乡村教育不仅是乡村建设的内容，同时也是乡村建设的实现路径。他希望从教育入手，"培养（农民）内在的能力，以习惯代法律，以柔性的感化代替硬性的行政"①。乡村教育在乡建运动中如此重要，梁漱溟的认识经历了一个转变过程。

最初，梁漱溟将乡村教育从乡村建设中抽离出来审视，认为是借鸡下蛋。经由河南村治学院和早期乡农学校的实践之后，思想开始转变，认为乡村建设实际上是政治、经济和教育的三位一体。三十年代政府和民间团体增加了对乡村运动的关注，并召开一系列学术会议。在这些学术会议中，举办者有政府部门、教育团体、乡建机构，会议主题涉及乡村教育、乡村建设、地方自治等多个方面，参与者也没有明显的领域和身份区别。如1933 年邹平举办乡村建设讨论会，结果参与此会的反倒是教育团体为多，包括一些大中小学；随后中国社会教育社举办第二届年会，有很多乡建机构参加，讨论的主题不是乡村教育，而是乡村建设问题。而政府举办的各种关于地方自治、民众教育方面的会议，涉及乡建的山东邹平、河北定县和从事乡教的无锡等机构主持人都受邀参加。

梁漱溟仔细审视这些从事乡村运动的机构，晏阳初在河北定县的工作，初以识字教育为目的，后来发现识字教育不是农民的唯一需要，遂有生计教育、公民教育；黄炎培主持中华职业教育社，本来从事的是职业教育，

---

① 胡楳邨. 评梁漱溟的乡村教育 [J]. 现代教育评论，1937，1（4）：3-6.

由职业教育而关注农业教育，发现从事农业教育只能下乡；燕京大学社会学系本是研究社会学的，可是研究中国社会，发现中国社会即是乡村社会，不得不以乡村为研究对象，最终划定清河镇为实验区；山东乡村建设研究院，最初的动机不在教育，而是建设乡村，但最终还是转到教育上来，其最基本的推进机关乡学、村学也是一种教育机关。梁漱溟不得不承认，乡村教育和乡村建设，"在事实上已被人看作一家"，"我当初本来不愿承认在此地是办教育，而今日事实上又不容不承认是办教育"。①

随着山东乡村建设工作的深入，以及和各地乡村教育、乡村建设工作者的交流、研讨，虽然梁漱溟依然坚持所有的乡村运动，最终"都将归落到一处，这一处，就是乡村建设"，"救中国要从乡村建设着手，谁也逃不出去"。但也意识到乡村建设的工作，"全是教育的工作。我们一点一滴的教育，就是一点一滴的建设，一点一滴的建设，无非是一点一滴的教育；只有从一点一滴的教育着手，才可以一点一滴的建设"。②

2. 山东的乡村教育：社会本位教育的实践

不过，梁漱溟所提倡的乡村教育，和乡村教育者兼重学校儿童教育即义务教育的普及不同，他主要提倡的是乡村民众教育，或者说是乡村成人教育，即社会教育。他认为"此刻的中国已不能用学校式的教育，而应以社会式的教育为主体……此刻的中国，天然的要着重民众教育，或说社会教育。此民众教育或社会教育，即乡村建设。中国的民众多在乡村，故民众教育即乡村民众教育"。③

1933 年 2 月，梁漱溟受邀参加教育部会议，各地民众教育专家汇聚一堂，讨论民众教育推行方案。梁漱溟、钮永建、高阳（号践四）、陈礼江、孟宪承五人负责，由梁漱溟执笔，拟就《社会本位的教育系统案》。

梁漱溟认为，"我们在乡村作的工作，大都是教育的工作。我们从实际问题中感到现行教育制度的不合适，所以要求教育制度的改造"。"我的意

① 梁漱溟. 社会教育与乡村建设之合流［M］//中国文化书院学术委员会. 梁漱溟全集：5. 济南：山东人民出版社，2005：431－433.

② 梁漱溟. 社会教育与乡村建设之合流［M］//中国文化书院学术委员会. 梁漱溟全集：5. 济南：山东人民出版社，2005：431－435.

③ 梁漱溟. 社会教育与乡村建设之合流［M］//中国文化书院学术委员会. 梁漱溟全集：5. 济南：山东人民出版社，2005：435－436.

思要把中国所有的现行学制，小学、中学、大学，以至于专门师范，所有的这些学校，通通废掉。"主张把中国社会分为大小不同的区域，最小的区域为村，村上设乡，乡上为县，县上设省，然后是国。对应不同区域，分别设置村学、乡学、县学、省学、国学。①

梁漱溟早期乡村教育观中，只关注乡村的社会教育，而忽略学龄儿童的学校教育。在《社会本位的教育系统案》中，梁漱溟的乡村教育观有所变化，认为社会教育和学校教育并不是截然两分，而是彼此相融、相互弥补，主张教育不能仅限于学龄儿童，而应延长至成年乃至终身，倡导通过教育推进文化，通过文化改造社会。因此，梁漱溟所拟定的社会本位教育体系是一个包括乡学、区学、县学、市学、省学、国学等在内的垂直学制系统。乡学设儿童部、成人部、妇女部，以基本教育为主；区学设升学预备部、职业训练部，以基本教育之高级即技术训练的预备为主，同时倡导本区的社会改良运动；县学设升学预备部、职业训练部、自由研究部、乡村师范部，以技术训练的人才教育为主；市学隶属于省政府，视同县学兼括区学，市内分置坊学，坊学视同于乡学；省学为高等教育，设农、工、商、医等专科，进行专门技术教育，并研究解决本省实际问题；国学则联络国际学术机关或团体，进行学术研究。

梁漱溟所拟的这个《社会本位的教育系统案》，将社会教育和学校教育融合，虽从教育出发，着眼点却在社会改良，教育只是社会改良的工具和手段。山东乡村建设研究院的教育工作，可以说是此教育系统案在山东的实践，不过重点在社会教育方面。

梁漱溟认为中国正处于非常时期，其教育重点不在学校教育，而是在民众教育尤其是乡村成人教育方面，即他提倡的社会教育。社会教育的机关就是邹平的村学和乡学，以及菏泽的乡农学校。

经过一年的努力，到1934年，邹平成立了13所乡学②，菏泽则每乡成立一所乡农学校。按照梁漱溟的规划，乡学是将普通的学校教育（高等小学）和社会教育（民众学校）结合起来，教学对象兼顾乡村领袖及男女老

---

① 梁漱溟. 如何创造中国的新学术［M］//中国文化书院学术委员会. 梁漱溟全集：5. 济南：山东人民出版社，2005：1006.

② 梁漱溟. 乡村青年的训练问题——乡学工作的入手方针［M］//中国文化书院学术委员会. 梁漱溟全集：5. 济南：山东人民出版社，2005：559.

幼等一切大众，注重教育对象的普及。

对于儿童教育，梁漱溟先是借鉴陶行知的小先生制，采用即知即传人和教学做合一的方法，1934 年在邹平的第十二乡试行。后又借鉴定县的导生制，1935 年在第十一乡试验，各村学也有仿行者。在借鉴学习的基础上，最终形成山东的导友制。在第七乡进行推广，并准备推行于全县，设导友共学处推行义务教育。①

教学内容包括语文（学习小学国语读本）、歌曲（激发民族精神，欣赏农村生活，鼓舞乡人志气，指示大众生活途径）、体育（注意团体游戏）和常识（自然、历史、地理及时事报告、故事讲演等）等。②

由于不同村学和乡学的负责人不同，当时也缺乏统一的教学督导，乡学和村学在实施过程中，也存在偏差：从整体规划角度看，乡学和村学过于关注地方的团体自治，而忽略其教育功能；邹平的儿童教育（小学教育）、成人教育（民众教育）等方面，关注则明显不足。③ 从教育角度看，由于中国学优而仕的传统观念，导致乡学的学生升学、到都市去的观念极重，乡学的学校教育功能大彰，而社会教育功能被遮蔽。

随着国内局势日益紧张，梁漱溟对于实验县的民众教育更加重视，希望通过民众训练，应对国际环境的变化。

从 1935 年开始，邹平和菏泽的乡农学校，其教育重点放在民众训练上。民众训练分两个阶段：一是初级民众训练，由乡农学校办理。内容涉及军事训练和公民训练两个方面，训练对象为十六岁至四十岁的男丁。初级民众训练免费进行，训练时间三四个月，程度较为粗浅。二是高级民众训练。高级民众训练为集中训练，内容偏向于军事方面。④ 菏泽实验县宝镇乡乡农学校组织系统如图 5 - 3⑤ 所示：

---

① 梁漱溟. 一年来的山东工作［M］//中国文化书院学术委员会. 梁漱溟全集：5. 济南：山东人民出版社，2005：776.
② 山东乡村建设研究院. 乡农教育［M］//杜成宪. 民国乡村教育文献丛刊. 北京：国家图书馆出版社，2017：26 - 27.
③ 梁漱溟.《乡村建设》半月刊"邹平乡师专号"序言［M］//中国文化书院学术委员会. 梁漱溟全集：5. 济南：山东人民出版社，2005：780.
④ 梁漱溟. 我们在山东的工作［M］//中国文化书院学术委员会. 梁漱溟全集：5. 济南：山东人民出版社，2005：1017 - 1018.
⑤ 梁漱溟. 山东乡村建设研究院. 乡农教育［M］//杜成宪. 民国乡村教育文献丛刊. 北京：国家图书馆出版社，2017：199.

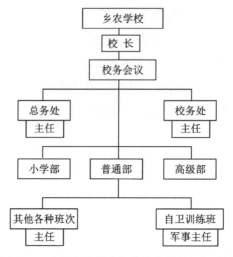

图 5 – 3　荷泽实验县宝镇乡乡农学校组织系统

　　1933 年邹平和菏泽实验县开始县政实验后，梁漱溟及研究院将工作重点放在乡建实践上，暂停了研究院的研究工作和乡建人才的训练工作。经过一年的实践，以及实验县各项工作的展开，乡建人才不仅数量严重不足，而且之前已经结业的学生因培训时间短暂，在办理乡农学校时也呈现出不少问题。

　　1935 年，因乡学村学行将改组，且之前的教育实践存在一些问题，梁漱溟亲自担任过两个月的邹平县长。梁漱溟担任县长后，将所有村学教员一律调回，从中选拔一部分，加上新毕业的同学，集中讲习后再下乡。邹平的村学也不再遍地开花，而是指定九个乡为村学区域，其余缓办。①

　　3. 学校教育与社会教育相结合：多途径培养乡建人才

　　随后实验区增加济宁，梁仲华调任济宁专员，梁漱溟担任乡建研究院院长。随着乡村建设的实验区域和实验工作进一步扩大，人才需求急剧增加，研究院研究部和训练部的人才培训也必须扩充，于是在邹平乡村建设研究院本部的基础上增加菏泽分院。

　　从 1934 年开始，研究院训练部招收第三届学生。第三届招收共 300 余人，除小部分留在邹平服务外，其余二百余人分配至各县乡农学校工作。

---

　　①　梁漱溟. 一年来山东的工作［M］//中国文化书院学术委员会. 梁漱溟全集：5. 济南：山东人民出版社，2005：770 – 775.

考虑到在鲁西实验区服务的学生主要来自鲁南、鲁北和鲁东，本地人实居少数，故 1935 年招收第四届学生时，决定扩充菏泽分院的规模至能容纳300 人以上，以鲁西学生为主，同时兼收省外学生。菏泽分院的学生以自费生为原则，但另设奖学金，补助寒苦学生。并调整训练部的培训时间：高中毕业者培训一年，初中毕业者培训二年。①

研究部直至 1935 年才恢复招生。从 1935 年开始，训练部和研究部的招生范围，不再局限于山东一隅。所以，学生来自于附近的河南、远道的云南、广西、湖南、浙江等众多省份。尤其是来自外省的学生，皆是对乡村建设和乡村工作极有诚心和兴趣者。为了让各位学生不虚此行，能真正对乡村建设的精神及实际操作有所造诣，研究院改革了以往的管理方式：不再放任旁听生自由居住而只是来院内听讲，旁听生和正式生一样管理，过一样的生活。梁漱溟更是拿出十二分的气力进行各项工作：除开研究院和实验县里的事情外，一周在训练部上课三天，在研究部天天上课，每天讲四个钟点。梁漱溟鼓励训练部和研究部的学生，"在民族垂危的时候，做我们祖先的好子孙，做要强的子孙，不要做不孝的子孙，这才算尽了我们的心"②。要鼓励他们重视在乡村建设研究院的学习机会，认真学习和锻炼。

即便如此，乡农学校及乡村服务的人才还是供不应求，不得不另设训练机关。新设的训练机关有乡村建设师范学校和乡村建设专科学校。乡村建设师范学校设置于邹平和菏泽两地，主要培养办理乡农学校的人才，在内容上兼重社会教育和小学教育，以便师范生到乡村以后，既可以办理民众教育，也可以担任小学教员。乡村建设专科学校，设置于济南，主要培养高级技术人才，内容涉及农业、经济、教育几个方面。招收对象为高中毕业生，学习三年，程度相当于一般专门学校毕业生，只不过他们的毕业去向是乡村。

除开自设的各种人才训练机关，梁漱溟及研究院还将山东全省即将毕业的师范生共八九百人集中起来，进行为期半年的乡村服务方面的培训，加以两个月的乡村服务实习，然后分配至各行政区（县以上组织）办理乡

① 梁漱溟. 一年来的山东工作［M］//中国文化书院学术委员会. 梁漱溟全集：5. 济南：山东人民出版社，2005：769－771.
② 梁漱溟. 开学典礼上的讲话［M］//中国文化书院学术委员会. 梁漱溟全集：5. 济南：山东人民出版社，2005：756－757.

农学校。对全省师范生的培训，最初没有形成制度，只是临时性工作。

培训作为正规军的师范生来办理乡农学校，实施效果当然是极好的。故 1937 年决定招收 1200 人进行训练，以备即将要增设的三十几个县的乡农学校之用。并在济宁设置山东乡村服务人员训练处，专门负责全省即将毕业师范生的培训工作。山东乡村服务人员训练处由韩复榘兼处长，梁仲华及孙廉泉任副院长。① 如果不是抗战爆发，梁漱溟的乡村建设，也许会继续稳步推进，进而走出山东，走向全国。

五、终章：乡村建设的失败

（一）抗战爆发，乡建失败

1938 年底，山东大部分区域沦陷，山东乡村建设研究院及各个实验区的一切工作，"于此时随大局以覆败"②。

山东乡村建设研究院及其实验工作，是在韩复榘及其主政的山东省政府的支持下进行的。当局势逐渐紧张后，梁漱溟、梁仲华、孙廉泉和韩复榘有过多次交流，以探明其态度，并定下乡建"三年计划"。"三年计划"定下后，按部就班地进行着，第一年（1936 年）成立第一、第二、第三行政专员区，改组县政府，普设乡农学校；第二年（1937 年）成立第四、第五、第六、第七行政专员区，前项工作依旧；第三年（1938 年）因抗战原因，虽然各项准备已经完成，但计划未得完成。③ "三年计划"只完成了两年，进行至七十余县时因日寇侵占山东而归于失败。

随着战事日紧，韩复榘为保存实力，决定撤出山东。梁漱溟等人不甘心多年乡建工作就此毁于一旦，于是和梁仲华、王绍常、陈亚三以及山东

---

① 梁漱溟.我们在山东的工作［M］//中国文化书院学术委员会.梁漱溟全集：5.济南：山东人民出版社，2005：1018－1019.
② 梁漱溟.告山东乡村工作同人同学书［M］//中国文化书院学术委员会.梁漱溟全集：6.济南：山东人民出版社，2005：3.
③ 梁漱溟.告山东乡村工作同人同学书［M］//中国文化书院学术委员会.梁漱溟全集：6.济南：山东人民出版社，2005：5－6.

政府的余心清、何思源等人，聚集于何家，商定将山东划分为三大区域：一是以黄河北岸各县为政治军事地区，二是第一、第二、第三行政专员各区，加紧政训工作，参照政府的民众组织大纲和第一行政区的各县自卫组织进行计划组织办理；三是历城、泰安等二十六县，设特区政训处，调用民教、政训各处人员进行工作。当梁仲华将此讨论意见陈之于韩复榘后，去意已决的韩复榘终未采纳。

韩复榘的撤退，使得山东乡建工作终于覆败。

山东乡村建设，始于邹平，而发展于菏泽、鲁西及各行政专区。因邹平的工作侧重于乡村组织，希以启发培养乡村自身力量，不能有速效，故多年来始终未向邹平以外推广。而菏泽一面改革行政，以行政力量推动乡村事务；一面通过民众自卫训练，推动各项乡村建设工作。菏泽模式收效较快，尤其是乡村自卫工作，合于国防需要，故在 1935 年决定向菏泽以外推广。然则菏泽模式何以在抗战爆发后，很快一败涂地呢？

（二）乡建失败的原因探析

梁漱溟认为，主要有两个因素：一是抗战爆发，韩复榘及省府为了避免战争，不欲发动民众，应该也是不相信民众的力量。韩复榘及省府没有发动民众的欲望及命令，梁漱溟等人的民众训练工作终至于耽误，民众的力量终究是未能发动起来；二是韩复榘及省府急切退离山东，使得乡建工作遭遇毁灭性打击。盖因山东乡建工作主要在乡农学校，乡农学校需要执行上级行政机构下发的各项命令。抗战爆发后，梁漱溟等人曾明确提出对于乡农学校所属壮丁，不得任意抽调，对于其枪支，不得任意收用。① 但危急形势下，韩复榘及军政机关的需要发生变化，已经无暇顾及乡村建设，于是山东地方政府要壮丁、枪支、派差派款等各项苛令，源源不断通过乡农学校传达至农民。而乡农学校所组建的治安乡队及平时训练自卫的枪支皆为现成，现在成批成批的壮丁和枪支被带走。张宗麟等人之前的担忧变为现实。乡农学校不再是改善乡民生活、进行乡村建设之机关，而是变为政府抢掠农民之机关。乡农学校遂为农民所怨毒，于是打砸乡农学校，打死校长等事成为常态，研究院学生死于此者有数人之多，余者几乎不能立

---

①　李渊庭，阎秉华. 梁漱溟年谱 [M]. 北京：商务印书馆，2018：131.

足于当地。① 于是，梁漱溟带领教员、学生、干部以及乡村自卫的八百余壮丁共一千余人十万余现金，前往河南镇平县，由蒋介石所派遣的陈诚负责相关事务。在镇平集中受训后，以"中央直属第三政治大队"名义返回山东抗日。② 但是，作为山东乡村建设最为基本的乡农学校，遂破坏无余，山东乡村建设工作至此完全溃败。

曾经有人问梁漱溟，山东乡建工作是否依傍政治当局而存在？担心乡建工作会因为政局原因而不长久。梁漱溟给出了肯定的回答：山东乡建绝不是依傍政治当局而存在。他认为，乡村建设作为社会运动，最重要的是是否形成社会风气和潮流，是否具有社会生机。只有形成社会风气，具备社会生机，达到政府方面的要求，政府才会委托负责。否则，即便政府提倡兴办，也是枉然的事。对于当时的山东乡建工作充满信心。③

梁漱溟为人十分自信，自信到有点偏执的地步。据他的学生回忆："他自己认为是对，理论上可以讲得通的说法，他只有始终地承认他；自己所研讨出来的作法，他绝不顾别人的讥评嘲笑，更不因为别人的批评而气阻；他只有鼓足精神，增加勇气，来实验他的理想。"④ 梁漱溟也自认他"自己是一个有思想的人，并且是本着自己思想而去实行，实践的人"⑤。乡村建设理论是梁漱溟经过多年苦闷之后深思熟虑的结果，在山东的实验也取得了较为显著的效果。对于乡建，梁漱溟极度自信。自信到甚至认为他的乡村建设可以和国民党、共产党三足鼎立。1935年冬，北平学生运动爆发后，梁漱溟匆匆从济南赶回邹平，召集邹平全部工作人员训话，大意是中国现在有三种势力，一是蒋介石，二是共产党，三是乡村建设。让相信蒋介石的去中央，信任共产党的去西北，相信乡村建设的留在这里跟随他。⑥ 即便是1938年梁漱溟应邀到陕北参观，和毛泽东多次谈话，并参观了共产党领

① 梁漱溟.告山东乡村工作同人同学书［M］//中国文化书院学术委员会.梁漱溟全集：6.济南：山东人民出版社，2005：11-13.
② 梁漱溟，艾恺.这个世界会好吗？梁漱溟晚年口述［M］.北京：生活·读书·新知三联书店，2015：223.
③ 梁漱溟.答湖北政务研究会参观团问［M］//中国文化书院学术委员会.梁漱溟全集：5.济南：山东人民出版社，2005：683-684.
④ 李靖宇.我对梁漱溟先生的印象［J］.山东民众教育月刊，1934，5（6）：46-49.
⑤ 梁漱溟，艾恺.这个世界会好吗？梁漱溟晚年口述［M］.北京：生活·读书·新知三联书店，2015：86.
⑥ 张宗麟.从梁漱溟的辞职谈到乡村运动的前途［J］.中国农村，1937，3（4）：61-64.

导下的农民运动之后，梁漱溟也只是觉得他在山东的训练工作不如陕北抗日大学的训练工作那么切实，对农民的同情还不到家，但其乡村建设理论"仍持守夙昔见地，如《乡村建设理论》一书所述；未曾从陕北得到何种启发"①。梁漱溟对乡建理论的坚持及信仰，真正做到了咬定青山不放松。

但张宗麟以及相当部分人认为依靠军政要人和政治上的援助来从事乡村建设，这种援助是有限的，有他们的用意。这些用意不能永远地发展，到了一定限度后，援助必定会停止。梁漱溟最初基于和韩复榘的良好关系，以及当时韩复榘对乡村建设的大力支持，并不以为意。1935 年以后，梁漱溟开始承认山东乡村建设"高谈社会改造，而依附政权"②。

然则山东乡建工作最终归于失败，这个失败，直接因素自然是外在的、不可抗的战争因素导致的。不仅山东，全国的乡建工作都因抗战而停止。

对于山东乡建工作的失败，梁漱溟事后反思，山东当局等外在因素固为影响因素之一，但根本还在自身的不完善——未曾建立团体组织。梁漱溟认为，他在乡村工作中一直致力于组建乡村团体，引导农民过团体生活。然则从河南村治学院，到山东乡村建设研究院，闻风而来的追随者甚多，但多因师友情谊，而乡村工作的实际运行，也多有借助行政力量之嫌，历十余年而未尝变。正因为没有形成团体组织，缺乏团体的号召力和法理性，即便研究院同仁同学不下四千人，但在战后皆溃散，溃散后难以凝聚。

鉴于山东教训，梁漱溟本来心怀雄心，决心从建立团体组织开始，并担任团体领袖，以图东山再起，再建乡村。终因抗战而无一方净土再供其实验，其乡村建设实践就此终结，三十年代以来轰轰烈烈的乡村运动也因抗战而逐渐湮没。

梁漱溟的乡村建设运动，因中国乡村被破坏而开始探索解决中国问题的方法与路径，并由此往文化的根子上去思考。由比较分析东西方文化而发现西方路径走不通，还必须走中国自己的路。虽然要走中国自己的路径，不走西方老路，但是西方民主、科学的发展方向是没错的。如何沿着中国路径朝西方方向前进呢？在多年思考的基础上，受共产党农村路线的启示，梁漱溟最终将解决中国问题的目光转向乡村。

---

① 梁漱溟复信（致梁漱溟先生的公开信）[J]. 中国农村（战时特刊），1938（15）：4-5.
② 李渊庭，阎秉华. 梁漱溟年谱 [M]. 北京：商务印书馆，2018：117.

梁漱溟认为，中国传统社会是乡村社会，中国文化是乡村的文化，所以，要解决中国的问题，必须回到乡村。然而当时中国乡村政治、经济、文化全盘崩坏，需要救济乡村，复兴乡村。因为乡村复兴即民族复兴，民族复兴即国家复兴。乡村建设，实际上也是新的国家建设。他甚至有一个宏愿：就是将乡村运动发展到全国，建立一个全国性的、以全国乡村运动为背景的国家政权。①

因而，梁漱溟的乡村建设运动，不是零零碎碎、枝枝叶叶的乡村改进，而是乡村政治、经济、文化等全面系统的规划和建设，是着眼于整个国家和民族的解放。基于乡村自救原则和地方自治目标，希望发挥乡民的主动性和自觉性，使其成为乡村建设的主力，梁漱溟在乡村建设中非常重视乡村组织的建设。尤其是得到地方自治权后，进而在制度上进行探索。所以，梁漱溟的乡村建设，由组织到制度，极为系统。不过，在山东乡村建设实践中，还是存在不重视学校教育、团体组织（如乡农学校在实施中还是以伦理情谊为重，而法理上的要求不够）、制度思考不够等不足之处，尤其是没有意识到在当时的社会背景下，依靠军政力量的政治支持进行政治性的社会运动，本身就变数极大。但梁漱溟的乡村建设运动，有系统的理论、有组织的建构、有制度的探索，是针对乡村全面系统的建设，以民族解放和建设新的国家为理想，所以，在当时的乡村运动大潮中，确实是浪头最高的那朵浪花。

六、余论：他人眼中的梁漱溟

梁漱溟所提倡的乡村建设，有系统的理论，其实践范围由邹平而菏泽，而济宁，涉及山东大半区域。在当时的乡村运动中，规模、效果和影响皆为佼佼者。

梁漱溟所从事的乡村建设，追随者甚多。他在山东从事乡建工作，从外地而来的追随者以及在山东本地所培养的学生，人数在四千左右。有不

---

① 梁漱溟，艾恺. 我们从何处来？梁漱溟晚年口述［M］. 北京：外语教学与研究出版社，2018：177.

少学生跟从梁漱溟学习后，自此追随一生。如《梁漱溟年谱》的撰写者李渊庭，18 岁时，从梁漱溟在曹州办学时开始，自此跟随六十余年。在学生眼中，梁漱溟虽不苟言笑，但为人爽直，极度自信，有"高高峰头立，深深海底行"的气概与精神，对乡村建设倾情投入。所以，梁漱溟得到了追随者的普遍尊敬。即便是抗战以后，这些追随者散落于各地各行业，只要听闻梁漱溟前来，就会前往拜见。甚至有位学生，听闻梁漱溟从香港脱险回桂林后，立刻辞掉一份待遇优厚的差事，到桂林追随梁漱溟。①

当然也有看梁漱溟不顺眼的，认为他为人小气，虽被视为乡建领袖，但缺乏领袖气概。既不满国民党的专政，也不受共产党的欢迎。他不适合从事政治活动，只适合做学术研究和著述。② 也有人认为梁漱溟道貌岸然，相当自尊，自尊到近于自大。认为梁漱溟对于别人的深深鞠躬，只回以轻轻地点头，极度矜持，爱摆学者架子。③

然观批判梁氏者，多在 1946 年以后，主要集中在 1949 年。其时，梁漱溟已不再在任何机构任职，也未受到任何政策优待，远没有乡建时期风光。这个时期集中对他进行批评，总有点落井下石的感觉。

参考文献：

［1］中国文化书院学术委员会. 梁漱溟全集［M］. 济南：山东人民出版社，2005.

［2］李渊庭，阎秉华. 梁漱溟年谱［M］. 北京：商务印书馆，2018.

［3］艾恺. 梁漱溟传［M］. 长沙：湖南出版社，1992.

［4］梁漱溟，艾恺. 我们从何处来？梁漱溟晚年口述［M］. 北京：外语教学与研究出版社，2018.

［5］梁漱溟，艾恺. 这个世界会好吗？梁漱溟晚年口述［M］. 北京：生活·读书·新知三联书店，2015.

［6］杜成宪. 民国乡村教育文献丛刊［Z］. 北京：国家图书馆出版社，2017.

［7］宋恩荣. 晏阳初全集：4［M］. 天津：天津教育出版社，2013.

［8］方赒予. 梁漱溟先生的生平及其思想背景［J］. 教育学报（北平），1938（3）.

［9］李靖宇. 我对梁漱溟先生的印象［J］. 山东民众教育月刊，1934，5（6）.

---

① 秦牧. 梁漱溟印象记［J］. 群言，1949（30）：13 - 14.
② 觉民. 乡建派领袖梁漱溟的烦恼［J］. 农村杂志，1946（2）：4.
③ 秦牧. 梁漱溟印象记［J］. 群言，1949（30）：13 - 14.

［10］梁耀祖．山东乡村建设研究院设施概括［J］．山东民众教育月刊，1932，3（6）．

［11］唐现之．梁漱溟教育思想述略［J］．中华教育界，1935，23（6）．

［12］致梁漱溟先生的公开信［J］．中国农村（战时特刊）．1938（15）．

［13］黄齐生．山东乡村建设研究院状况［J］．教育与职业．1931（129）．

［14］山东乡村建设研究院招生情形［J］．村治．1931，2（2）．

［15］张宗麟．从梁漱溟的辞职谈到乡村运动的前途［J］．中国农村，1937，3（4）．

［16］胡楳邨．评梁漱溟的乡村教育［J］．现代教育评论，1937，1（4）．

［17］梁漱溟复信（致梁漱溟先生的公开信）［J］．中国农村（战时特刊），1938（15）．

［18］秦牧．梁漱溟印象记［J］．群言，1949（30）．

［19］觉民．乡建派领袖梁漱溟的烦恼［J］．农村杂志，1946（2）．

第六章
乡村教育的推广家：晏阳初

一、初植"仁""爱"火种

晏阳初（1890—1990），四川巴中县人，生于1890年。原名晏兴复，字阳初，小名云霖，曾用名遇春。父亲晏乐全，乡村塾师，兼行医。晏父是一个典型的读书人，谈吐斯文，待人和气，满脸微笑，温善可亲。受父亲影响，晏阳初也极为和善，"脸上的表情永远是严肃中流露着丝丝微笑"，极具亲和力。[①] 母亲吴氏，持家勤俭，虽不识字，然教子极严，是一位严母。晏阳初曾经因为小朋友恶作剧而打了对方一巴掌，打得小朋友哇哇大哭。晏阳初吓得不敢回家，东游西荡直至深夜才溜回家，依然被母亲用鞭子痛打一顿。

图6-1　晏阳初

在母亲的严格教育下，晏阳初从小就养成善于忍耐的性格。晏阳初温和而善于克制的性格，实则是父亲的身教和母亲的严训双重影响下形成的。

因为父亲是塾师，晏阳初四五岁的时候就开始启蒙读书，读的是《三字经》《百家姓》等传统蒙书。晏阳初记忆力绝佳，嗓子又好，喜欢朗诵。平时读书，诵读几遍即可成诵。跟着父亲读了几年私塾，儒家民本思想和

① 熊佛西. 记晏阳初先生［J］. 月刊.1946, 2 (3)：27-28.

天下一家的观念在幼年的晏阳初心里悄悄扎下了根。①

晏阳初幼年时期，面对帝国主义的入侵，变法图强成为时代趋势，中国城市及枢要地区发生了翻天覆地的变化。虽然闭塞的乡村尚未感受到这种变化，但晏阳初父亲在私塾教学之余，还在内地会一个福音堂教中文，在教会牧师的影响和劝说下，1903 年，晏阳初父亲决定送他到保宁一个教会学堂学西学。

保宁距离晏阳初老家三百余里地，由大哥护送十来岁的晏阳初前往。因四川游匪强人多，兄弟俩和贩盐的苦力结伴而行。贩盐的艰苦，晏阳初多年之后都印象深刻："他们每人背着一二百斤的盐包。爬山越岭时，气喘不休。下山也难，匍匐而行，万一落足不稳，会翻跟斗滚下去。"② 晏阳初虽生于乡村，家无田产，但毕竟是书香世家，父亲为塾师，母亲善于持家，从小未曾受过什么苦难。此次远行，是晏阳初第一次接触底层苦力（Coolies）的痛苦生活，幼年的晏阳初对于民间疾苦有了朦胧的认识。

其时，教会学校的教学内容，既有传统中学，也有西学和宗教教育，保宁的这所学校也不例外。学校规模很小，晏阳初得以和学堂的校长姚牧师有全面而深入的交往，并深受其影响。

晏阳初小小孩童，独自在离家三百余里的地方求学。没有父母兄长的关爱。幼小的晏阳初十分孤独，渴望关心和被爱。姚牧师性格活泼，是虔诚的基督徒。他对学生爱护备至，使得晏阳初对于基督普济众生的"爱"甚为心折，便在 1904 年接受洗礼，成为基督教徒。

晏阳初在姚牧师的学校里，一方面继续受孔子的熏陶，另一方面开始受到基督影响。毕业后，在姚牧师的推荐下，晏阳初前往成都华美高等学校学习。不过，因为该校不重视道德教育，缺乏基督精神，晏阳初没毕业就离校了。

1911 年，在姚牧师介绍下，晏阳初认识了成都一位叫史梯瓦特（中文名史文轩）的传教士，并和他一起工作。史文轩虽然名不见经传，却极富基督牺牲自我、以德报怨的精神，对晏阳初影响极大。梁漱溟就认为晏阳初"这个'识字运动'跟他的宗教有关系。宗教总是要做慈善工作，帮助

---

① 晏阳初 . 九十自述 ［M］//宋恩荣 . 晏阳初全集：3. 天津：天津教育出版社，2013：531.
② 晏阳初 . 九十自述 ［M］//宋恩荣 . 晏阳初全集：3. 天津：天津教育出版社，2013：536.

穷苦人"。①

晏阳初从小接受传统教育，儒家"民为邦本，本固邦宁"的民本思想深入内心；其后结识的姚牧师和史文轩，使得晏阳初开始信仰基督。孔子（Confucius）的"仁"和基督（Christ）的"爱"，成为晏阳初一生的精神财富和行为动力。晏阳初后来总结说："三 C"（即 Coolies、Confucius、Christ）影响了他的一生。② 在他离开川东南下之前，青年晏阳初心中已初植"仁"和"爱"的火种。

二、结缘平教："三 C"之火初放光芒

1912 年秋，在史文轩的帮助下，晏阳初前往香港学习。因为数理化知识薄弱，晏阳初不得不先补习相应学科。经过一个学期的苦学，晏阳初以第一名的成绩考入香港大学读政治。

在香港，晏阳初经常参与各种宗教活动。默祷、唱诗、读经，以及布道集会，基督的博爱精神对晏阳初影响甚深，他对基督的信仰有增无减。一位来自四川的牧师演讲信仰复兴，鼓励青年学习基督救世的榜样，担负改造中国社会的重任。这对青年晏阳初是很大的鼓舞和激励，为他今后的人生选择点亮了一盏明灯。晏阳初在香港，不仅感受着基督的博爱，也感受着贫弱中国的种种悲哀。西方人的优越、中国人的自卑，随处可见。改造中国、建设中国的志愿逐渐明晰。

1916 年，晏阳初决定赴美求学，以晏遇春之名在耶鲁大学注册入学。在耶鲁大学，晏阳初第一次体验到民主的真谛。他选修了曾任美国总统的塔夫脱教授的"美国宪法"课程，塔夫脱的人格魅力和对美国宪法的解读、对民主和平等的宣扬、对各色人种平等的提倡，对晏阳初而言，是新开了一方天地。

彼时，美国有排华思潮。晏阳初曾以"从美国宪法论排华的不合正义

---

① 梁漱溟，艾恺. 这个世界会好吗？梁漱溟晚年口述 [M]. 北京：生活·读书·新知三联书店，2015：180.

② 晏阳初. 九十自述 [M] //宋恩荣. 晏阳初全集：3. 天津：天津教育出版社，2013：544.

公理"为题，参加耶鲁大学的演讲比赛。虽然比赛未获胜果，但在阅读资料的过程中，华人的屡受欺凌和悲惨遭遇，让晏阳初大受刺激，晏阳初逐渐意识到"自强才是谋求真正平等之道"。20 世纪初的中国，已经沦落为二三等国，其国民难以和他国之民平等并列。20 世纪是机器时代，华工因未曾受过教育而不得不从事最为艰苦的工作。"民为邦本，本固邦宁"的思想，使得晏阳初对平民教育有了一点朦胧的想法。

出于对华工遭遇的同情，以及早年植根心中的仁爱思想，当美国青年会招募大学生为欧洲战场的华工服务时，适逢晏阳初在耶鲁大学的学业告一段落，于是"受了爱的驱使——爱国之心、爱人之心、爱主之心"，晏阳初毅然前往欧洲。①

1918 年初夏，晏阳初和两位中国大学毕业生搭乘美国军舰前往欧洲战场。三艘军舰，前一艘和后一艘皆被鱼雷炸沉，晏阳初他们搭乘的中间一艘幸免于难。

冒着战火和危险，晏阳初他们终于抵达目的地——法国白朗，那里有五千华工。他们主要是翻译、传达，为华工读报传达战事和新闻，有时说笑唱歌鼓舞士气，同时也尽力为华工服务。

华工最需要的服务就是代写家信。晏阳初第一天晚上帮一个华工代写了家信，第二天晚上代写了四五封家信。一个月后，每天晚上数百人找他写家信。几个月后，晏阳初终于不堪重负，不得不图谋思变。

在一个晚上，晏阳初召集五千华工开了一个会，提出不再为他们代写家信了。他要教他们识字，由他们自己给家里写信。

第一天晚上，只有几个华工跟随晏阳初识字，第二天晚上有十来个，第三天晚上有数十个。晏阳初先教他们学数字，接着是自己的名字，然后是写家信时常用的字。晏阳初每天晚上教学一个小时，经过四个月殚精竭虑的教授，跟随晏阳初学习的四十余位华工，有三十五位可以自己写信了。而且，他们还能当着其他华工的面，骄傲地朗读黑板上的战事消息。②

于是晏阳初邀请了一位将军来主持第一批识字华工的毕业典礼，给他们颁发毕业证书。华工识字的热情高涨，主管华工的科尔上校于是要求晏

---

① 晏阳初. 九十自述［M］//宋恩荣. 晏阳初全集：3. 天津：天津教育出版社，2013：563.
② 汪家正. 定县乡村教育新论：晏阳初的生平和事业［J］. 新中华，1944（7）：107 – 116.

阳初教五千华工识字。

这个任务太艰难了。学生太多，教师太少。晏阳初情急智生，将华工分组教授，由最先毕业的三十五位华工担任教员。不仅第二届学员人数得到增加，华工教员因为要教别人，不得不继续学习，阅读能力不断提升。白朗的华工教育很快就声誉鹊起，欧洲战场上英法两国各地的华工营都来请晏阳初前往示范传经。

在华工教育的过程中，晏阳初逐渐意识到华工教科书和日常读物的问题。传统启蒙教材《三字经》《千字文》等，于华工而言，难度较大。但以千余字作为初学读本的想法，却是受《千字文》的启发。晏阳初于是从一本中文字典和一些中文报刊中选择常用的字词，以及华工的通俗口语和平常家信习用的词句千余字作为华工教育的教材。还创办《华工周报》，以满足华工的阅读兴趣，并鼓励华工为周报投稿。

华工的学习热情和学习效果，让晏阳初对平民有了新的认知。尤其是一位华工给晏阳初写了一封信，捐赠了他冒着生命危险挣来的三年的血汗钱 365 法郎。① 这让晏阳初认识到了以前被普遍忽视的、认为没有脑筋的贫苦大众，他们就是贫弱中国的"新人"。他们不是没有脑筋，不是不可教，而是无教，缺少教育机会。晏阳初由此立志要将他的终身献给劳动的大众，做平民教育的工作。

1919 年 4 月，在基督教青年会的一次讨论会中，晏阳初提交了一个关于"平民教育运动"的议案，得到与会者的鼓励和支持。平民教育成为晏阳初一生的追求和理想。

通过对华工的教育和服务，晏阳初的"三 C"（Confucius、Christ、Coolies）终于实现融合，并初放光芒。傅葆琛在《华工教育的追忆》中反思："从与华工相处，而认识我国国民教育的缺乏，从办华工教育，而确信民众教育的重要。我的同事如晏君阳初、傅君若愚等，都因为华工服务之后，下了决心，回国提倡平民教育。"②

---

① 晏阳初. 九十自述［M］//宋恩荣. 晏阳初全集：3. 天津：天津教育出版社，2013：575.
② 傅葆琛. 华工教育的追忆［M］//宋恩荣. 晏阳初全集：1. 天津：天津教育出版社，2013：432－433.

三、"民为邦本，本固邦宁"：教民成为"国民"

（一）识字教育：平民教育的早期试验

华工教育使得晏阳初对于"民"之力量有了新的认识。"民为邦本，本固邦宁"的传统民本思想深植晏阳初内心，成为其致力于平民教育的动力。

1920 年 8 月，晏阳初回国，加盟基督教青年会上海分会，专办平民教育。

晏阳初清醒地认识到，欧洲战场上的华工教育经验，不能移植于中国本土。于是回国之初，就到各省考察，发现中国以前的平民夜校，教员多为学生兼职，因自身学业及经常更易的原因，导致教育效果并不理想。而夜校所用课本，多是直接取自中小学校教材，并不适合成年平民。①

在考察的基础上，晏阳初一面提倡平民教育，一面准备革新课本。他准备"先城市而后乡村"，并拟定"全城平民教育运动计划"，先后在长沙、烟台等城市进行试验。

在城市的平民教育试验中，晏阳初认为中国教育害了三种病：瞎、聋、哑。国民大部分不识字，不能读书报，是为瞎；不受教育而不知社会情形，是为聋；大多数国民不能对社会现状发言，是为哑。② 要改变这种教育现状，就必须多在平民教育上做功夫。否则，不但没有民国，并且没有国民。晏阳初因而立下宏愿：抱着拼命进取的精神，争取于五年之内使中国人人能识字。

晏阳初自然没有能在五年内实现人人识字的宏愿。但他对平民教育的提倡及其成就，受到越来越多的关注，陶行知及熊希龄的夫人朱其惠等教育名家和社会名流逐渐加入进来。

（二）"除文盲，作新民"：平民教育的推广

1923 年 5 月 27 日，熊夫人朱其惠、陶行知、晏阳初、黄炎培、袁希涛

---

① 平民教育新运动［M］//宋恩荣. 晏阳初全集：1. 天津：天津教育出版社，2013：7 - 8.
② 晏阳初. 平民教育［M］//宋恩荣. 晏阳初全集：1. 天津：天津教育出版社，2013：26.

等人会集于上海，发起平民教育促进会，研究全国平民教育实行的办法。同时，由陶行知和朱经农负责编辑平民教育课本《平民千字课》。

1923 年 8 月 26 日，中华平民教育促进会总会（简称平教会）在清华学校成立，朱其惠为董事长，陶行知任董事会书记，晏阳初任总干事。晏阳初后来脱离上海青年会，专任平教会总干事，负责平民教育的推广。

在推行平民教育的过程中，有人对平民教育存在误解。1926 年，晏阳初专门写了文章解释平民教育及平民教育的目标，指出平民教育是针对十二岁以上不识字以及识字而缺乏常识的全国男女所进行的教育。其目标有二：一是使不识字的能认识并运用日常生活必需的文字；二是使已识字但缺乏常识的能领受国民应有的基本教育。总体而言，就是要把全国的平民教育为好国民。故平民教育的起点为识字教育，而以公民教育为正鹄。①

随着平民教育的逐步推广和实践，晏阳初对平民教育的认识不断深化，意识到平民的生计问题不能被排斥在教育内容之外。因而，他主张平民教育的实施，在识字教育和公民教育之外，还应进行生计教育。生计教育于城市而言在注重工业，在农村则须注重农业。通过教育改良其技术，改善其生活，使之生计稳定，生趣盎然。平民教育至此才算教养兼备。② 在此基础上，晏阳初开始提倡文字教育，注重养成民智，培养知识力；重视生计教育，关注民生，培养生产力；进行公民教育，发展民德，培养公德心。晏阳初希望通过这三种教育，将广大平民培养成"整个的人"。③

为了实现三大教育，晏阳初主张平民教育可以分为三种方式：一是学校式的。学校式的教育，对于青年学习较为适宜。根据不同的教学手段，可以分为普通的单班学校，以及使用挂图、挂字等教具的挂图学校，或者是使用幻灯的幻灯学校；二是社会式的。通过讲演、戏剧、展览、电影、音乐等方式，对事务较多的成年人进行教育。三是表证式的，即采用实验

---

① 晏阳初 ."平民"的公民教育之我见［M］∥宋恩荣 . 晏阳初全集：1. 天津：天津教育出版社，2013：39 - 40.

② 晏阳初 . 关于平民教育精神的讲话［M］∥宋恩荣 . 晏阳初全集：1. 天津：天津教育出版社，2013：60.

③ 晏阳初 . 平民教育概论［M］∥宋恩荣 . 晏阳初全集：1. 天津：天津教育出版社，2013：81 - 82.

的方法，生计教育多采用此法。①

从 1920 年回国从事平民教育开始，到 1927 年，经过七年的调查研究和实践，尤其是对乡村人民生活进行深入考察后，晏阳初认为乡村存在四大问题：愚、穷、弱、私。如何解决乡村的这四大问题呢？晏阳初提出用四大教育来解决这四大问题：第一，用文艺教育攻愚，培养知识力；第二，用生计教育攻穷，培养生产力；第三，用卫生教育攻弱，培养强健力；第四，用公民教育攻私，培养团结力。②

植根于内心深处的儒家"民为邦本，本固邦宁"的民本思想一直是晏阳初的行为指南。不过，民国虽建，号为民主国家，目不识丁而为文盲的人数却多至三万万以上。名为国民，实为中世纪专制国家的老愚民。晏阳初认为，要救国救民，平民教育运动是唯一方法。③

晏阳初最终确定以"除文盲，作新民"为宗旨，推行平民教育运动。他认为，"新民"必须具备四个必不可少的要素，即知识力、生产力、团结力、强健力，此四者缺一不可。缺一则非健全的国民，缺四则尽失国民的意义。国家不建设在国民的基础上，固然是很危险；建设在缺乏知识力、生产力、团结力、强健力的国民的基础上，更是岌岌可危。④

四、定县实验：开发民力，建设乡村

（一）由城市到乡村的转移

和陶行知渐进式认识乡村教育必要性不同的是，晏阳初从决定致力平民教育开始，就有乡村平民教育的意识。只是因为平民教育草创伊始，工

① 晏阳初. 平民教育概论［M］//宋恩荣. 晏阳初全集：1. 天津：天津教育出版社，2013：88 - 89.
② 晏阳初. 在平教专科学校开学典礼上的讲话［M］//宋恩荣. 晏阳初全集：1. 天津：天津教育出版社，2013：145.
③ 晏阳初. 在平教专科学校开学典礼上的讲话［M］//宋恩荣. 晏阳初全集：1. 天津：天津教育出版社，2013：145.
④ 晏阳初. 平民教育概论［M］//宋恩荣. 晏阳初全集：1. 天津：天津教育出版社，2013：103 - 104.

具和方法都处于试验阶段，未臻完善，大城市易于推广，才决定先城市而后乡村。乡村平民教育，一直在晏阳初的规划之中。

经过几年的研究与实践，晏阳初对平民教育有了更多的认识和经验，乡村平民教育逐渐提上日程。1923 年，中华平民教育促进总会成立后，晏阳初写信给正在美国康奈尔大学农业研究院学习的傅葆琛，盛情邀请他到平教会工作。

早在 1918 年，晏阳初还在法国时，就和傅葆琛认识。两人都在法国从事华工教育，都有因华工教育而致力平民教育的志愿。因而，当晏阳初想要推行乡村平民教育时，有相同志向，又是学农出身的傅葆琛，自然是最佳人选。

1924 年底，博士毕业的傅葆琛回到祖国，立刻到北平和晏阳初、熊希龄夫人朱其惠见面，共商平民教育发展计划，并和晏阳初一起前往乡村考察。在考察的基础上，晏阳初和傅葆琛都认为乡村的精神与物资都是今日中国的主干，也是未来中国的基础，认为在乡村推行平民教育比城市有更多的便利。① 平民教育总会领导下的平民教育逐渐由城市向乡村拓展。

1925 年春，平教会成立乡村教育部，由傅葆琛负责。② 至 1925 年底，平教总会职员由 6 人增至 17 人，傅葆琛主持乡村教育；毕业于美国康奈尔大学农业经济学的博士冯锐（字梯霞）主持乡村平民教育研究和调查，并主持乡村生计教育；李荫春任《农民报》主笔。③

傅葆琛负责乡村平教事宜。他先是花了一年多的时间，编辑《农民识字课本》和《农民报》。1926 年冬，开始下乡考察。1927 年初，傅葆琛和保定公理会的胡本德牧师到保定附近各县考察，对保定的农村情况有了较为清晰的认识。彼时，保定各县的乡村，都有公理会教堂附设的识字夜校，但所用教材还是《三字经》等传统读本，对农民而言难度较大，傅葆琛所编的《农民识字课本》很受欢迎。

在考察过程中，傅葆琛认识了定县公理会一位孙姓牧师，他对当地情况极为熟悉，建议平教会在定县东乡的翟城村设置实验区。经过详细讨论

---

① 杜学元，等. 晏阳初年谱长编（上）[M]. 上海：上海交通大学出版社，2017：77.

② 我与平教会 [M] //陈侠，傅启群. 傅葆琛教育论著选. 北京：人民教育出版社，1994：420.

③ 杜学元，等. 晏阳初年谱长编（上）[M]. 上海：上海交通大学出版社，2017：88 – 89.

后，平教会决定在翟城村设置实验点，并由傅葆琛和冯锐博士再度前往定县洽谈合作事宜。经过和翟城村士绅的磋商，决定先在那里设置一所农民夜校和一个实验农场。①

在推行平民教育的过程中，晏阳初认为，中国地域广阔，尾大不掉，改造中国须以县为关键单位。中国有一千八百多个县，一个县的生活和其他县大体类似。在一个县建立一种生活模式后，通过平民教育，可以将这种生活模式推广到其余县，从而实现中国改造。

早在 1925 年，晏阳初就有通过一个典型县建立具有这种生活模式的现代中国乡村社会的设想。② 平教会曾经选择北京通县作为实验区域，但因为华北战事的影响，平教会最终放弃通县而选择定县，决定在定县进行深入细致的乡村教育和农业科学普及实验。③ 平民教育由全国的提倡演进为以县为单位的基本建设研究与实验，并由教育拓展至农业改良。

定县位于直隶（今河北），有四五十万人口，散居在四百多个村落里，是一个典型的中国乡村社区。平教会在翟城设立实验农场，在定县东部六十村设立平民教育实验区，以定县为一个乡村单位进行实验。平教会聘请瞿菊农为平民文学部干事，刘拓主持普及工程技术研究。至此，平教会各部各科主任及骨干已达 40 余人。④ 1928 年，平教会迁往定县，决定集中全会的人才和经费，在定县进行实验。

在设立定县平民教育实验区以前，平教会曾在保定各县的村庄试验乡村平民教育。在试验中，晏阳初发现，乡村平民教育仅仅教农民读和写不可能为他们提供实际的帮助。因为乡村环境缺乏使用学过的文字的机会，农民没有成就感，也就丧失继续学习和阅读兴趣，几个月后就会将所学忘得一干二净。于是，定县的农民教育，晏阳初决定将知识教学（识字教育）和农民的日常生活联系起来。⑤

---

① 我与平教会 [M] //陈侠，傅启群. 傅葆琛教育论著选. 北京：人民教育出版社，1994：421.

② 晏阳初. 有文化的中国新农民 [M] //宋恩荣. 晏阳初全集：1. 天津：天津教育出版社，2013：114.

③ 晏阳初. 致蔡廷干 [M] //宋恩荣. 晏阳初全集：4. 天津：天津教育出版社，2013：39.

④ 杜学元，等. 晏阳初年谱长编（上）[M]. 上海：上海交通大学出版社，2017：105.

⑤ 晏阳初. 有文化的中国新农民 [M] //宋恩荣. 晏阳初全集：1. 天津：天津教育出版社，2013：114 - 115.

晏阳初在推行城市平民教育的过程中，和陶行知交往较多，两人在1925 年因误会而不再一起共事，但两人一直都在提倡和推动乡村教育及乡村改造工作，彼此的关注应该都有。其时，陶行知在晓庄师范试验乡村教育，提倡生活教育，主张乡村教育的目标是要培养农夫的身手、科学的头脑和改造社会的精神，主张在劳力上劳心。陶行知的乡村教育主张，对当时的乡教工作者产生重要影响。晏阳初也在一定程度上受陶行知的影响，提出平民教育运动要做"新民"，"只有读书的要做工，做工的要读书，使教育与生活打成一片之后，人人既有了科学的头脑，又有农工的身手，这才是'整个的人'"。①

在平民教育推广运动中，晏阳初认为中国以农立国，大多数的人民是农民。因而，中国大部分不识字的文盲不在都市而在乡村，"中国今后的希望，不在城市，而在乡村，而在乡村里的农民"②。其工作重心逐渐由城市转向乡村。

在乡村平民教育的推进过程中，晏阳初进一步发现，仅教农民识字而不能使他们有使用文字工具的机会，对农民也是没有效用的，进而觉悟到在乡村办教育若不去干建设工作，是没有用的。即是说，在农村办教育，固然重要，可是破产的农村，非同时筹谋整个的建设不可。③ 因而，从 1929年开始，定县实验已经由晏阳初最初提倡的国民最低限度需要的文字教育，演进为文艺、生计、卫生、公民四大教育，转向乡村生活的各个方面。④

十年后，晏阳初在反思乡村建设的渊源时，认为中国的乡村建设运动完全出于民族自觉及文化自觉的心理。要实现民族自觉，自力更生，才发现民族自立的基本力量都在中国大多数人——农民的身上。另外，中国近百年来和西方文化相接触，发现中国固有文化之落后。传统文化虽失去其统治力，但传统生活方式尚未完全改变，而新文化影响下的新的生活方式

---

① 晏阳初.在定县展览会上的讲话［M］//宋恩荣.晏阳初全集：1.天津：天津教育出版社，2013：142.

② 晏阳初.致中华教育文化基金会请款书［M］//宋恩荣.晏阳初全集：1.天津：天津教育出版社，2013：158.

③ 晏阳初.中华平民教育促进会定县工作大概［M］//宋恩荣.晏阳初全集：1.天津：天津教育出版社，2013：212－213.

④ 晏阳初.有文化的中国新农民［M］//宋恩荣.晏阳初全集：1.天津：天津教育出版社，2013：117.

又未能建立起来。这种文化失调的现象，需要从"人"及其生活基础方面进行改造。中国"人"的基础就是农民。因而，无论是民族复兴，还是文化自觉，都必须从乡村入手，走乡村改进和乡村建设之路。① 十年中，晏阳初和各方乡村运动的领导人多有接触，对各地乡村运动的情形极为熟悉，他从文化入手思考乡村建设的渊源，在一定程度上是认同梁漱溟的民族复兴即文化复兴的观点。

（二）四大教育的尝试

1. 文艺教育：培养知识力

四大教育中，晏阳初认为文艺教育最为重要。因为通过文艺教育，一方面能开发民智；另一方面是有机会和农民接触，由师生关系而生感情，无形中形成社会意识，继以同学会之组织，养成农民团体活动的天性，从而输入四大教育。②

（1）乡民的识字教育

文艺教育中，识字运动是基础。晏阳初的平民教育本就始于识字教育，他认为识字教育普及了，其他都好办。自由平等是要建筑在人民的教育程度上。③ 因而，平教会在定县实验的第一步是推广识字教育，消灭睁眼瞎。

晏阳初推行平民教育有三种方式：学校式、家庭式、社会式。定县的识字教育三种方式皆有，但以学校式为主，即主要通过平民学校进行。

定县的第一所平民学校，从劝教到设立，只花了一周时间。平教会首先发动乡村士绅，告诉他们每天只花一个小时，学习九十六小时后，就能学完全部课本，并向他们展示城市平民教育成就和乡村识字教育的成绩，乡村士绅被说服。由乡村士绅出面，组织十人左右的委员会，再由委员会召开村民会议。村民会议上，平教会职员鼓励村民睁开眼睛，不要成为不识字的瞎子，调动村民的学习热情。定县的第一所平民学校就这样建立起

---

① 晏阳初. 十年来的中国乡村建设 ［M］// 宋恩荣. 晏阳初全集：2. 天津：天津教育出版社，2013：79 - 80.
② 晏阳初. 在欢迎来宾会上的讲话 ［M］// 宋恩荣. 晏阳初全集：1. 天津：天津教育出版社，2013：194.
③ 晏阳初. 在定县全程识字运动会上的讲话 ［M］// 宋恩荣. 晏阳初全集：1. 天津：天津教育出版社，2013：154.

来了。

定县的平民学校，借鉴了华工教育的导生制方法，由识字的村民教不识字的村民。平教会首先对这些乡村平民教师进行培训，教他们如何运用课本中的图画、阅读练习和生字练习这几个部分。

乡村平教老师对村民进行识字教育，平教会一月一次或两次对平民学校进行督导。四个月学习期满后，进行期末考试并举行毕业典礼。毕业典礼会邀请地方长官参加，并表彰优秀学生，授予他们"识字公民"的证书。

为了开发民力，平教会引导这些毕业学生组成平民学校同学会，下设文艺委员、生计委员、卫生委员和公民委员，成为乡村建设的主力，去负责推进平教会的四大教育。由平校毕业同学会组织进行的各项工作，实则是晏阳初在定县三大教育方式的社会式的体现。

在平教会的指导下，平校毕业生成为定县乡村建设的主力，积极开展各种乡村建设活动：如文艺方面成立读书会、演说比赛会、演新剧、练习投稿等；生计方面组织成立自助社、合作社、农产展览会等；卫生方面如种牛痘、防疫注射、拒毒运动、武术团等；公民方面则开展禁赌、修桥修路、植树、自卫等事宜。① 平教同学会曾经在村庄里抓赌，村长被抓后，也被罚钱给平民学校买煤油。②

平教会的这些措施，使得农民的识字热情高涨。一所平民学校的成功，带动了其他村的学校建设。尽管平民学校的灯油费、教学场所以及课本等费用，皆由村里负责，但定县的平民教育，赢得了乡村民众的信任。至1929 年，定县已经成立两百多个平民学校，招生总数近一万人，毕业者千余人。③ 到1938 年，定县毕业于平民学校的农民已经有八万余人。④

乡村农民的识字教育，以及后来逐渐增加的读、写、说话等方面的训练，由初级平民学校负责。在初级平民学校教育的基础上，为培养执行乡村建设计划的村长，尤其是同学会会长等乡村建设的领导者，平教会又设

① 晏阳初. 中华平民教育促进会定县实验工作报告［M］// 宋恩荣. 晏阳初全集：1. 天津：天津教育出版社，2013：295.

② 晏阳初. 在周会上的讲话［M］// 宋恩荣. 晏阳初全集：1. 天津：天津教育出版社，2013：163 - 164.

③ 晏阳初. 有文化的中国新农民［M］// 宋恩荣. 晏阳初全集：1. 天津：天津教育出版社，2013：124.

④ 汪家正. 定县乡村教育新论：晏阳初的生平和事业［J］. 新中华，1944（7）：107 - 116.

立了高级平民学校，开设社会、政治、经济学（合作社）、农学和卫生学等课程。①

（2）学龄儿童的"村学"教育

成年村民的教育之外，学龄儿童的教育也是平教会极其关注的问题。晏阳初认为前几十年的国民学校教育都是因袭西方，主要是为城市小学设计，不适合乡村儿童的需要，因而在定县进行"统一的村学"实验。村学实验，以"全村就是学校"为原则进行，乡村生活体现在学校课程和教材中，打破年级制和班级制，按照年龄、性别、社会和职业兴趣进行课堂教学和各种活动设置。② 由村学实验的原则和内容来看，晏阳初的村学，受陶行知生活教育理论的影响较大，虽然其时二者关系已经不洽。

村学实验从 1931 年开始，在东阳村设乡村实验小学。到 1934 年，已建成乡村实验小学 5 所，实验"组织教学""习作教学""导生传习"③ 等教学方法，以提高乡村教师的教学效率，提高教学效果。

定县小学在教育原则和方法方面的创新，尤其是其组织教育，比较适合乡村师资缺乏的实际情况，因而影响及于河南、绥远、江西、浙江、安徽、湖北、云南及贵州等省。④

定县推广小学教育的组织教育，其实质就是导生制。多年以后，晏阳初向国外朋友介绍定县乡村教育经验时，就直接呼之为导生制。能成为导生的有三类人：第一类是小学里年龄稍大的学生；第二类是刚刚识字的人，他们识得 300 个汉字以后，采用传递教学法，去教其他人；第三类是乡村中的老学究和绅士们，他们受到感染后，也会自愿地去教其他人。⑤ 这些导生，不仅免费教别人识字，而且在教别人的过程中，养成了社会服务的精

---

① 晏阳初. 定县的乡村建设实验［M］//宋恩荣. 晏阳初全集：1. 天津：天津教育出版社，2013：222 – 223.

② 晏阳初. 定县的乡村建设实验［M］//宋恩荣. 晏阳初全集：1. 天津：天津教育出版社，2013：223.

③ 后因晏阳初觉得"导生传习"容易和陶行知的小先生制混淆，改为"组织教育"。组织教育一是为了给儿童青年团体训练、纪律训练，过一种有组织的生活；二是培养领袖人才（在第四次大周会上的讲话）。

④ 晏阳初. 十年来的中国乡村建设［M］//宋恩荣. 晏阳初全集：2. 天津：天津教育出版社，2013：89.

⑤ 晏阳初. 抗日战争以来的平民教育［M］//宋恩荣. 晏阳初全集：2. 天津：天津教育出版社，2013：394.

神及社会责任感。

（3）师范教育及社会教育

乡村教育的推进，有赖于乡村教师的培养。定县的师范教育，是一个渐进的、不断完善的过程。定县在 1928 年开始办理暑期平民教育会，1929年设平校教师研究会，1930 年设平校教师讲习会，1931 年开办平校教师训练班，对平民学校的教师进行短期训练。短期训练之外，于 1929 年开办平民教育学院师范科、1930 年开办平民教育专科、1931 年办理妇女平校教师训练班等专科训练班，进行为期一年的师资训练。短期培训和专科训练相结合，为定县培养了大批平教师资。①

仅用时三年，定县的表演平民学校、育才学校、平民师范学校、平民问字处、平民图书馆、阅报所、游行演讲团相继出现，仅表演平民学校就有 40 多处。在前期文字教育的基础上，晏阳初决定将平教会的实验经验和研究成果（如教材、教具、教学方法、乡村教育制度等）贡献给地方教育局，由地方教育局去进一步推广。

（4）文艺教育

鉴于之前城市的平民教育局限于识字教育，忽视技术训练，乃至平民生计等问题，导致逐渐沦落。晏阳初在定县的实验，基本的识字教育之外，还积极进行文艺运动，以诗歌、故事、戏剧、图画等对农民进行教育。

基于农民需要以及给农民提供使用文字的机会，平教会决定在定县出版适于农民阅读的平民读物。平民读物中百分之七十为常识类，百分之三十为文艺类。文艺包括民间文艺、民间小说、现代小说三个方面。计划出版 1000 册，已出版 340 册，预计在 1934 年完成 600 册。平民读物之外，还编辑《农民周报》，不仅介绍常识，而且让农民有发表言论的机会。②

定县在平民文学、课本的编纂方面拥有一支强有力和经验丰富的队伍，其编辑的平民教材和读物得到社会认可。一些乡村教育机构和乡村建设中心直接采用定县的教材和各种读物。如山东邹平，以前也曾自己编辑课本和各种读物，1934 年在定县开完农村重建会议之后，即和定县达成协议，

---

① 晏阳初. 中华平民教育促进会定县实验工作报告［M］//宋恩荣. 晏阳初全集：1. 天津：天津教育出版社，2013：293.

② 晏阳初. 中华平民教育促进会定县实验工作报告［M］//宋恩荣. 晏阳初全集：1. 天津：天津教育出版社，2013：277.

邹平直接使用定县编辑的各种教材和读本。①

晏阳初认为，戏剧等文艺形式在乡村的教育功能大于娱乐功能。因为乡村农夫脑筋如白纸一般，给他红的就是红的，给他黑的就是黑的。② 九一八事变后，平教会就通过戏剧如《卧薪尝胆》《爱国商人》等文艺教育的形式，激励乡村同胞，唤醒他们自醒、自觉、自强意识。③ 颇受农民欢迎的《屠户》《锄头健儿》等平民戏剧，揭露了乡村农民因文盲和漫无组织而被乡村老财欺侮等乡村现实问题，鼓励农民组织起来反对乡村恶霸势力。④

平民戏剧之外，人民文学、绘画、历史人物故事、无线电广播等众多文艺教育形式，对定县乡村农民的民智启发、民族精神传承及时代潮流传播等起到了重要作用。

2. 生计教育：提高生产力

进行生计教育，提高生产力，改善农民生活，是定县实验的重要目的，也是当时乡村运动的重要内容。

对于定县实验，晏阳初及平教会拟订了一个十年计划：前三年偏重文字教育，期于三年内除尽全县青年文盲；次三年，偏重生计教育；最后四年，偏重公民教育与地方自治训练。卫生教育则与其他教育相辅而行。⑤

定县在 1930 年之前的工作重点，文艺教育之外，就是生计教育。包括对农业进行改良和农业技术推广，以"当地需要不加农民费用负担，而可以增加者为标准"⑥。

（1）农技改良与推广

在农技改良和推广方面，平教会最初有两大留美的农学博士冯锐和傅葆琛。冯锐在金陵大学农科毕业后，前往康奈尔大学留学，获得农业经济

---

① 晏阳初. 致 E. 赛登斯特里克 [M] // 宋恩荣. 晏阳初全集：4. 天津：天津教育出版社，2013：427.

② 晏阳初. 在周会上的讲话 [M] // 宋恩荣. 晏阳初全集：1. 天津：天津教育出版社，2013：152.

③ 晏阳初. 在周会上的讲话 [M] // 宋恩荣. 晏阳初全集：1. 天津：天津教育出版社，2013：148.

④ 晏阳初. 定县的乡村建设实验 [M] // 宋恩荣. 晏阳初全集：1. 天津：天津教育出版社，2013：227.

⑤ 晏阳初. 复曹炎申 [M] // 宋恩荣. 晏阳初全集：4. 天津：天津教育出版社，2013：213.

⑥ 高践四. 调查与报告：参观平民教育定县实验区及乡村建设邹平试验县区之心得 [J]. 教育与民众，1932，3（6）：1241 – 1247.

学博士。回国后曾在岭南大学、东南大学任教。后被乡村平民教育所吸引，希望将农业科学传播给中国农民，而不是局限于学究式的研究。傅葆琛虽然主要负责乡村教育事宜，但他也是农学博士，对于农业技术的改良自是十分感兴趣，于是加入冯锐团队，进行农业技术的改良与推广。

在生计教育方面，定县乡村士绅对平教会的信任是慢慢积累起来的。最初，定县的地方绅董非常勉强地在翟城拨了两亩半的一小块地给平教会进行农业实验。过了一段时间，眼看着平教会的农业改良初见成效，于是自愿拨给土地十七亩。农业试验一年以后，他们将试验田主动增至 200 亩。[①] 为了表达对平教会的实际支持，定县县长和地方绅董、公私团体将全县最好的房子——一座古代考棚赠给平教会使用。平教会将其修缮之后，一半作为平教会的办公地点，一半用作培训学校。[②]

平教会在定县的农业改进，不是探索中国农民耕作的最现代方法，而是探索现代科学和经验在乡村的实际运用。即在原有生产工具、生产经验的基础上，通过民力所及的现代方法来扩大和改进传统农业生产的效果。

结合定县实际进行乡村改造，说起来很容易，晏阳初及平教会的留洋博士们是在无数次的碰壁之后才真正做到的。一位康奈尔毕业的博士曾经发明了一种雏鸡养育箱，较之定县农民自制的箱子更为精致和使用方便，但其中用锡做的通气管，定县的农民就无钱购买。经过十次改造，才造出合于农民实际情况的改良的箱子。[③]

随着定县实验的推进，农业方面的专家也在不断增加。如刘拓博士是农业工程专家，为了改进农村水车，他在一个村子里持续研究了六个月。新水车工作效率是旧水车的三倍，成本还便宜两元钱。同时，平教会的农业专家还改造了播种机、耙犁等传统农具，提高了生产效率，而成本更为便宜。

（2）作物改良和畜种改良

农技改进之外，平教会还尝试改良农作物的种子以及农村牲畜的畜种，

---

① 晏阳初. 有文化的中国新农民［M］//宋恩荣. 晏阳初全集：1. 天津：天津教育出版社，2013：125.

② 晏阳初. 致 R. L. 威尔伯［M］//宋恩荣. 晏阳初全集：4. 天津：天津教育出版社，2013：127.

③ 汪家正. 定县乡村教育新论：晏阳初的生平和事业［J］. 新中华，1944（7）：107－116.

主要在作物育种选种、畜牧业、园艺、农具、肥料、植物病虫害、养蜂和农业经济方面发力。① 经过改良的棉种，使得定县的棉花产量和质量得到大幅提升。加上博士们推广的经营和交易方法，定县仅棉花方面的收入，就从 1932 年的 120000 元猛增至 1937 年的 1800000 元。② 定县的棉花种子因此得到全国认同，在很多乡村进行推广。

定县改良的基本原则是基于当地实际情况进行，而不是为了便利和效果从国外引进。毕业于威斯康星大学的陆燮钧负责畜牧研究。他在定县农村到处寻找当地的优秀鸡种，寻找几天一无所获。有一天，在一个农户家里，猛然发现了一个好鸡种。陆燮钧眼中发光，猛冲上前想要抓住它，全然忘了这是别人家的鸡，村民被他惊得目瞪口呆。最终他从村民手里买下这只鸡，带回平教会农场进行研究。

平教会改良的牲畜品种，通过各村学生经营的农场进行喂养试验，并举办大型庙会及农产品展览会进行推广。平教会在农业改进方面效果显著，得到定县农民的认可。很多农民尤其是平民学校毕业的农民，逐渐成为乡村农业改进的主力。

平教会还办理各种巡回训练学校，学生为平校毕业生或与平校毕业程度相当的农民，对他们进行畜牧、园艺、选种、病虫害的训练③，提高他们的农业生产能力。

晏阳初希望定县的平民教育，在开发民力的基础上，能逐渐由外力推动转向由农民为主体的自主发展。在平教会的周会上，晏阳初殷殷告诫同仁："因我们不能将各个'村'抱在怀中而使之长大。我们不帮忙，不成；包办也不成。要很仔细地确定我们的态度。"④

（3）农村经济组织改良

农业生产和技术改良之外，农村经济组织的改进是生计教育的又一重要目标。晏阳初认为，农村经济组织的改进，应该以合作为原则，以"生

---

① 晏阳初. 中国的新民 ［M］∥宋恩荣. 晏阳初全集：1. 天津：天津教育出版社，2013：139.
② 汪家正. 定县乡村教育新论：晏阳初的生平和事业 ［J］. 新中华，1944（7）：107 - 116.
③ 晏阳初. 在周会上的讲话 ［M］∥宋恩荣. 晏阳初全集：1. 天津：天津教育出版社，2013：167.
④ 晏阳初. 在周会上的讲话 ［M］∥宋恩荣. 晏阳初全集：1. 天津：天津教育出版社，2013：167.

产合作"为中心，以连锁信用合作及运销合作为辅助。① 所以，定县在经济组织的建设方面极为用心，建立了自助社，对农民进行资金救助；成立了综合的合作社，以服务全村主要经济活动为目的，对于农民购买、生产和销售等方面所需要的资金进行支持。定县还帮助农民建立村合作社，由村合作社组成联社，两个以上的联社组成一个县联合总社。由联社监督并协助其社员做好销售和采购工作，并组织贸易委员会研究市场及定县的实际情况。② 到1938年，定县的乡村合作社有数百所，分布在各个乡村。还有一个庞大的全县合作总社，统辖流转这些基层合作社。③

3. 公民教育：提高团结力

1930年开始，定县在前期重点进行的文艺教育和生计教育之外，开始全力实施四大教育，公民教育和卫生教育得以大力推进。

公民教育是要解决农民"私"的问题。晏阳初认为，中国大多数人民不能团结、不能合作、缺乏道德陶冶以及公民的训练。要解决"私"的问题，就要激起人民的道德观念，施以良好的公民训练，使他们有公共心、团结力，有最低限度的公民常识、政治道德，以立地方自治的基础。④

因而，定县实验的总体目标是要"作新民"，即不是让不识字的工匠或农民变为"读书人"，而是要使他们成为有聪明才智和进取心的中华民国公民。⑤

为了培养好公民，平教会以家庭教育的方式进行公民教育。家庭式教育是定县三大教育方式之一，其目的在于帮助解决家庭与学校之间的矛盾，扩大家庭责任感，使得"家庭社会化"，同时可以使家庭中的年长妇女对青年妇女教育和儿童教育不再反对或阻挠。⑥

---

① 晏阳初.致中华教育文化基金会请款书［M］//宋恩荣.晏阳初全集：1.天津：天津教育出版社，2013：160.

② 晏阳初.定县的乡村建设实验［M］//宋恩荣.晏阳初全集：1.天津：天津教育出版社，2013：231-133.

③ 汪家正.定县乡村教育新论：晏阳初的生平和事业［J］.新中华，1944（7）：107-116.

④ 晏阳初.中华平民教育促进会定县工作大概［M］//宋恩荣.晏阳初全集：1.天津：天津教育出版社，2013：214-215.

⑤ 晏阳初.中国的新民［M］//宋恩荣.晏阳初全集：1.天津：天津教育出版社，2013：140.

⑥ 晏阳初.定县的乡村建设实验［M］//宋恩荣.晏阳初全集：1.天津：天津教育出版社，2013：224.

用家庭教育实施公民教育，即是对每个家庭分子进行公民道德的训练，使之了解个人与社会的关系，并发扬其公共心。①

家庭教育之外，平教会也注重在教科书和其他材料中强化公民观念。他们编辑出版各种公民教育材料，如《公民道德根本义》《国民生活上应改正之点》以及《公民课本》等。还通过组织关于增进公民权利和义务的各种活动，如组织村民共同修建道路，组织妇女参加"改善家庭"俱乐部等活动，同时加强与邻村的合作。平教会所组织的乡村体育运动会、象棋比赛和作文比赛等活动，为乡村注入全新的生活方式。而乡村足球比赛，以及踢毽子比赛，则强化了村民之间的合作意识。

不过，随着政府对乡村建设的关注和支持，定县的公民教育逐渐转向政治研究。尤其是河北县政建设研究院成立以后，县政改革成为政治改革的重点，也成为定县的重要研究内容。定县的县政改革，是基于学术研究、结合农民需要进行的，实则是学术政治化和政治学术化的体现。

经过一年半的研究和实验，定县的县政实验，得到政府的高度认同。国民政府派出张治中等人前往定县参观，并撰写参观报告。随后政府相继成立江宁实验县、兰溪实验县，进行县政实验。各地研究县政也蔚成风气。②

4. 卫生教育：培养强健力

卫生教育工作，在于解决乡村"弱"的问题。定县的乡村卫生工作，是在文艺教育取得初步成功的基础上，由社会调查组和卫生调查组对定县的医疗卫生情况进行实际调查，在调查的基础上，1930 年才开始大力推行。

公共卫生在当时的中国是一个全新的课题，乡村卫生更是少有人提及。为了让大众关注乡村卫生，晏阳初借鉴识字运动的经验，在定县先来一场卫生运动。平教会聚合政府各个部门、平民学校、毕业生同学会及乡村领导（村长、乡长），在赶集的时候到处贴满卫生运动的标语，军乐团做前导进行游行宣传，然后是各种演说、小型戏剧、有关健康的幻灯和电影。经

---

① 晏阳初. 中华平民教育促进会定县工作大概［M］∥宋恩荣. 晏阳初全集：1. 天津：天津教育出版社，2013：215－216.

② 晏阳初. 平民教育运动简史［M］∥宋恩荣. 晏阳初全集：2. 天津：天津教育出版社，2013：362.

由此次运动，定县民众对卫生健康有所认识，地方士绅还组织了定县健康协会①，为定县随后开展的卫生教育奠定了较好的思想基础。

定县的卫生教育，注重大众卫生与健康、科学医药的设施，尽量使农民在他们的经济状况下能得到科学的诊疗，并建立村—区—县保健组织。晏阳初认为，在现有乡村条件下，保健制度必须以村为基础。为保障每个村能有一个保健员，平教会卫生部从平民学校毕业生同学会中选择会员，在区保健站接受为期十天的保健训练，再由他对村民进行诊疗。

村保健员的任务较为全面：登记村子的出生和死亡人数；预防天花，为全村种牛痘；作为示范，按照图纸，重建水井，以防污染；用保健急救箱内十种重要和安全的药物，从事简单治疗；介绍不在村保健员治疗范围内的病人到区保健站治疗；作为"卫生保健推广人员"，尽力协助高级医护人员接触乡民并传播卫生保健知识。②

村保健组织的实施极为有效。差不多每天都有好几个人去找村保健员看病，其治疗正确率也能达到百分之九十五。

村保健员属于无给职，义务为村民服务。不过，村保健员虽然辛苦，但因为困扰村民的一些常见的沙眼、天花及轻微的疾病，经这些村保健员治疗而得以康复，村民对他们十分感谢，他们成为村庄里"极有脸面，极受人尊敬的人物"③，精神上十分享受。

为保证村保健员在乡村卫生工作中的基层作用，继续训练很有必要。因而，村保健员一般一周一次，接受区保健站医生的监督、指导。

较之村保健站，区保健站的设施要完善很多，配备了合格的医生、护士或换药员。区保健站之外，全县设一县保健中心，包括一所医院、一个实验室、办公室和乙级医学校。县保健中心从事的工作很多，除医学研究和培养医学人才外，还需要治疗区保健站无法治疗的病人，进行流行病的防治工作，以及关于学校卫生、清洁、产妇与儿童保健、生育节制等方面

① 晏阳初. 致 R. L. 威尔伯 [M] //宋恩荣. 晏阳初全集：4. 天津：天津教育出版社，2013：163.
② 晏阳初. 定县的乡村建设实验 [M] //宋恩荣. 晏阳初全集：1. 天津：天津教育出版社，2013：234.
③ 汪家正. 定县乡村教育新论：晏阳初的生平和事业 [J]. 新中华，1944（7）：107 – 116.

的宣传和推广等工作。①

由于乡村卫生极其薄弱，晏阳初对乡村卫生工作极为上心，大力网罗卫生方面的专业人才。晏阳初曾多次致信协和医院公共卫生学主任教授兰安生——被誉为社区保健及社会医学的先驱和公共卫生学的思想家与实践家，请求他派医学和卫生方面的专业人才。

卫生部负责人陈志潜，在定县工作六年，创立了他构想多年的农村三级保健网，开展保健服务和健康教育。陈志潜所创立的乡村保健制度，不但被国民政府中央卫生署采用，亦被印度、菲律宾、捷克等国所仿行。②

定县医院的医生和各种卫生教育方面的人才，大都是精英，多为留美博士或大学毕业生，有自己的专业特长，且经常和国外前来定县考察的各种卫生专家交流研讨，为定县的乡村卫生工作做出了卓越贡献。定县所吸引的大批卫生专家，使得定县很快成为中国农村卫生中心。北平协和医学院、湖南医学院和上海国立医学院等国内主要的医学院都派学生来接受农村卫生训练。国民政府行政院农村复兴委员会开了一所乡村工作人员训练所，就指派定县承担训练任务，而各省教育厅也准备选送大约三百名具有大学水平的学生前来训练所接受训练。③

至 1934 年，定县有五十六个村设置有保健员共六十一人，乙级医校毕业生十六人；所培养的助产士取代旧式产婆进行接生，产妇无一死亡，新生儿的死亡率大大降低；针对乡村的节育宣传也取得较好效果。

（三）定县经验及初期推广

1. 雄厚的经费和精英人才的支持

定县实验的经费，有三个来源：一是来自于中国民众的捐赠，包括国内人民和国外侨胞；二是中国政府，包括中央及各省政府；三是中国和外国的各种基金会。前期经费主要来自国人，后期由于国内形势动荡以及国

---

① 晏阳初 . 定县的乡村建设实验［M］//宋恩荣 . 晏阳初全集：1. 天津：天津教育出版社，2013：236.

② 晏阳初 . 农村建设要义［M］//宋恩荣 . 晏阳初全集：2. 天津：天津教育出版社，2013：132.

③ 晏阳初 . 致 E. 赛登斯特里克［M］//宋恩荣 . 晏阳初全集：4. 天津：天津教育出版社，2013：433.

外主要是美国财团对平教运动的认同，经费主要来自国外。① 因而，较之其他乡村教育和乡村建设的民间团体，平教会的经费是极为充裕的。仅定县的卫生工作，陈志潜所编定的一个五年计划（1935—1940 年），其资金预算就达到六十七万鹰洋。② 1932 年南斯拉夫的公共卫生专家斯丹巴代表美国基金会到定县考察，就批评定县的卫生工作在金钱花费上较为靡费。③

　　定县的平民教育和乡村改造，在经费方面确实有点财大气粗。想当年晏阳初刚回国推广平民教育时，平教会一年的预算才 3600 元。④

　　人才方面，晏阳初更是秉承精英路线，认为乡村建设尤须注意专门人才，必要时，或须聘请国外专家，以收速效。在给罗士培的一封信中，晏阳初说得很直接："我们最迫切的需要是让各种各样的专家来定县生活，他们具有创见性的思想、丰富的经验以及实际技术，帮助我们解决在相当短的时间内无法独立解决的困难。"⑤

　　为了罗致人才，晏阳初不仅亲自前往美国物色留学生，也通过朋友介绍，一旦有适合于定县建设的专业人才，就会想方设法吸纳过来。负责卫生工作的陈志潜由协和医学院毕业，曾在晓庄担任乡村卫生实验区主任，有乡村卫生方面的实践经验。晓庄被封后，陈志潜到美国哈佛大学公共卫生学院深造，还在麻省理工学院进修健康教育学，于 1931 年获公共卫生学硕士学位，回国后任职于内政部卫生署。晏阳初认为陈志潜简直是定县卫生工作最合适的专家，想方设法邀请他来定县工作。经过长时间的多方协商，陈志潜最终得以前往定县。

　　在精英主义思想影响下，定县实验区有大批的留美博士和国内精英，负责定县各部门的工作。如负责农业的冯锐（梯霞）是美国康奈尔大学农学博士、刘拓是美国艾阿华大学博士；负责教育的瞿菊农是哈佛大学教育学博士、汤茂如是哥伦比亚大学教育硕士；负责社会调查的李景汉是哥伦比亚大学社会学博士；等等。即便是平教会的一般职员，也有相当部分受

① 晏阳初. 复斯丹巴［M］// 宋恩荣. 晏阳初全集：4. 天津：天津教育出版社，2013：271.
② 晏阳初. 致 E. 赛登斯特里克［M］// 宋恩荣. 晏阳初全集：4. 天津：天津教育出版社，2013：433.
③ 在全体职工会议上的讲话［M］// 宋恩荣. 晏阳初全集：1. 天津：天津教育出版社，2013：182－183.
④ 汪家正. 定县乡村教育新论：晏阳初的生平和事业［J］. 新中华，1944（7）：107－116.
⑤ 晏阳初. 致罗士培［M］// 宋恩荣. 晏阳初全集：4. 天津：天津教育出版社，2013：230.

过高等教育。到 1932 年，平教会职员大约 230 人，其中大学毕业生约
60 人。①

晏阳初精英化的用人方针，使得定县实验在经费上有更多需求。他不
得不花费大量时间和精力周旋于各资助方，以获得经济支持。当然，精英
化的用人方针，也是定县实验成功的关键因素之一。

2. 定县实验的效应与初期推广

在雄厚的经济和人才支持下，平教会以定县为核心，集中人力、物力
和财力进行乡村建设实验，以家庭、学校、社会三种教育方式，进行文化、
经济、卫生和政治等方面的建设，很快就声誉鹊起，闻名全国。国内外的
参观者络绎不绝，国外参观者如孟禄、霍金、斯诺、国际联盟教育委员会，
国内的则几乎天天收到各政府机关或人民团体的来信，请求派遣技术人员
和训练人员，前来定县参观、考察和学习。

前来参观学习的实在是太多了，有时一天就有五个团体在定县，以致
工作人员几乎没有时间做自己的正常工作。② 即便在定县公开通知并直截了
当地拒绝接待来访者后，每月仍有好几百人来访。③ 仅 1933 年，四川、内
蒙古、广东、云南等地到定县参观、访问者就不下三千人次。这些参观者
中的大多数人，希望能把基于定县经验的研究计划，实施于当地。④

定县实验取得一定成绩后，国内各地都向定县请求平民教育人才的支
援，如东北的张学良父子。平教会和东北平民教育结缘，早在 1924 年平教
会成立不久就开始了。当时张学良父子看到关内的平民教育搞得有声有色，
有心在东北推行。他们计划先从军人入手，通过军人平教获得成绩和经验
后，再推广到一般民众，特意邀请晏阳初到东北考察筹划军人平教事宜。⑤
在军人平教的基础上，张学良希望晏阳初能帮忙"在我能统治之各地实施
平民教育，要二三载之后，使他们全能读书识字"⑥。

---

① 晏阳初. 复 J. 洛根 [M] //宋恩荣. 晏阳初全集：4. 天津：天津教育出版社，2013：287.

② 晏阳初. 致兰安生 [M] //宋恩荣. 晏阳初全集：4. 天津：天津教育出版社，2013：211.

③ 晏阳初. 致 E.C. 卡特 [M] //宋恩荣. 晏阳初全集：4. 天津：天津教育出版社，2013：323.

④ 晏阳初. 定县的乡村建设实验 [M] //宋恩荣. 晏阳初全集：1. 天津：天津教育出版社，2013：244.

⑤ 平教促进会第三次会议 [J]. 申报，1924 - 07 - 09 (10).

⑥ 张学良将办平民教育 [N]. 时事新报，1926 - 12 - 29 (10).

晏阳初亲自到绥远考察，帮助他们草拟三年扫盲计划，并派遣定县工作人员前去指导工作，再由东北派遣人员到定县接受实际训练。因为晏阳初认为，平民教育仅受理论训练是不够的，必须通过参加实际的扫盲工作获得实践经验。

不过，定县自身本就人才缺乏，无法满足更多的人才请求，只能帮助培训人才。如河南省立民众教育学院派遣二十名最好的毕业生来定县集训，受训完成后，返回河南组织全省平民教育。[①] 后来河南省政府干脆派了一百五十名代表前往定县，待了两个星期，接受培训并参加实际工作。[②] 河南后来的镇平也成为和山东邹平、江苏无锡、河北定县并肩的四大乡村建设中心之一。

至 1932 年，以县为单位的农村建设已有七八处。梁漱溟在山东邹平、黄炎培在江苏徐公桥的实验也影响及于全国，还有更多有志于乡村建设者和社会名流准备或者是已经开始进行乡村建设工作。

在乡村运动大潮下，前往定县参观、考察、学习的人极多，其中不乏一些社会名流和国家政要。1932 年，内政部次长甘乃光考察华北农村实验中心，花了四天时间考察定县。日益浓厚的乡村建设空气，尤其是以县为单位的实验成绩，使得国人逐渐形成要进行乡村建设得去定县进行指导和训练的意识。各省政府也派人前往定县，如广西、江西、湖南和山西等省政府就同时派代表前往定县，希望以定县为模式，开展改善乡村的项目。[③]

定县的成绩也引起国民政府对乡村建设问题的关注。1931 年，蒋介石电召晏阳初前往南京，询问定县乡村建设情况，拟在家乡奉化溪口推行乡村改革。[④] 1932 年 11 月左右，蒋介石再次给晏阳初电报，要求他带定县最好的人员前往汉口，帮助湖北、湖南、安徽和江西四省拟订重建计划，并

---

① 晏阳初. 复王正黻［M］//宋恩荣. 晏阳初全集：4. 天津：天津教育出版社，2013：202 - 203.

② 晏阳初. 致 E. C. 卡特［M］//宋恩荣. 晏阳初全集：4. 天津：天津教育出版社，2013：323.

③ 晏阳初. 致 E. C. 卡特［M］//宋恩荣. 晏阳初全集：4. 天津：天津教育出版社，2013：323.

④ 蒋召晏阳初［N］. 益世报（天津），1931 - 03 - 06（7）.

派员协助重建。①

社会名流和国家政要的参观、蒋介石的关注，对于国家层面的乡村政策和乡村改造具有较大的推动作用。1932 年，国民政府不仅在河北、山东、江苏、安徽等省成立地方自治筹备委员会，并于 1932 年底在南京召开第二次全国内政会议，由晏阳初、梁漱溟酌拟提案，思谋县政建设实验，以扫除文盲、改良农业、组织合作社，以改善人民生活和提高文化最要紧。大会一致通过"各省建立一个县政建设研究院"的议案，行政院成立农村复兴委员会，联合教育、立法机关促进乡村建设。自此，以县为单位的乡村建设工作，得到南京国民政府的关注和支持。在南京国民政府支持之下，各省尤其是地方县政府的乡村建设工作，更是得到较大发展。

3. 政教合一：县政实验及其效果

全国内政会议之后，1933 年，定县在公民教育的基础上，增加政治教育的内容，开始进行县政实验。

晏阳初在定县早期的实验，是基于学术和私人团体的立场进行研究和实践，极力主张乡村工作独立于政治，只根据农民的实际需要进行乡村研究和乡村建设。随着政府对乡村教育的关注，尤其是全国内政会议以后，晏阳初乡村工作独立于政治的思想开始发生转变。认为县政府是县域范围内进行乡村建设的唯一有效的权力机关和行政机关，在事实上直接而重要的影响乡村生活的各个方面，如果不重视地方政府，乡村建设工作很可能遭受阻碍。② 而且，经过几年的学术研究和实践，定县已经取得了一定的研究成绩，可以适当进行推广。私人团体自下而上的研究没有问题，但要推广则非借助政治力量不可。于是决定将学术和政治打成一片，借助政府力量，将前期研究的经验——教育的内容及农村建设的方案——推广出去。

1933 年春，河北省成立河北县政建设研究院，这是全国第一个县政建设研究院。研究院和平教会密切合作，以定县为研究院院址，晏阳初为研究院院长，陈筑山为副院长。霍理白为秘书长兼训练部主任、瞿菊农为研

---

① 晏阳初. 致 E. C. 卡特 [M] // 宋恩荣. 晏阳初全集：4. 天津：天津教育出版社，2013：324.

② 晏阳初. 定县的乡村建设实验 [M] // 宋恩荣. 晏阳初全集：1. 天津：天津教育出版社，2013：237 – 238.

究部主任、李景汉为调查部主任、霍六丁为实验部主任，[①] 教职员工七十余人，学生一百六十多人。[②]

研究院成立之后，利用其行政权力，将平教会之前的研究成果和经验方法推行于定县全县，取得较大成绩。如除文盲、县单位保健制度、农业表证制度乃至农业合作制度，皆迅速推行于全县，较之平教会以前的推广工作，效果更为显著。

河北县政建设研究院成立后，晏阳初四大教育的内容逐渐包含在县政中。1934 年，在定县召开全国乡村重建会议，全国 76 个组织和 11 个省的领导人或负责人共 150 多名代表参会。在此次会议上，对于农村重建的概念进行了厘定：在中国这样一个正在经历文化和物质变迁的国家，农村重建是一项比在西方的含义更积极、更有生气的事情。它不只是铺几条路、建几所学校这样的修修补补的工作，而是件要通过社会和政治重建，在中国古老文明的基础上建立新的文明的积极工作。[③]

会议之后，平教会进一步强化县政研究。在行政上，定县实验区逐渐成为研究院领导下的实验区，政教开始合一。

由于行政力量的推动，定县的教育成就显著：至 1935 年，定县全县472 村，成立民校者有 338 村（1934 年为 430 村）。调查部根据局部调查推算，定县全县 14 ~ 25 岁的青年有 8 万余人，文盲占比约 39%，识字者占比61%。其中，全县男青年中识字者占比达到 90%，女青年中识字者占比达到 27%。[④] 经济建设、卫生工作、县政建设等皆进步迅速。

在定县等早期实验县成绩的驱动和国民政府的政治支持下，1934 年，全国有六百多个团体从事农村工作，有一千多处在从事乡村建设实验。[⑤] 其中，有相当部分的乡建中心和定县有着密切关系。如和定县只有两个小时火车车程的涿县，借助近水楼台之便，有志于乡村建设者较早在定县接受

① 何适. 晏阳初成功史［J］. 时事新闻，1948，（6）：14.

② 李国齐. 晏阳初先生生平及其事业［J］. 农村杂志，1946（创刊号）：6.

③ 晏阳初. 致 E. 赛登斯特里克［M］// 宋恩荣. 晏阳初全集：4. 天津：天津教育出版社，2013：426.

④ 晏阳初. 定县实验区工作概略［M］// 宋恩荣. 晏阳初全集：1. 天津：天津教育出版社，2013：354 – 355.

⑤ 晏阳初. 乡村运动成功的基本条件［M］// 宋恩荣. 晏阳初全集：1. 天津：天津教育出版社，2013：264.

训练。这些受训人员回去以后，自发组织起来，借鉴定县经验，在全县范围内开展了教育改革，合作社和农业改进方面也已展开实验。对于涿县成就，晏阳初认为"对于一个贫穷和饱受战乱之害的地区来说，它的成就确实令人惊讶"①

定县实验并非一帆风顺，而是屡受挫折。在和地方、大学的各种合作中，也有失败的教训。县政建设研究院成立后，晏阳初和南开大学经济学院合作，培训经济建设方面的人才。其时南开经济学院院长何廉，对于人才训练十分热心，于是晏阳初邀请他担任县政建设研究院经济学校校长。但是在其后的合作中，何廉所计划的人才训练，还是偏向于学术训练，而不是基于乡村建设的需要，甚至要将经济学校迁移到天津。这些做法，都是晏阳初所不能接受的，最终不得不中止合作。

定县在实验过程中也因存在不少问题而被批评。如南斯拉夫的公共卫生专家斯丹巴到定县考察后，对其实验工作提出了十二点批评，认为平教会的组织太美国化，人才比较学者气，金钱方面较为靡费，且平教会在数据管理方面也较为欠缺经验。② 斯丹巴的批评，有相当一部分是针对平教会的组织和管理，对于定县实验本身，还是充分肯定的。

定县实验中，平教会借助地方政府和乡村士绅进行，因而有人认为定县实验，脱离中国整个社会经济与中国革命的联系，不注重革命意识的培养，只是基本的改良，甚至可能造就新的地方土豪。尤其是平教会相信教育万能，希望通过教育的方式来实现农村建设，这不符合中国的现实。③

也有人质疑定县只着眼于生计问题的解决，而没有关注分配问题。其生计教育的主要对象，也集中于中农，而对于真正需要改善生计的贫农，并没有提供任何帮助。④

批评者站在不同立场，从不同角度对定县的乡村建设进行批评。这些批评，并不是完全没有道理的。平教会借助政府支持，不能从根本的制度

---

① 晏阳初. 致 E. 赛登斯特里克［M］//宋恩荣. 晏阳初全集：4. 天津：天津教育出版社，2013：426.

② 晏阳初. 在全体职工会议上的讲话［M］//宋恩荣. 晏阳初全集：1. 天津：天津教育出版社，2013：182 - 183.

③ 张炳钧. 定县实验区的介绍与批判［J］. 众志月刊，1934，1（5）：64 - 77.

④ 曹日昌，朱启贤. 对平教会定县实验工作述评［J］. 教育短波，1935（17）：94 - 97.

尤其是涉及农民生存最根本的土地制度等方面进行改革，这就使得他的乡村建设只能是改良主义的，不能真正解决农村问题。

总体而言，定县实验的成绩，还是得到了国内外的很多认同。定县的实验成绩，与晏阳初的领导和设计密不可分。埃德加·斯诺就极力称赞晏阳初"是一位有才干的学者，一个有独创的教育家，一个勤奋的作家，一个能激励人心的中英文演说家。他也是一位朝气蓬勃的知识分子，这在保守的亚洲是很少见的。他有敏捷的思路，有创造力，有发明才能，有想象力。他还是个组织者，是个实干的思想家，活跃的执行者。在定县实验中，到处都能触及到他的天才"①。此乃对晏阳初及定县实验的中肯评价。

五、定县经验的推广：湖南、四川的县政实验

（一）走出河北：定县经验的推广尝试

定县乡村建设的成就，使得全国各地都向晏阳初请求乡建人才支持，或是以定县为模范进行乡村改造。在晏阳初尚未做好在河北以外地区推广定县经验以前，就有很多地方强烈要求晏阳初或定县派人前往指导乡村建设。有性子急的则直接派人前往定县学习，回去后借鉴定县经验自行建设。如河南镇平，受训人员回去即着手乡村建设工作，在自卫工作方面取得巨大成就。只是在社会和经济建设方面没什么成效，需要定县派员指导。而广西、江西等省也都殷切邀请，希望定县派人前往指导。广东更是趁定县农业部主任冯锐回家奔丧的机会，硬是让他留下指导农村改进工作，并以冯锐的家乡为中心，进行农村改进实验，并希望晏阳初及平教会支援。②

经过八年实验，定县的各项工作都有序进行，且成效显著。晏阳初觉得有必要在定县之外，开拓新区域，产出新生命。

晏阳初决定将定县经验向河北省外进行推广，主要有以下几个考虑：

---

① 埃德加·斯诺. 唤醒中国的民众［M］//宋恩荣. 晏阳初全集：1. 天津：天津教育出版社，2013：639.

② 晏阳初. 致 J. A. 金斯伯里［M］//宋恩荣. 晏阳初全集：4. 天津：天津教育出版社，2013：274.

一是进一步完成平教会的研究实验。定县的教育、生计、卫生研究，行将完成。但财政、民政等研究，要另辟新的区域。二是中国幅员辽阔，各省情形各异，华北经验未必适用其他各省，有必要在华北以外地区进行比较实验，以便于今后进一步的推广。三是各地当局邀请协助情殷，难以推却。四是希望在县政实验的基础上，进行省政实验。但到底哪一省份适合省政实验，需要进一步去探索。① 当然，平教会的乡村建设工作走出河北，跟华北地区的局势日益紧张也有极大关系。

不过，对于定县经验的推广，晏阳初极为慎重，并不以铺大摊子为目的。在早期平民识字运动中，平民教育促进总会成立后，各地纷纷组织平民教育促进分会。其中不乏真正重视扫盲工作，但更多的人是因为识字运动在当时很时髦。即便是忠实于识字运动的人，也忽视了扫盲工作中的各种问题及必需的技能，以致兴旺一时的各地平民教育促进会昙花一现。②

鉴于此，晏阳初设定：只有当地在政治和社会条件上满足了进行乡村建设的条件，才能进行定县经验的推广。在众多区域中，晏阳初认为当时广西的治安问题已经得到解决，当局从政廉洁，励精图治，对于科学极其信任，有良好的政治基础，且广西当局对于平教会的工作一直十分欣赏和认同，于是最先选择广西作为定县经验的推广地。

平教会先是派遣汤茂如在广西主持工作，后汤茂如的工作因故停止，于是派遣定县乡村建设的老将，也是主要领导人的陈筑山，带领一批定县干将前往广西，将定县的实验成果推广于省外。

广西之后，晏阳初又将湖南和四川作为定县实验推广的区域。他认为，将来应该为中华民族尽最大力量的，有三个地方，即广西、湖南和四川。这三个地方在政治和社会条件方面，都满足晏阳初推广定县经验的要求，可以成为定县经验的推广场。③ 晏阳初选择这三个地方，除开地区优势之外，最主要的是"可以通过与省政府的合作论证一项基础改造计划，并在

---

① 晏阳初. 在民国二十六学年度第一届平教会行政会议上的讲话 [M] // 宋恩荣. 晏阳初全集：2. 天津：天津教育出版社，2013：23.

② 晏阳初. 致 J. A. 金斯伯里 [M] // 宋恩荣. 晏阳初全集：4. 天津：天津教育出版社，2013：274 – 275.

③ 晏阳初. 在第六次大周会上的讲话 [M] // 宋恩荣. 晏阳初全集：1. 天津：天津教育出版社，2013：401.

这一过程中进行大规模推广所必需的方法"①。

从 1936 年开始，平教会的工作区域有四个：定县、广西、湖南和四川。四个地方情况各异，平教会的工作重点也有所不同。定县主要在于维持，以求保存基本的工作；广西适于表证平教会的工作；四川主要是先联络，撒下种子，以为为将来工作重心之预备；湖南则地域适中、人事和洽、学术条件较好且与广西相隔不远，彼此人员可以互调，晏阳初决定以湖南为未来五到十年内平教会工作的主要阵地。②

从平教会 1936 年的工作安排可以看出，晏阳初对于华北情势，已经感觉不妙，并做好了随时退出的准备。

平教会在广西的推广工作本来极为顺利，后来因为西南问题的扩大，广西平教工作不得不停止。1937 年 9 月，定县沦陷，定县实验区的所有工作被迫停止，部分成员留在定县参加敌后抗日，其余则前往湖南，继续进行县政实验。③

（二）定县经验的深度推广：湖南的乡村建设

1. 湖南衡山的县政实验

（1）为何是湖南

在考虑向河北省外进行推广的各省中，湖南是晏阳初认为最理想的省份。因为湖南地处中国中心，有几位省政府官员对乡村建设有着浓厚兴趣，晏阳初觉得这是可以代替定县的最合适的地方。

早在 1935 年，湖南省政府主席何键就邀请晏阳初到长沙介绍定县实验的相关情况。晏阳初向湘省党、政、军各界要人进行演讲，介绍定县实验的过程和成果，然后到省党部讨论湖南平民教育的推进问题。④

1936 年 2 月，在何键的屡屡邀请下，晏阳初、瞿菊农、彭一湖抵达湖南，和湖南省政府主席何健、教育厅厅长朱经农商讨，决定设立湖南省实

---

① 晏阳初. 致 T. H. 孙 ［M］//宋恩荣. 晏阳初全集：4. 天津：天津教育出版社，2013：488－489.

② 晏阳初. 在民国二十五年度工作计划行政会议上的讲话 ［M］//宋恩荣. 晏阳初全集：1. 天津：天津教育出版社，2013：405－407.

③ 宋恩荣，晏阳初年谱简编 ［M］//宋恩荣. 晏阳初全集：1. 天津：天津教育出版社，2013：650.

④ 晏阳初在湘演讲 ［J］. 民间（北平），1935，1（24）：19－20.

验县政委员会，以衡山县为实验县。

到 1936 年，晏阳初已经做好平教会南迁的思想准备，且衡山实验县也基本确定。由于衡山实验县及湘省平民教育是在省政府的支持下进行，晏阳初认为平教会的平民教育"已由县单位之实验，演进至省单位实验之阶段矣"①，因而干劲十足。

1936 年 6 月，晏阳初将平教总会从定县搬迁到湖南长沙。1936 年 7 月 1 日，衡山乡村实验县成立。

衡山乡村实验县的实验目的在于"将定县所有已试完成之各种乡村建设组织制度及改良方法等，均试行于湘南农村社会，再行推广及于全省，同时进行训练本省乡村建设所需用的人才"②。衡山实验县是晏阳初以省为单位进行平教实验的尝试，因而十分重视，在人员配备上也极为用心。以曾任定县县长的彭一湖任衡山县县长，汪德亮任乡村师范学校校长，黎继纯任育才院训练及编纂设计工作。

（2）衡山育才院及其人才培养

育才院全称为农村建设育才院，晏阳初因为全国多地向定县请求人才支援，于 1935 年设立。他认为，人才是乡村建设是否成功的关键。合格的乡建人才，尤其是乡建推广人才，必须具备以下条件：一是要有现代高等教育的良好基础；二是要有深入农村吃苦耐劳的身体与精神；三是要有关于农村建设应有的专门知识与技能；四是要有服务农村社会的经验；五是要有认识中国各种复杂问题及随时自动求解决方法的能力。③

育才院以曾受过大学教育的青年为培训对象，希望通过一到两年的训练，养成办理农村建设、社会改造的专业人才，以便分配到各地推进乡村建设。人才训练之外，育才院还负有学术研究的责任。

平教会总部迁到长沙后，定县育才院的研习生在 1937 年也来到长沙，准备支援衡山实验县的工作。晏阳初鼓励他们要自动研究，到乡村去观察、研究、实验，才会发现问题、认识问题并找到解决问题的方法。④

---

① 晏阳初报告湘蜀之行 [J]. 民间（北平），1936，2（23）：19.

② 晏阳初谈川湘两省乡村建设 [J]. 大公报（天津），1937 – 02 – 07（3）.

③ 中华平民教育促进会农村建设育才院缘起 [M] // 宋恩荣. 晏阳初全集：1. 天津：天津教育出版社，2013：625.

④ 晏阳初向研习生训话 [J]. 民间（北平），1937，3（22）：17 – 18.

湖南衡山育才院因湖南和四川的乡村工作人才奇缺而创办，以湖南、四川曾受过大学教育的青年为对象，另招有志青年，一起训练。湖南选送了 10 名，作为乡师人才送训，准备培训以后，分配到湖南全省去改造乡村师范。①

（3）衡山乡师

衡山乡师是衡山实验的重点内容。1936 年 10 月，晏阳初在衡山乡师，以"误教"和"无教"为题进行演讲。指出中国所谓的新教育，实则是欧美留学生回国之后，没有考虑到中国的实际情况而照搬的日本、美国式的教育，致有"教育误人"等说法。中国四万万人口中，百分之八十在乡村，是没有接受过教育的。鼓励乡师同学要能吃得苦，能到乡村去进行小学教育和民众教育，去改造村政和县政。②

晏阳初希望通过衡山乡师，发展一种与创建乡村改造计划自身相联系的基层乡村改造人员培训体系，同时为全国设计出一种新型的乡村师范教育。学校第一学期的课程以帮助学生获得一种社会的观点为目的，然后让他们参与衡山地区的调查工作，以认识乡村社会和经济现实。③

经过几年的实验，衡山乡师的办学经验、课程和教育哲学观点，在一定程度上由教育部所采用。④ 其培养的学生，遍及湖南全省。

（4）衡山县政实验的效果

经过一年的时间，衡山的县政实验工作基本上了轨道。于是在衡山办了一个农村建设示范区，希望在民、财、教、建、保等各项工作方面做出一个雏形，以使全县乡村有一个观摩的地方。并拟将衡山原有的五十七个乡镇改编为二十九个，农村建设示范区即是在二十九镇之一。⑤

衡山的县政实验，湖南方面固是抱有极大的期待，平教会同仁也极希望将衡山建成第二个定县，因而平教会大部分负责人都在湖南，双方皆十

---

① 晏阳初. 对在定县工作同志的讲话 ［M］//宋恩荣. 晏阳初全集：1. 天津：天津教育出版社，2013：412.

② 晏阳初. "误教"和"无教"：晏阳初先生在湖南衡山乡村师范讲 ［J］. 民间（北平），1936，3（14）：12 - 14.

③ 晏阳初. 致甘博 ［M］//宋恩荣. 晏阳初全集：4. 天津：天津教育出版社，2013：514.

④ 晏阳初. 当前的时势与任务 ［M］//宋恩荣. 晏阳初全集：2. 天津：天津教育出版社，2013：156.

⑤ 晏阳初讲本年度平教工作 ［J］. 民间（北平），1937，4（2）：14 - 18.

分急切，希望以一年的工夫，完成四年的实验任务。

理想是十分美好的。不过衡山实验以来，困难极多，好几次几乎停顿。尤其是抗战爆发后，县政实验的基本思路和承平年代也大不相同。好在大家十分坚持，衡山乡师的发展已经得到社会和省政府的信任。不过，由于衡山县政实验工作繁多，县长彭一湖终于积劳成疾，由平教会的孙伏园接任。

经过两年多的建设，衡山实验县在财政整理、教育改造、农业推广和合作社的发展、卫生工作等诸多方面，都取得良好成绩。衡山县的实践经验，逐渐推广于湖南全省。

晏阳初对衡山的实验成绩极为认可，认为衡山实验县是平教会所办的三个实验县中，能将实验成果推广于全省的一个县。① 这也是平教会第一次将县域研究成果推广于全省。

2. 湖南全省的农民抗战教育运动

抗战爆发后，湖南的县政实验逐渐转向全省的农民抗战运动。晏阳初认为全面抗战既然开始，就需要全民参与。鉴于抗战中汉奸和敌伪军层出不穷，以及大量被汉奸和敌伪胁迫而成为日寇"顺民"的民众，晏阳初感叹我国民众的无知，使得他们因日寇的一点小惠就忘记自己中国国民的身份。因而，要全民抗战，必须重视民众教育，尤其是占人口百分之八十以上的农民的教育。

如何鼓励农民参与抗战呢？晏阳初认为，第一，要使朝野上下一致树立全民抗战——农民抗战的信念；第二，要大刀阔斧地改革地方政治，使县政机构更为亲民；第三，建议有钱出钱，为开发农民这一潜藏的宝藏而出钱；第四，要有千万热血的知识青年志愿献身农村工作，组织农民训练，大规模地深入民间，去提高农民的民族意识，加强农民力量，使整个农村国防化。②

平教会在长沙成立抗战教育讲习团，招收六十名大学毕业生，分为十团前往乡村做宣传工作，对农民进行真理、生命以及信仰等精神宣讲，鼓

---

① 晏阳初. 湘赣川乡建工作的现状和任务［M］//宋恩荣. 晏阳初全集：2. 天津：天津教育出版社，2013：193.

② 晏阳初. 关于我们为何发起农民抗战教育的广播稿［M］//宋恩荣. 晏阳初全集：2. 天津：天津教育出版社，2013：77.

励他们为抗战做点事业。①

抗战教育讲习团的工作之外，平教会还协助政府开展大规模的民众动员和训练工作。湖南省政府招募了400名大学生，3200名高中生和400名女学生，由平教会编写教材，进行训练，然后分配前往湖南七十五县去训练民众。②

晏阳初认为，中日战争，中国常备军人数不充足，武器也不如日本，必须靠整个民众合作。但是在现有的民众训练方面，极为忽视民族意识和政治教育。所以，平教会协助湖南政府进行民众训练，负责编辑《战时民训》半月刊，编纂民众教育的课本及参考教材，仅农民抗战丛书在湖南的使用就达到三十万册。③

抗战时期，湖南省政府主席张治中（字文白），虽是军人，但之前办过教育。他曾经在巢县黄山办过乡村师范，并多次前往定县参观，对中国大众的力量有较多认识，对晏阳初及定县实验工作极为了解。张治中极为重视湖南民众训练。他和晏阳初所领导的平教会紧密合作，希望能实现全民动员，以配合军队进行抗日。在张治中的大力支持下，湖南的民众训练规模及效果，居于全国首位。

为了增进民众训练效果，民众干部训练成为平教会在湖南工作的另一重要内容。1938年，湖南省成立地方行政干部学校，第一期培训人员中有湖南的县长、县佐治人员、县政督导员、技术辅导员、政治训练员、妇女训练员、乡镇长等，囊括整个县单位的人才。④ 干部学校对这些干部进行生计教育、妇女教育及精神教育等，以增强抗日自卫力量。

行政干部学校第一期培训干部2400余人，分配到第一、二、五、八等四个专员区里的三十九县。俟有成绩之后，即行培训第二期，再分配到其

---

① 晏阳初. 平民教育运动简史［M］//宋恩荣. 晏阳初全集：2. 天津：天津教育出版社，2013：365.

② 晏阳初. 复S.M. 冈恩［M］//宋恩荣. 晏阳初全集：4. 天津：天津教育出版社，2013：552.

③ 晏阳初. 多难兴邦必须训练民众［M］//宋恩荣. 晏阳初全集：2. 天津：天津教育出版社，2013：100.

④ 晏阳初. 地方行政干部培训的意义［M］//宋恩荣. 晏阳初全集：2. 天津：天津教育出版社，2013：114.

余专员区。① 第二期培训人员于 1938 年 7 月结业，共培训县长 47 人，县佐治人员 48 人，县督导员 182 人，乡镇长 950 人，分配至剩余专员区工作。至此，湖南省大规模的地方政治改革工作基本完成。② 这也是全国第一个进行全省地方政治改革的省份。

湖南的各项工作，以全省七十五县为范围，本就超越了平教会原来以县为单位的实践经验，需要进一步的实验研究。但因抗战的需要，省政府急功近利思想较为突出，一切工作都以"快"为要求。对此，晏阳初提醒平教会同仁，"这并不是说一切的事情都该快马加鞭，有些事情一定要费相当的时间才会有成效，欲速则不达"③。

湖南的乡村建设主要由平教会的高级工作人员负责，涉及全省七十五个县。在平教会的努力下，湖南重建了七十五个县政府，撤换了三分之二的县长，培训了五千名较高职务的官员和三万名村干部。④ 湖南的基层行政因此焕然一新，对于发动湖南民众抗战和军民合作起了重要作用。不少前线将官都认为湖南保卫战争的胜利，乃是由这些新改组的地方政府、这些新受训的人员、这些热诚爱国的人民，和军队融洽合作的结果。⑤

武汉失守后，长沙、岳阳相继陷落，衡山实验县的工作不得不告一段落，平教会总部也迁至湘西。虽然屡经战火，颠沛流离，但晏阳初及平教会依然坚守在乡村建设一线，开始着手湘西的改进和建设工作：一方面协助县政府进行社会工作，另一方面协助政府进行社会教育和民众教育。⑥

（三）定县经验的深度推广：四川县政实验

1. 选择四川的原因

1936 年，四川省主席刘湘邀请晏阳初前往四川进行乡村建设。在此之

---

① 晏阳初. 认清时势，修正方法 [M] //宋恩荣. 晏阳初全集：2. 天津：天津教育出版社，2013：142.

② 晏阳初. 以廉正勇勤精神建设地方政治 [M] //宋恩荣. 晏阳初全集：2. 天津：天津教育出版社，2013：149.

③ 晏阳初. 认清时势，修正方法 [M] //宋恩荣. 晏阳初全集：2. 天津：天津教育出版社，2013：143.

④ 晏阳初. 中国平民教育运动的总结 [M] //宋恩荣. 晏阳初全集：2. 天津：天津教育出版社，2013：302 – 303.

⑤ 汪家正. 定县乡村教育新论：晏阳初的生平和事业 [J]. 新中华，1944（7）：107 – 116.

⑥ 晏阳初. 在泸溪办事处元旦同乐会上的讲话 [M] //宋恩荣. 晏阳初全集：2. 天津：天津教育出版社，2013：180.

前，四川其实也有过乡村建设的尝试。由于政府当局、社会人士不重视以及缺乏乡村运动专家的领导，①效果不佳。因而，热心于乡村运动者对于晏阳初能来四川指导乡建，满怀期待。

晏阳初虽是四川人，但平教会有一个原则，就是当局不邀请，平教会不会主动前往。在刘湘的邀请下，晏阳初在四川待了两周，考察了军政长官的态度和四川的实际情况，决定在四川进行乡村建设的推广。

四川为天府之国，地势险要。晏阳初认为在今日强敌压迫下的中国，四川可谓民族复兴的最后根据地。四川的独特地势，使得蒋介石对四川也另眼相看，四川当局也颇能励精图治，以图中华民族复兴。

晏阳初认为四川进行县政实验的条件已经具备，自己又身为四川人，于国于家，皆不能旁推其责，因而择定四川为县政实验的另一重点区域。

1936 年 10 月，四川省设计委员会成立，主持全省设计工作。四川省设计委员会的特点，在于将行政人员、技术人员、教育家与教育学术机关等都包含在内，以使行政和技术相融合。因而，在人员构成上，除开省府各委员厅长外，还有教育（包括高校如川大、重大、华西大学等各校校长）、农业、卫生等各行业技术人才。省政府主席刘湘为委员长，晏阳初为副委员长，下设地方行政、教育、农业和卫生四专门委员会，各部负责人分别为教育傅葆琛、农村常得仁、卫生陈志潜、地方行政霍理白等。分别罗致四川当地大学教授及专门学者为委员，并请省外专家为顾问，依然坚持专家建设的路径。设计委员会成立后，制订了四川第一年县政实验计划。基于定县经验，先就全省行政、财政、教育、卫生等各方面工作进行调查，基于调查结果再制订进一步的改进计划。②

2. 新都的县政实验及效果

定县当年的筹备工作长达四年，湖南衡山也经历三年多的接洽和准备。四川当局县政改革之心更是迫切，筹备仅一个月左右，就选定新都县为县政实验县，以陈开泗为县长。虽然当局急不可耐，但晏阳初认为四川是民族复兴的最后根据地，四川弄不好，中华民国就会亡，因而还是坚持要先完成调查工作，以调查结果作为省府施政纲要的根据。

---

① 张鉴虞. 四川乡建运动之回顾与展望 [J]. 现代读物，1936，3（6）：2 - 4.
② 晏阳初谈川湘两省的乡村建设 [N]. 大公报（天津），1937 - 02 - 07（3）.

四川的县政实验，和湖南衡山有较大不同。学术研究方面有设计委员会，行政方面有民政建设四厅配合，实验工作有新都实验县，人才训练有各大学。晏阳初认为，四川的规模，实为他省所未有。所以，过程中虽屡有波折和阻挠，但新都县的户籍改革、土地整理及自卫工作等都取得很大成效，而设计委员会的人员，也成为四川省政府的核心——战时统制委员会的重要力量，得到政府和社会的信任。

新都的县政建设从解决治安问题开始。经过一年多的建设，也逐渐走上轨道。

抗战爆发后，刘湘出川抗日，1938 年 1 月，病死征途，改由王瓒绪任四川省主席。王瓒绪上任伊始，即停办设计委员会，并停拨新都县的实验经费。王瓒绪后来到新都巡视，对于面貌一新的新都县极为认可，不仅恢复了经费资助，而且对平教会极为信任，委托平教会负责指导一切。

得到省府的继续支持后，平教会在新都之前县政实验的基础上，开始大力推进乡村教育改革和建设工作，将定县的组织教学及建设经验进行推广和实验。以陈筑山为四川省政府秘书长，黎季纯主持教育，陈行可为四川省立第一师范学校校长，并新成立四川戏剧教育实验学校，由熊佛西主持校务，进行师资培养和民众教育。①

不过，新都在县政实验过程中，曾爆发过一次较为严重的围城事件。新都在户籍和土地整理清楚后，开始改革税收，导致地方的土豪劣绅不满，勾结土匪包围县城。在包围县城的过程中，也有农民被煽动参与。王瓒绪胆小怕事，最终停办实验县。新都的县政实验，只持续了一年半的时间。

晏阳初及平教会同仁一直躬耕于乡村建设和县政实验，致力于农民的实际需要进行乡村建设，其实验成就得到国内外的认同。定县的乡村改造经验，由政府或民间团体在其他地方逐渐推广，到 1936 年，全国已有八百多个这样的改造中心。② 定县经验由平教会直接推广于国内的则有湖南、四川、广东、广西、河南、绥远及贵州等省。定县以及推行于其他地方的乡

---

① 晏阳初．当前的时势与任务［M］//宋恩荣．晏阳初全集：2．天津：天津教育出版社，2013：157．

② 晏阳初．中国平民教育运动的总结［M］//宋恩荣．晏阳初全集：2．天津：天津教育出版社，2013：301．

政府体制，在 1939 年被国民政府采纳，用于全国各县，并基于县制改革，开始对地方政府进行整个体制的改革。① 这些成就，正如晏阳初所言，是当初定县实验时绝对没有想到过的。

当然，在学习定县经验时，有的地方只是做到了户籍管理、保甲制度、土地清丈、赋税整理等一些"管"的工作，而"教""养""卫"等工作则很少涉及，往往只做一些建公园、修马路等形式上的事情。②

县政改革在推广过程中，也暴露出很多问题。晏阳初认为，"管""教""养""卫"是近年来政治改革的理想。然而在改革过程中，很多地方多着眼于"管"。因为"管"的工作做好了，要钱，钱有出处；要人，人有来路。因而，有的县政改革，实则是出于统制的需要，今天可以要他的钱，明天便可以要他的命，而农民则仍不免民穷财尽。③ 晏阳初认为，基于"管"的县政改革，并没有真正站在农民的立场进行。这可能也是方与严后来把晏阳初当做"新土劣"的原因之一。

遗憾的是，当抗战的战线越拉越长之后，到 1940 年，全国有名的乡建运动实验区都没有了，轰轰烈烈的乡村建设运动告一段落。晏阳初领导平教会在重庆创设中国乡村建设研究院，转而以乡建人才的培养为工作重点，其工作区域也转向重庆。

六、战后的乡村建设工作

（一）战后乡村建设的筹备

抗战进行五年后，前景逐渐明朗。晏阳初开始思考战后乡村建设的走向，认为建立一个真正的民主国家，是战后最为迫切的任务。因而，他主

---

① 晏阳初. 中国平民教育运动的总结［M］//宋恩荣. 晏阳初全集：2. 天津：天津教育出版社，2013：303.

② 晏阳初. 农村建设要义［M］//宋恩荣. 晏阳初全集：2. 天津：天津教育出版社，2013：134.

③ 晏阳初. 农村建设要义［M］//宋恩荣. 晏阳初全集：2. 天津：天津教育出版社，2013：137.

张战后的乡村建设，首先就是进行民主政治教育，实现民享、民有和民治，同时培养领导民治的领袖人才，并在国内、国际造成民主政治的运动。①

晏阳初认为战后需要对中国人民进行最基本的文化教育，以改善每个家庭和每个社团的生活，使中国人民能为国家和世界做出贡献。但是，这种平民教育的任务，完全依靠政府，可能是不行的。因为政府的教育和改造计划，基本是照搬西方的教育体制，完全不重视甚至是忽视三亿中国最穷困的人民。因而，独立于政府之外、以改善平民生活现状为目的的教育力量的存在就具有重要意义。他认为，平教会正是这样的一种力量，可以领导中国平民教育，进而形成一套民主教育体制，这种独立的、自发的教育体制可以促进政府做出反应。②

1943 年，晏阳初前往美国，一方面宣传中国的平民教育，另一方面为战后平民教育的开展聘请人才，同时筹措教育经费。他在美国聘请了二十位教授，有学教育的、有学哲学的、有学社会学的、有学卫生的、有学艺术的，以充实乡村建设学院。晏阳初希望能将乡村建设研究院建设成为全国最好的独立学院，在将来能扩充为大学，"规模很大，有很多教师"。③ 可见，晏阳初对于战后的平民教育，是抱有大计划、大希望的。

基于晏阳初以前的平教成绩和声望，国民政府也力邀晏阳初负责全国民众教育工作，并邀请其担任由行政院设立的全国乡村建设委员会主任委员，推动全国的乡村建设工作。晏阳初以形势未明，辞而未就。

（二）华西实验区的乡村建设

1946 年底，晏阳初和四川省政府再次合作，建立华西实验区，在四川第三专员区进行乡村建设实验，将乡村建设的实验区域由一县扩充至一专员区的十县一区（北碚区），以璧山、巴县和北碚为主要区域进行乡村建设。晏阳初选择在这个时候和四川省政府合作，是因为他觉得国共争端将

---

① 晏阳初. 战后乡建工作努力的防线［M］//宋恩荣. 晏阳初全集：2. 天津：天津教育出版社，2013：239.

② 晏阳初. 中国平民教育运动的总结［M］//宋恩荣. 晏阳初全集：2. 天津：天津教育出版社，2013：304－305.

③ 梁漱溟，艾恺. 我们从何处来？梁漱溟晚年口述［M］. 北京：外语教学与研究出版社，2018：181.

会持续一段时间，在这一段时间内，不会有大规模的识字和乡村建设运动。他想趁此时机尽可能做全面的准备，以备将来大规模实施时不至于措手不及。①

在华西实验区内，平教会主要进行识字、基础教育、合作社组织、农业改良和灌溉、农村卫生保健以及地方自治等内容，囊括文艺、生计、卫生和自治等方面。② 晏阳初希望通过教育的方法和对农民社会福祉的关注，激发农民的自我意识，积极参与乡村建设，发挥出民众的力量。

华西实验区经过将近两年的实验，取得了一些成果：教育上，针对儿童，设立了 3425 所保学校和 160 所中心小学。基于师资和经费都集中于中心小学，而以农民子弟为主体的保校，则处于被忽视的现实，平教会发动大学毕业生去担任保校的校长，发展保校教育；对于成人的平民教育，则开设识字班或其他社会教育活动，实施导生制进行识字教育和继续训练；生计教育方面，成立合作社，作为乡村社会的基本经济组织，在此基础上试行"耕者有其田"的土地改革；乡村卫生方面，借鉴定县经验，建立乡村卫生保健体系，同时重点关注医学预防，进行健康服务；地方自治方面，则是基于农民的社会福利，进行财政改革、地方自卫队的组织以及自治政府人员的培训。③

（三）平民教育阵地的转移

1948 年，国共战争还在进行，国民党军队节节败退，晏阳初已经意识到"改朝换代似不可避免"，乡村复兴不是件易事，但依然认为乡村复兴事业还没有失败。晏阳初心中决定，只要平教会有为人民服务的自由并能够独立自主，就将继续开展下去。如果没有自由，则"宁为玉碎，不为瓦全"。④

晏阳初最初领导平教会进行平民教育，是独立于政府之外的民间工作。

---

① 晏阳初. 致汤静怡 ［M］//宋恩荣. 晏阳初全集：4. 天津：天津教育出版社，2013：666.

② 晏阳初. 截至一九四九年四月的工作进展报告 ［M］//宋恩荣. 晏阳初全集：2. 天津：天津教育出版社，2013：411.

③ 晏阳初. 截至一九四九年四月的工作进展报告 ［M］//宋恩荣. 晏阳初全集：2. 天津：天津教育出版社，2013：411 –417.

④ 晏阳初. 致 G. 斯沃普 ［M］//宋恩荣. 晏阳初全集：4. 天津：天津教育出版社，2013：691.

但在定县实验的后期和推广过程中，晏阳初逐渐政教合一，走上了一条与国民政府紧密合作的道路。由于晏阳初一直和国民党高层以及美国财团关系密切，亲密合作，在思想和政治上倾向于国民政府和中美联合，和共产党关系稀松。此时已经意识到一旦"改朝换代"，他的平民教育和乡村建设很可能无以为继，但是尚抱有一丝希望。

随着国共实力的转变，中国共产党通过土地革命解决乡村问题和农民问题，成效更为显著。社会上对晏阳初的平民教育和乡村建设不再一味推崇，认为他还用老药方来解决乡村问题，质疑他的治理方法。甚至觉得他出身教会，做一个慈善家有余，而作为乡村建设者则不足。① 也有人否定晏阳初之前的乡建成绩，否认他对农民力量的开发。②

新中国成立后，晏阳初认为只联合一个在经济上自顾不暇的苏联，对于百废待兴的中国是不合适的。主张联合美国，从农村建设入手，然后是工业，最后实现中美政治上的联合。③ 晏阳初的这些思想以及他一贯坚持的美国路线，和新中国成立之初的思想是相左的。由于政见不同，晏阳初最终于 1949 年 12 月，取道香港前往美国，成立"中美平民教育促进会"，继续从事平民教育的推广工作。

七、走出国门：平教之花开遍世界

（一）平教经验的国际宣讲与推广

早在 1925 年，晏阳初参加檀香山"太平洋国交讨论会"时，就将中国的平民教育向与会国家进行介绍，得到与会九国代表的一致认可。其后，晏阳初应海外华侨邀请，在美国逗留两个星期，演讲了四十多次，平教运动不仅得到海外侨胞的大力支持，美国石油大王洛克菲勒、汽车大王亨利福特等财团都纷纷解囊，支持晏阳初的平教事业。④

---

① 熹微. 关于晏阳初的乡村建设 [J]. 南风月刊（广州）. 创刊号，1948：16.

② 辛斤. 美援下的晏阳初路线 [J]. 展望，1948，2（16）：3-4.

③ 晏阳初. 致卢作孚 [M] //宋恩荣. 晏阳初全集：4. 天津：天津教育出版社，2013：695.

④ 何适. 晏阳初成功史 [J]. 时事新闻，1948，（6）：14.

1928 年，晏阳初赴美接受耶鲁大学名誉博士学位，再次应邀在美国各处演讲，美国各界对中国平民教育有所了解。

定县实验时期，定县的乡村建设效果就得到国际社会的认可。菲律宾、土耳其、印度和捷克等国教育部门和社会部门，经常向晏阳初讨教经验，或是前来考察学习，或是由平教会直接派人协助，进行乡村改造。

1943 年，晏阳初再次前往美国，宣传中国的平民教育。他在美国各地演讲，使更多美国青年了解中国平教运动的精神。1947 年，晏阳初受邀负责联合国教科文组织主管的基础教育计划，联合国教科文组织希望晏阳初"能体会到这任务能使你在中国从事的伟大工作得以向世界推广"①。

晏阳初以一种牧师传教的精神，在国际上传播中国平民教育运动及其精神。不仅欧美国家对中国的平民教育运动极为了解，亚洲等和中国有类似背景的一些国家，对晏阳初所领导的中国平民教育更是十分认可。

（二）菲律宾的乡村建设指导

1951 年，赛珍珠等人和晏阳初多次会晤后，基于亚洲发展和亚洲农民的需要，发起组织国际平民教育运动委员会（IMEM），拟对其他面临贫困、疾病、文盲、陋俗等四大基本问题的欠发达国家开展乡村建设的四大教育计划。

晏阳初代表国际平民教育运动委员会访问考察了亚洲一些国家，如印度、泰国、巴基斯坦、印度尼西亚等。这些国家都十分希望能得到国际平民教育运动委员会的支持，晏阳初最终选择了菲律宾。

菲律宾很早就在定县的启发下组织菲律宾乡村改造运动促进会，推行与中国相似的计划，他们十分希望能从中国的经验中获益。菲律宾得到国际平民教育运动委员会的支持后，晏阳初作为顾问，负责指导菲律宾的乡村建设。

以中国的计划为指导，菲律宾乡村改造运动促进会设立了两个实验中心，聘请大量大学毕业生前往实验中心进行乡村建设工作，在教育、生计、卫生以及村政方面的改革取得巨大成果。1956 年，菲律宾历史上第一次在全国进行村议员的选举。虽然实验中心只有两个，局限于少数地区，但其

---

① 赛珍珠. 告语人民——与晏阳初谈平民教育运动［M］//宋恩荣. 晏阳初全集：2. 天津：天津教育出版社，2013：520.

影响却及于全国范围。①

　　受菲律宾乡村建设成绩的鼓舞，国际平民教育运动委员会决定在菲律宾建立国家乡村改造学院，培养乡村改造和建设的专业人才。

　　有了菲律宾的成功经验，亚洲的泰国和马来西亚、越南等以及中美洲的危地马拉、南美洲的哥伦比亚等国，陆陆续续都在晏阳初的指导下进行乡村改造。因而，国际平民教育运动委员会所领导支持的平民教育，呈现出两个显著特征：一是中国计划的基本原理和技术在另一个亚洲国家中也切实可行；二是在发展中国家的乡村改造运动中，中国计划是极具活力的组成部分。②

　　异国他乡开遍了中国平民教育之花。平教之花的盛开，进一步呈现了晏阳初所领导的平民教育及其对乡村建设的贡献。

八、余论：晏阳初及其平民教育的评价

　　晏阳初乃农家子弟，在成长过程中，既受传统"民为邦本，本固邦宁"的民本思想影响，又因其教会学校的学习经历，入了基督教，对于为上层统治阶级所忽视的平民阶层极为关注，并决定为他们奉献一生，由此开启了他长达六十年的平民教育及推广之路。

　　中国乃农耕国家，百分之八十以上的平民生活在乡村，因而，晏阳初的平民教育之路实则是乡村教育之路，乡村改造的最终目标也是为了启发民力，培育"新民"。

　　和陶行知所领导的自下而上的乡村教育及乡村建设不同的是，晏阳初在乡村改造过程中，在定县实验时，走的是一条上层路线。从一开始和县政府及地方绅董合作，进行乡村平民教育和乡村建设，三十年代开始和省政府合作，进行乡村建设。因而，晏阳初所领导的平民教育和乡村建设，

---

　　① 赛珍珠. 告语人民——与晏阳初谈平民教育运动［M］//宋恩荣. 晏阳初全集：2. 天津：天津教育出版社，2013：523－525.
　　② 赛珍珠. 告语人民——与晏阳初谈平民教育运动［M］//宋恩荣. 晏阳初全集：2. 天津：天津教育出版社，2013：525.

虽然主观上力求独立自主，但在客观上是有政治制约的。可能正是晏阳初后来走了政教合一之路，平教会所领导的平民教育和乡村建设才能走出定县，在四川、湖南等省进行推广。

对于晏阳初的平民教育和乡村改造，社会评价褒贬不一。早期的评价主要是肯定，认为他是"现代中国最伟大的、最进步的教师，或者更可以说，是我们这一世纪最富有创造力的教育家"。①

不过，随着解放战争的推进，中国共产党在解放区土地政策的成功，知识分子对中国乡村复兴及民族复兴路径有了新的看法。认为晏阳初没有真正认识到阻碍中国乡村的根本因素，晏阳初式的乡村建设是一种理想主义，一个美丽的愿景，因而无法产生"普遍的、全国性的作用"。② 也有人认为晏阳初的平民教育和乡村建设只是一种改良主义的道路，不能从根本上破除"封建""强权"的枷锁。③

晏阳初的政治立场，尤其是他在经济方面得到美国财团的大力支持，使得思想较为革命的一些人对他的观感和评价都不太好。陶行知的忠实追随者方与严，就认为晏阳初是一个"洋奴化和买办化过的所谓'平民教育家'"，是一个新式土劣。④

晏阳初在平民教育和乡村建设中，认为平民教育是一项来源于大众、依靠大众又服务于大众的运动，乡村改造的最终目标并不是物质的改善，而是人的改造。因而他主张发现人民之力，发挥农民的主体性。

不过，在乡村建设的实践过程中，晏阳初似乎更为重视外在的支持力量。他呼吁博士下乡，他所领导的平教会成员，相当部分是留美博士、大学教授及大学生。精英知识分子的专业和智力支持，以及政教合一，是晏阳初推广平民教育和乡村建设的成功经验。其后他在国外推广乡村建设时，就宣称"为了充分地完成这项活动，我告诉他们三支关键的团队——国家

---

① 汪家正. 定县乡村教育新论：晏阳初的生平和事业 [J]. 新中华，1944（7）：107 – 116.

② 评晏阳初式的农村复兴与运动 [N]. 立报，1948 – 08 – 17（1）.

③ 殷忧. 乡村得救吗? 给晏阳初先生 [N]. 大公报（香港），1948 – 10 – 19（2）.

④ 方与严. 新式土劣晏阳初 [J]. 群众，1948，2（13）：20 – 21.

的重要领导、学者与科学家、大学生——必须通力合作"①。

晏阳初在教会学校学习期间，入了基督教。基督教不仅使他具有牧师传教的精神，亦让他借助各地教会力量，推广平民教育，而且给了他一条和美国紧密联系的路径，他在国际上的演讲和宣传，使中国平民教育得到西方社会的广泛了解，并能以中国经验影响其他非发达国家。晏阳初借助教会尤其是美国财团的支持，成为他在新中国成立前夕被人批评的重要理由。如有人就认为晏阳初以一农家小子，因为"美国叔叔的支持"，由中学而大学以至于留洋博士。为了帮助"美国叔叔"吸纳中国农业原材料，晏阳初才大力改进农业，提高农业生产。②

当然，因为晏阳初借助国民政府、教会和美国财团的支持，使得他的平民教育和乡村建设，和陶行知等人相比，具有较为浓厚的非革命、非共产主义的政治味道。而借助外国势力和朽败的国民政府，也是他的乡村建设不能在全国推广、不能获得最终认同和成功的根源。

不过，晏阳初善于借助外力，无论是政府资助，还是知识分子以及教会力量的支持，晏阳初都只是为了平民教育和乡村建设，都只是为了谋"民"之福祉，而非为个人谋名利。"民为邦本，本固邦宁"是晏阳初一生一以贯之的思想，也是他一生的追求，这是不可否认和抹杀的。

参考文献：

[1] 宋恩荣．晏阳初全集［M］．天津：天津教育出版社，2013．

[2] 杜学元，等．晏阳初年谱长编（上下）［M］．上海：上海交通大学出版社，2017．

[3] 陈侠，傅启群．傅葆琛教育论著选［M］．北京：人民教育出版社，1994．

[4] 梁漱溟，艾恺．我们从何处来？梁漱溟晚年口述［M］．北京：外语教学与研究出版社，2018．

[5] 梁漱溟，艾恺．这个世界会好吗？梁漱溟晚年口述［M］．北京：生活·读书·新知三联书店，2015．

[6] 汪家正．定县乡村教育新论：晏阳初的生平和事业［J］．新中华，1944（7）．

---

① 晏阳初．从中国到菲律宾的乡村改造运动［M］//宋恩荣．晏阳初全集：3．天津：天津教育出版社，2013：146．

② 哲夫．晏阳初的"开发民力建设乡村"论之批判［J］．新时代，1948，（12）：2-3．

［7］高践四．调查与报告参观平民教育定县实验区及乡村建设邹平试验县区之心得
　　　［J］．教育与民众，1932，3（6）．

［8］何适．晏阳初成功史［J］．时事新闻，1948（6）．

［9］李国齐．晏阳初先生生平及其事业［J］．农村杂志，1946（创刊号）．

［10］张炳钧．定县实验区的介绍与批判［J］．众志月刊，1934，1（5）．

［11］曹日昌，朱启贤．对平教会定县实验工作述评［J］．教育短波，1935（17）．

［12］晏阳初在湘演讲［J］．民间（北平），1935，1（24）．

［13］晏阳初报告湘蜀之行［J］．民间（北平），1936，2（23）．

［14］晏阳初．"误教"和"无教"：晏阳初先生在湖南衡山乡村师范讲［J］．民间（北
　　　平），1936，3（14）．

［15］晏阳初讲本年度平教工作［J］．民间（北平），1937，4（2）．

［16］张鉴虞．四川乡建运动之回顾与展望［J］．现代读物，1936，3（6）．

［17］晏阳初向研习生训话［J］．民间（北平），1937，3（22）．

［18］方与严．新式土劣晏阳初［J］．群众，1948，2（13）．

［19］哲夫．晏阳初的"开发民力建设乡村"论之批判［J］．新时代，1948（12）．

［20］熹微．关于晏阳初的乡村建设［J］．南风月刊（广州），1948（创刊号）．

［21］辛斤．美援下的晏阳初路线［J］．展望，1948，2（16）．

［22］晏阳初式的农村复兴与运动［N］．立报，1948 - 08 - 17（1）．

［23］平教促进会第三次会议［N］．申报，1924 - 07 - 09（10）．

［24］张学良将办平民教育［N］．时事新报，1926 - 12 - 29（10）．

［25］蒋召晏阳初［N］．益世报（天津），1931 - 03 - 06（7）．

［26］晏阳初谈川湘两省乡村建设［N］．大公报（天津），1937 - 02 - 07（3）．

［27］殷忧．乡村得救吗？给晏阳初先生［N］．大公报（香港），1948 - 10 - 19（2）．

第七章
乡村教育的实干家：黄质夫

一、黄家有子初长成，救穷化愚兴民族

黄质夫（1896—1963），原名同义，字质夫，江苏仪征人。幼时，家境贫苦，家中只有七亩半田地，却有七口人。为了生存，父亲、母亲、黄质夫以及弟弟、妹妹"全体参加了劳动生产"，农闲时间，父母还做些小买卖贴补家用。在父母及全家人的辛勤操劳下，"家境渐渐地好转"，甚至还能送黄质夫到小学读书。

黄质夫天资聪颖，小学期间一直名列前茅。辛亥革命后，黄质夫考入江苏省立第五师范学校，入学考试和毕业成绩均名列第一，深受师

图 7 - 1　黄质夫

友重视。校长任诚对他极为欣赏，1917 年黄质夫师范毕业后，即邀请其到附小任教。

1919 年，黄质夫考入南京高等师范学校农业专修科学习农艺。1921 年，南高师改为东南大学，原农业专修科扩建为农科，下设农艺、园艺等系。黄质夫出身农家，幼时家境贫寒，对乡村民众的贫苦生活有切身体会。也许，改善乡民贫苦生活的念头，早在幼年时期就已经萌芽，故两年小学教育生活之后，没有选择师范深造，而是选择了农科，希望通过农业科学技术提高乡村生产力，改善乡民生活。

黄质夫大学选择农科，想来是希望通过所学，改善乡村。其大学时代，正是五四运动之后，教育救国、思想启蒙影响了成千上万的大学生。1919年，余家菊发表《乡村教育的危机》，指出中国乡村教育已经破产，开始提倡乡村教育。1920年10月，南高师农科在江宁县沙洲圩设立农村学校改良农村社会，"农科师生，每月必有若干人住是校一二次，以谋进步"①。黄质夫作为农科学生，自然也参与其中。

1920年，杜威两次赴南高师讲演。加上南高师时期的教育专修科主任陶行知，从美国回来后，在南高师进行了一系列的教育改革，平时面向学生做了众多讲座，其教育思想对南高师的学生产生了重要影响。1921年，陶行知《对于师范教育的意见》中提出："现在师范多设在城市，因之乡村受益少。因乡下学生入师范后，都不愿在乡下做事而愿在城市做事。我以为有好多师范学校，应当设在小的镇上，一方面宜可与乡下的环境相接近，一方面要有实地教学的机会。"②

对乡村问题本就极为关注的黄质夫，有小学从教经验，陶行知的教育思想对他应该也是有影响的，自此关注焦点开始转移到乡村教育，后来还立下宏愿："救百万村寨的穷，化万万农工的愚，争整个民族的脸"。③陶行知对大学时代的黄质夫有何直接影响，目前尚无史料支撑，但他后来主张通过乡村教育改造乡村，乡村教育应该注重生活教育的思想，成为黄质夫乡村教育实践的直接思想源泉。

在江苏义务教育期成会的推动下，1922—1924年，江苏五所省立师范院校陆续开始在各地建立乡村分校。省立第五师范校长任诚再次邀请大学毕业的黄质夫担任分校——界首乡村师范学校的主任（即校长），黄质夫开始了乡村教育改造及以教育改造乡村的实践。

---

①　金海观. 南京高师附设江宁县沙洲圩乡村农校之调查［M］//《金海观全集》编委会. 金海观全集（上）. 北京：方志出版社，2003：28.

②　陶行知. 对于师范教育的意见［M］//方明. 陶行知全集：1. 成都：四川教育出版社，2020：328.

③　张行，辛国俊. 陶行知乡村教育思想的实践者——黄质夫［M］//肖云慧. 黄质夫乡村教育思想研究. 贵阳：贵州民族出版社，2003：423.

二、界首乡师时期：教育和农业相结合

（一）携手农业：界首乡师的教学与管理

界首乡村师范位于界首之南，1924 年正式招生开学。设一班，学制三年，招收高小毕业生。1924 年春招收第一届学生，1925 年秋招收第二届学生。1926 年北伐战争时，革命军挺进江苏和孙传芳作战，界首乡师被迫停课。此时，界首乡师第一届学生毕业，第二届学生正值第三年，临近毕业。

江苏省立师范院校所设立的乡村分校既无经验可借鉴，也面临经费不虞的窘境，黄质夫在界首乡师开创之际，设法聘请有学识有情怀的乡村教育者，并多方擘画，为界首乡师奠定了良好基础。

界首乡师周围都是农田农户，"很有点贫穷的样子"。作为校长的黄质夫，没有被学校恶劣的环境所吓退，开始了大刀阔斧的建设工作。时人以"建设能手"称誉之："在江苏教育界中以建设称能的有两个人，一个是……一个便是黄质夫先生，他的建设能力之强，为全省冠。他在界首乡师，帮界首建设了很多房屋和树木。"① 当然，黄质夫的建设能力，不仅仅限于校园建设，尤体现在对学校管理、课程设置及学生培养等方面。

首先，黄质夫确定界首乡师的教育宗旨在于"养成适于农村生活之小学教师，指导农村教育，改进农村社会"②。基于乡村改造的目的，出身农科，又有教育实践经验的黄质夫一开始就有将教育和农业相结合的思想，他认为，"乡村教育如不与农业携手共进，都不很好"。黄质夫有农业科学素养，又想方设法邀请具有乡村教育情怀的东南大学师范毕业生古楳来界首任教，以实现教育和农业相结合。

在教育和农业相结合的指导思想下，界首乡师在课程设置上，语文、教育是重点，并开设有大量的农业课程，如作物通论、作物学、土壤学、

---

① 陈邦贤. 自勉斋随笔二则 [M] //肖云慧. 黄质夫乡村教育思想研究. 贵阳：贵州民族出版社，2003：367.

② 古楳. 三十五年的回忆 [M]. 无锡：民生印书馆，1935：65.

气象学、园艺学、畜产学、蚕桑、农业经济学等。① 黄质夫身为校长，事务繁多，但他充分发挥他的农科特长，"担任全校的农业课，尤精通棉作，讲课很精彩"②。

课程之外，黄质夫还在学校开辟实验农场，有水田二十亩，旱田四十亩，还有桑树园、菜地、苗圃、鱼池、藕塘等。每天下午的第三、四节课，学生在老师带领下，集体劳动（如开荒）或分散到个人所负责的地里干杂活。③ 界首乡师的学生干活并非装饰，十分踏实认真。古楳前往参观时印象最深的就是"学生的做工，简直和劳动工人一样的努力，一样的成绩"④，由此对黄质夫的实干精神大为钦佩，大学毕业后即前往任教。

界首乡师在教育学生的过程中，非常注重身教，强调"以身教者从"。教师和学生同甘共苦，"大家都在同一个饭堂里吃饭，先生可以添菜，学生也可以添菜；要学生洒扫，大家都要拿条（笤）帚、簸箕、抹布，学生洒扫不干净，先生再加洒扫一次；要学生有兴趣的读书，先生须时常手不离卷；要学生到农家去做推广工作，先生尤要率领他们同行……"⑤

（二）改造乡村：界首乡师的校外服务工作

为了使学生毕业以后能适应乡村生活，推广乡村教育，改进乡村社会，学生不仅要参加劳动，而且须经常到农民家里去，"观察、访问、讲演、宣传、劝学……所涉及的问题，或是卫生，或是农事，或是教育，或是政治"。黄质夫也身体力行，"农民极乐意和他谈话"⑥。

界首乡师不仅在校外深入农户家庭，还在校内膳堂内开办平民夜校，

---

①　华士林. 回忆五师分校和黄质夫先生［M］// 江苏省政协文史资料委员会，仪征市政协文史资料委员会. 江苏文史资料第 54 辑·乡村教育先驱黄质夫. 江苏文史资料编辑部出版，1992：26.

②　华士林. 回忆五师分校和黄质夫先生［M］// 江苏省政协文史资料委员会，仪征市政协文史资料委员会. 江苏文史资料第 54 辑·乡村教育先驱黄质夫. 江苏文史资料编辑部出版，1992：27.

③　华士林. 回忆五师分校和黄质夫先生［M］// 江苏省政协文史资料委员会，仪征市政协文史资料委员会. 江苏文史资料第 54 辑·乡村教育先驱黄质夫. 江苏文史资料编辑部出版，1992：26.

④　古楳. 三十五年的回忆［M］. 无锡：民生印书馆，1935：63.

⑤　古楳. 三十五年的回忆［M］. 无锡：民生印书馆，1935：65.

⑥　古楳. 三十五年的回忆［M］. 无锡：民生印书馆，1935：69.

由乡师学生担任教学工作，老师进行指导，校内的工人、校外的农夫和一般民众，不论男女老幼，都有来受教育的。虽然夜校开办过程中，困难很多，成绩不如预期理想，但"到底他们也能认识若干字，会写简单的便条、账簿"①。

黄质夫不仅要求学生服务乡村社会，他自己更是秉承服务宗旨，为界首附近的乡民服务。北伐战争中，孙传芳最终败北，败军溃逃时，沿途抢劫掳掠。界首一典当行老板宣称当铺"被溃兵抢光"，所有群众"典质衣物一概不予赎回"。见典当行老板鱼肉百姓，黄质夫不仅上书检举，而且发动学生和贫苦大众游行示威，最终当事人被处理，所有典当财物，重新让人取赎。② 黄质夫耿直敢言，勇于为贫苦大众发声的行为和精神，为自己赢得"大炮"绰号，成为江苏教育界的三尊"大炮"之一。③ 界首乡师也因此得到乡村贫苦大众的广泛认可。

在黄质夫的苦心经营和一众教师口耳相传、濡染熏陶之下，界首乡师第一届、第二届共75名毕业生中，任校长、教师者51人，升学11人，党务4人，政界3人，农商界6人。④ 多数学生投身教育领域，终身从事乡村教育，界首乡师取得初步成功，在江苏乡村师范界声名初起。黄炎培、袁观澜等学界名流都到界首乡师参观考察。有人评价说，江苏全省五个乡村分校，按次序排是一、二、三、四、五，五师分校是最后。但从办学成效看，就应该倒过来，就是五、四、三、二、一，五师分校在最前面。⑤ 这个评价，可谓是对黄质夫界首办学的一个极为中肯的评价。

————————

① 古楳. 三十五年的回忆 [M]. 无锡：民生印书馆，1935：69.

② 杨秀明，安永新. 黄质夫教育文选 [M]. 贵阳：贵州教育出版社，2001：157.

③ 陈邦贤. 自勉斋随笔二则 [M] //肖云慧. 黄质夫乡村教育思想研究. 贵阳：贵州民族出版社，2003：367.

④ 高庆森. 全省闻名的界首乡村师范 [M] //高邮政协文史资料研究委员会，江苏省高邮师范学校，高邮县文教局. 高邮县文史资料（第五辑）界首乡村师范专辑. 内部资料，1987：6.

⑤ 华士林. 回忆五师分校和黄质夫先生 [M] //江苏省政协文史资料委员会，仪征市政协文史资料委员会. 江苏文史资料第54辑 乡村教育先驱黄质夫. 内部资料，1992：28.

三、栖霞早期：教学做合一，以教育改造乡村

因北伐军讨伐孙传芳之战，界首乡师受到战火冲击而停课。停课期间，黄质夫受邰爽秋邀请，到南京中学乡村师范科（后改为栖霞乡村师范学校）担任主任。

其时，陶行知在推广平民教育的基础上，转而关注乡村教育，主张"乡村学校做改造乡村生活的中心，乡村教师是改造乡村生活的灵魂"，并设立晓庄师范以实验之。

陶行知对乡村师范的提倡，尤其是他在晓庄培养具有"农夫的身手、科学的头脑、改进社会的精神"的乡村教师，采用教学做合一的训练方法后，"其他各处乡师闻风仿行的，不胜枚举，甚至变为时髦的口头禅"①。栖霞乡师和晓庄师范相隔并不遥远，黄质夫多次到晓庄参观取经，也邀请陶行知到栖霞考查指导，曾多次和陶行知共同参加江苏的乡教会议。陶行知的乡教思想，和黄质夫改造乡村的理想不谋而合，成为他在栖霞乡师教育实践的重要思想来源。

（一）血火之中冒险护校

1927 年 8 月，黄质夫和马光斗、李西涛三人前往栖霞乡师接受校产。到校以后，"见校内屋漏墙圮，尘封秽积，农场荒草塞途，久绝人迹。而文卷、图书、校具等项，尤属凌乱无序，检查无目（校中久驻军队，接收时距军队开拔为日无多），几为之束手无已"②。三人只得"扫地抹桌汲水炊粥，悉自操作"，再行整理。

虽然学校环境艰苦，但黄质夫等人还是自炊自饮，整理校务，以备开学。谁知，孙传芳不甘败北，纠集军队和南京的李宗仁部在龙潭激战，龙潭周边的栖霞也沦为战地。黄质夫等人好不容易整理出来的栖霞乡师，很

---

① 古楳. 乡村师范概要 [M]. 上海：商务印书馆，1936：34.
② 黄质夫. 栖霞战痕 [M] // 杨秀明，安永新. 黄质夫教育文选. 贵阳：贵州教育出版社，2001：8.

快就被败兵占据，"驻校兵士，对于校具任意弃掷，稍加劝阻，则怒目相视，甚至欲以老拳回敬"。① 败兵驻校，纷扰日多，而战火愈酣，危险愈甚，有友朋劝其暂撤，黄质夫以为"世变日亟，人皆以工于避为能事不复知责任心为何"，决心冒险护校。只是多日心血被败兵随意践踏，校务无法进行，只得于房前屋后空地种白菜萝卜，以供他日食用。

随着两军战事日紧，栖霞"校内外即为架炮之地，每发炮屋瓦为之震动，枪弹穿窗上玻璃而过，铮然有声"。枪林弹雨中，黄质夫等人"屏息伏地，惊悸欲死"，"默念死神行将惠临"，② 几乎以身殉校。

9月初，战争结束。黄质夫等人继续整理校务，准备开学。

（二）"耕读一堂，弦歌四野"：栖霞"才露尖尖角"

1. 教育乡村化：知识学习的乡村化与校园生活的劳作化

栖霞乡师于1927年10月正式开学。最初循惯例招收高小毕业生，学制三年。但黄质夫在界首乡师时，感觉到三年学制实属过短。因为教育部所规定的师范课程，乡师并没有减少，但乡师还有大量适应农村需要的农业课程及各种农村服务工作，这就使得三年时间不够敷用。于是栖霞乡师在1928年的招生简章中对招生政策做了调整：学制由三年调整为四年。报考资格：新制（壬戌学制）六年小学毕业生，或旧制高等小学毕业生；年龄在十五岁以上；身体强壮、思想稳健、行为端正、能耐劳苦；有乡居兴趣而愿终身从事教育事业者。③ 1929年春，栖霞乡师即按照新规招生，加上前两届学生，共有三届学生。

在界首乡师实践经验的基础上，汲取陶行知的乡教思想，黄质夫决定栖霞乡师的教育分两步走：第一步，使教育乡村化；第二步，使乡村教育化，并确定栖霞乡师的十大信条：

---

① 黄质夫. 栖霞战痕 [M] //杨秀明，安永新. 黄质夫教育文选. 贵阳：贵州教育出版社，2001：9.

② 黄质夫. 栖霞战痕 [M] //杨秀明，安永新. 黄质夫教育文选. 贵阳：贵州教育出版社，2001：10-11.

③ 黄质夫. 栖霞乡师招生简则 [M] //杨秀明，安永新. 黄质夫教育文选. 贵阳：贵州教育出版社，2001：18.

一、常想着乡村教育是救国唯一的政策

二、常想着乡村师范是乡村文化的中心

三、常想着乡民是我们的好友

四、常想着乡村是我们的乐园

五、努力做师生协作的功夫

六、努力把教学做打成一片

七、努力实现新中国的乡村

八、努力创造新时代一个乡村师范

九、生活简陋思想不要简陋

十、埋头的努力胜过无谓的夸张

栖霞乡师的培养目标是"恪遵三民主义教育之原则，参照乡村环境适应地方需要，培养优良小学教师及改进农村之人才"①。根据培养目标，栖霞乡师的课程设置"采取由做而学，由学而教之原则，施以最适当之科学教育、最严格之身心训练并注重生活作业，农事操作，社会服务，教育实习；以期养成道德健全、学术优良之乡村师资"②。根据课程设置原则，栖霞乡师开设有三民主义与公民、教育、国文、国语、农业、数学、历史、地理、理科、手工、音乐及体育等课程。③

为了让学生成为适应乡村环境的优良教师，并能改进和建设农村，栖霞乡师秉承教育乡村化的目标和教学做合一的教学原则，多方延聘优秀且有改造乡村情怀的老师任教。课堂上不仅对学生进行科学知识的教学，同时注重农业知识，以及学生的课外自修，并组织各科研究会进行讨论、研究。

栖霞乡师的课内学习，通过一个学生的记录可以窥一斑④，学习的知识

① 黄质夫. 栖霞乡师招生简则［M］//杨秀明，安永新. 黄质夫教育文选. 贵阳：贵州教育出版社，2001：18.

② 黄质夫. 栖霞乡师课程概要［M］//杨秀明，安永新. 黄质夫教育文选. 贵阳：贵州教育出版社，2001：12.

③ 黄质夫. 栖霞乡师课程概要［M］//杨秀明，安永新. 黄质夫教育文选. 贵阳：贵州教育出版社，2001：12.

④ 张芝宇. 南中乡师生的生活［J］. 栖霞新村半月刊，1928（5）：8–10.

不高深，但需要广博，故各科知识并重。不过教育和农事要特别注意，因为教育是预备将来实地教学用的，而乡村学校是乡村文化的中心，将来乡村农民的知识、农业的进展，都和乡村学校有关系，故农业知识就极为重要了。课内知识虽然不在于高深，但只是每人所学知识的基础，尚需课外的积极自修。故栖霞乡师每天下午三点钟就开放学校图书馆，任学生自由借阅。鉴于个人自修的局限，需要有团体的讨论和研究进行提升，于是各学科都有研究会，如文艺观摩会、史地研究会、数理讨论会等。研究会的宗旨，既可以交换知识，如读书心得、读书报告，同时也可以相互讨论，质疑问难等。研究会之外，还有各种组织，如工艺组、图书组等，以训练学生的实践能力。

科学知识的学习之外，栖霞乡师尤其注重学生劳作。黄质夫认为，乡村师范培养的是在乡村服务的人，必定要具备农工的身手，因而"极端提倡不用校役主义"，主张学校的一切劳作，全由师生共同解决。

经历战争蹂躏的栖霞乡师，校具仪器和历年成绩损失过半。1927 年开学之后，黄质夫和全校老师师生协作，劳动建校。在全校师生的共同努力下，一年时间，栖霞乡师"添建新校舍四十五间，冲浴室、理发室、洗衣室、工场、清洁用具室、旅社、民众娱乐馆、寝室、温室、猪舍厕所之用。并将旧有房屋之不适用者大加修葺，辟为村民图书馆、村政局、医院、照相馆、膳食代办所、商店、豆汁公司、科学馆、农民教育馆、农业指导所、消防队、乡村童子军部，炊事材料室、校用品储藏室等。此外并价购民地十亩许，充实验小学及民众茶园建筑之用，于是本科校舍稍稍具矣"①。

除开校园建设，学生在校的一切生活，均须学生自己劳作办理，每日课外至少一个钟头的工作。工作安排：一年级注重生活作业、二年级注重农事操作、三年级注重社会服务、四年级注重教育实习。学生学习期间，如认为不适宜乡村师范教育时，随时得令其退学。②

所以，栖霞乡村师范，除开厨师由学校聘请，所有校园劳作，全由学

① 江苏省立南京中学乡村师范科史略［M］//王文岭，黄飞. 黄质夫乡村教育文集. 南京：东南大学出版社，2017：163.

② 黄质夫. 栖霞乡师招生简则［M］//杨秀明，安永新. 黄质夫教育文选. 贵阳：贵州教育出版社，2001：18.

生自己承担，包括厨房采购、帮厨、校园卫生等一切活动。

二年级学生负责农业和农事工作。对于农业和农事工作，黄质夫本农科出身，又怀着改造、建设农村的理想，故十分重视。认为"农业的知识，不是专门在书面子上，学了中耕、播种、移植等几个名词，就算是学问；也不是会使用几架外国的机器，便算是农民的改造者；必须亲身在锄头铁锹底下，实地的试验，方才可以知道农事的根本知识"，"我们改进农业，……必须亲自尝那'锄禾日当午，汗滴禾下土'的滋味，方配得称真正农民的指导者"①。因此，入学考试中黄质夫借鉴晓庄的做法，要对考生进行"农作考试，锄草挖地，合格后方能参加笔试"。② 农作考试不仅看学生是否具有健壮的体魄，尤借此考察学生是否具有吃苦耐劳的品质，能否适应今后乡村教育的艰苦。

黄质夫非常善于以农民的指导者和农村改造者的身份对学生进行鼓舞，故学生虽然从事勤苦的农业生产，但"大家都觉得很有趣味，并没有人以为苦。因为这种劳作，是有主义的、有目的，并不出乎勉强"③。

在农科出身的校长指挥下，以及农业教师的精心教导下，栖霞乡师二年级学生负责的农业生产，成果丰硕。其蔬菜园，"每年所出产的番茄、西瓜、红薯等，年年都感觉过剩"④，"校内炊事蔬菜全仰给于此，间或供给社会上不时之需"⑤。尤其是学生通过农业生产，将先进的农业科学和农业生产实践相结合，不仅对改良农村生产有示范作用，而且对农事的熟悉，使得乡师学生能更好地理解农民，并进一步做好乡村教育推广和乡村建设工作。

三年级负责社会服务。黄质夫认为，乡村师范是乡村文化的中心，也是改造乡村的中心。对于乡村师范生，黄质夫不仅希望他们能做一个良好的乡村教师，还希望他们去做灌输农民知识、改进农民生活的导师，发展

---

① 张芝宇. 南中乡师生的生活 [J]. 栖霞新村半月刊，1928 (5)：9.

② 徐兴昶. 回望黄质夫 [M] //南京市栖霞区地方志办公室，南京市栖霞区档案局. 师之范——黄质夫在南京栖霞. 北京：中国文史出版社，2012：14.

③ 张芝宇. 南中乡师生的生活 [J]. 栖霞新村半月刊，1928 (5)：9.

④ 陈邦贤. 自勉斋随笔二则 [M] //肖云慧. 黄质夫乡村教育思想研究. 贵阳：贵州民族出版社，2003：368.

⑤ 涤园. 栖霞公园 [J]. 栖霞新村半月刊，1928 (3)：15.

乡村社会事业的领袖。① 所以，在教育乡村化的过程中，栖霞乡师也不断地向乡村教育化努力，进行教育推广工作。

2. 乡村教育化：校外的社会教育和乡村改造

1928 年，栖霞乡师成立栖霞新村，一为训练乡师学生适应乡村生活、养成做领袖的能力，二来也为了改良村民的生活。希望通过几年努力，能使栖霞变成"野无旷土、村无游民、人无不学、事无不举"的理想乡村。②

为了建设理想乡村，栖霞乡师的师生致力于服务乡村：开设民众夜校，对不识字的乡民进行识字教学。每天晚上六点到八点，授之以国语、算术、党义、故事、谈话、音乐等课程。③ 对于不方便到夜校学习者，则由教师带领学生，每人指导村民三人，课余分赴村民家里进行家庭教学；将乡师门房改为新村村民图书馆，内备平民读物，由乡师学生指导；设立新知识张贴牌多处，摘录报纸重要新闻，由擅长书法的学生书写张贴；代书信件；印送各种书刊；并经常在乡村进行通俗演讲，辅之以幻灯、图表，宣传新知识，传播新文化。

教育工作之外，栖霞乡师大力推广农业，帮助农民改良农事、指导种植和育蚕、推广优良麦种和棉花种子、提倡植树造林、合作灌溉和售卖等，并组织农事调查团、农业宣讲团，筹设农业展览会等多种组织，以服务乡民，推广农业。

为了改造乡村社会，乡师于乡村社会事务有颇多改良与提倡，如劝诫赌博、创办栖霞医院提倡卫生、设游艺室帮助村民培养正当的娱乐兴趣、调解乡民纠纷、进行职业介绍，还多方筹措资金向乡民售卖平价米粮，并受江宁县委托协助指导村政。以前乡民生活困窘时，不得不高利借贷，鉴于此，黄质夫和银行接洽，筹集银钱无息贷给乡民，得到乡民衷心拥护，奠定了良好的群众基础。

为了让乡民享受到"人"的生活，或者说是黄质夫所倡导的正常的、

---

① 黄质夫. 中国乡村的现状和乡村师范生的责任［M］//王文岭，黄飞. 黄质夫乡村教育文集. 南京：东南大学出版社，2017：117.
② 黄质夫. 栖霞乡村师范服务社会之实况［M］//王文岭，黄飞. 黄质夫乡村教育文集. 南京：东南大学出版社，2017：128.
③ 新村消息：两周来实施民众教育的报告［J］. 栖霞新村半月刊，1928（8）：9.

文化的生活，栖霞乡师设立民众茶园。希望通过民众茶园改善乡村风俗，推广社会教育，提倡正当娱乐，指导休闲生活。故民众茶园涉及时事周报、民众夜校、常识讲演、娱乐会、演说书文、指导读报、代笔、问字、农业改进、息讼等众多事务。① 后来增设友农社后，每天来问字的、请代笔的、看书的、交换棉花种子的、研究育蚕的、讨论种稻种麦的、托购农具的等，不一而足，"我们学校从此真正变成了乡村文化的中心了"②。

民众茶园因其干净整洁、提供切于民众需要的多种服务，不仅成为栖霞乡民常去之处，而且成为栖霞各行政机构宴请、联谊的聚会之所。

至1928年，栖霞只有两届学生。所以课外的生活劳动、农事和服务社会几项事业，并没有如招生简章中区分得那么清楚。不过，二年级学生在社会服务方面做的事情会更多一些。

在黄质夫的领导和全体师生的努力下，栖霞乡师声名鹊起，引起省内外政、学两界的广泛关注。1928年，广东教育厅组团前往江浙考察乡村师范，考察的第一站是晓庄，第二站就是栖霞。随后，到栖霞考察的团体和个人越来越多，仅1930年1—4月份，到栖霞乡师参观、考察的政治团体和教育团体就有：江宁县土地局郭汾君，南京特别市土地局胡君等，平浦路严作民、曹振华及内政部职员数十人，中央党部职员四十余人，考试院科长潘佐衡等，中央陆军军官学校党部，江苏农矿厅、励志社、农学院杨开道及教授五人，中央大学史学系陈叔谅率学生多人，热河教育厅、社会教育司科长彭百川，广东顺德县江浙教育考察团，埠嘉青乡村师范推广部主任张维新率学生十三人，吴县乡村师范参观团，湖南王凤喈，河南中州教育参观团，广东阳江教育参观团，宿迁县立师范校长，浙江省立乡村师范学校以及各地中小学等。其中4月5日一天，南京、镇江到校参观者达600人。③

---

①　黄质夫. 我们民众茶园设施的经过［M］// 王文岭，黄飞. 黄质夫乡村教育文集. 南京：东南大学出版社，2017：152.

②　黄质夫. 我们友农社的设计［M］// 王文岭，黄飞. 黄质夫乡村教育文集. 南京：东南大学出版社，2017：147.

③　黄质夫. 江苏省立南京中学乡村师范科十九年一二月份工作摘要报告［M］// 王文岭，黄飞. 黄质夫乡村教育文集. 南京：东南大学出版社，2017：168–174.

虽然栖霞乡师"经费之竭蹶万分"，但在黄质夫的苦心建设下，师生三年间节衣缩食，至 1930 年，学校"面积约八十亩，校舍共计一百一十余间，农场约四十亩，蔬圃约二十亩，校具约二千件，仪器标本千余件，图书杂志约三千册以上……全体学生数 130 人，内有女生 9 人"①。"举凡办公室、教室、自修室、宿舍、女生宿舍、饭堂、储藏室、炊事室、浴室、洗衣室、村民图书馆、栖霞商店、工场、农场、民众科学馆、民众娱乐馆、栖霞医院、栖霞旅社、栖霞公园、民众茶园、实验小学等，无不应有尽有"，"（于）附近十三乡镇，种树八十余万株；（筑）栖霞新路（从栖霞火车站到栖霞乡师）计二里五十八丈；各乡种麦种棉，均有特殊之成绩"。学生精神和社会服务方面，"同学之朝夕相依，甘苦与共……校中建筑，师生同赴江边运木，肩肿寸许；米船遇雨，中夜搬运；星夜闻乡间有火警而奔救；十数里之外，闻有被匪刀伤者而往救护；乡民有被土豪欺压者，尽力为之申诉；农民有以榆钱为食料者，设法贷款为之平粜米面杂粮"。乡民虽不能于书报上用文字大肆宣扬，但用实际行动表达了对栖霞乡师的认可和支持："各乡农民均争先送其子弟来校求学"。②

黄质夫勤奋任事，以身作则，善于建设和开拓，以及栖霞乡师的成绩和名声在外，省内外不少人想挖墙脚，如江苏省中山陵园想请黄质夫担任农林推广实验区的指导员，安徽省教育厅厅长希望聘其为蚌埠师范校长……③不过，黄质夫自觉栖霞乡教责任未已，皆委婉辞去，继续躬耕于栖霞乡师。

（三）憨直不阿，被逼去职

正当栖霞乡师欣欣向荣，前景一片大好时，1930 年 7 月，南中校长章桐任命黄质夫为南中高中师范科主任，明升暗降，强令去职。黄质夫"不

---

① 陈邦贤. 栖霞新志［M］. 上海：商务印书馆，1930：121-123.

② 黄质夫. 为南京中学栖霞乡村师范告远近乡教同志书［M］//王文岭，黄飞. 黄质夫乡村教育文集. 南京：东南大学出版社，2017：187-188.

③ 黄质夫. 首都乡村师范教育之厄运［M］//王文岭，黄飞. 黄质夫乡村教育文集. 南京：东南大学出版社，2017：191.

得不去"，被迫离开栖霞乡师。

黄质夫被迫离开栖霞乡师，跟其憨直不阿之个性有关系。晚年在其自传中，黄质夫也承认自己的缺点是"秉性憨直，不畏强御，以是常为豪霸所中伤"①。

栖霞乡师附设于南京中学，从经费到学校管理，皆受南京中学辖制。对于乡师附设而不受重视，甚至有重重限制，黄质夫在界首乡师时就深受其苦，"或视为赘瘤，或以之为局所。且各校距本部甚远，各校长有终年而不来学校一次者，用人行政，则曰此校长职权也；经济艰窘，发生困难，则曰路途遥远，吾不暇顾及也"②。

鉴于乡师附设的种种弊端，且其他省份的乡师皆独立设置，1928年，黄质夫在江苏省师范科联合会上提交《师范学校仍应专设案》，认为中学和师范合并，破坏了师范教育独立之精神。校政掌握于中学校长之手，而委专人主持乡师事务，权限不清，用志不专，效果不宏。并明确指出南中合并后，师范教育专业训练不善，直接影响在校师范生的思想行为，间接影响他日服务社会之效率。③

当时南中校长为邰爽秋，深知黄质夫此议，并无个人争权夺利之心，唯论乡师发展而已。其后的南中校长为沈蒒斋，对黄质夫提议乡师独立也极为理解，并曾提议乡师经费独立，不受南中辖制。

黄质夫一直没有放弃乡师独立主张，"呼吁独立，无虑数十次"。多次呼吁，未能见功，为了更好地培养学生服务乡村，个性较为强硬爽直的黄质夫为了乡师发展，想来自作主张的时候不少，"故乡师虽属南中之乡师科，南中校长不能代为支配一切"。前校长或许对此可以容忍，但章桐似乎对此颇为在意，曾与黄质夫讨论校长与主任之地位以为试探。黄质夫不善逢迎，当然也许是个性使然，直言"若校长对主任侃侃如也，主任对校长

① 黄质夫.自传［M］//王文岭，黄飞.黄质夫乡村教育文集南京.南京：东南大学出版社，2017：281.

② 黄质夫.为南京中学栖霞乡村师范告远近乡教同志书［M］//王文岭，黄飞.黄质夫乡村教育文集.南京：东南大学出版社，2017：188.

③ 黄质夫.本省各中学师范科联合会南京中学乡村师范科提议案［M］//王文岭，黄飞.黄质夫乡村教育文集.南京：东南大学出版社，2017：123.

恂恂如也，则教员对于主任将鞠躬如也，学生对于教员应俯状如也"，已经让章校长内心不悦。① 况且，栖霞乡师声名鹊起，似乎所有荣誉皆在黄质夫和乡师，而于校长和南中没有多大关系，以致有人认为有关栖霞乡师"舆论之记载，乃同义（指黄质夫）之宣传者"②，对黄质夫颇多猜忌。

除校长、主任之关系外，乡师的经费问题也是一个诱因。乡师附设于南中，由南中拨付经费，经费一直不宽裕。1928 年江苏省中学师范科联合会议上，黄质夫以"乡师预算经费叠减，平日应用极感不敷"，向联合会议提交《乡师应请大学行政院辅助图书费及实验材料费案》。由于栖霞乡师"平日经费无日不在支绌中"，1930 年 4 月，黄质夫以经济困窘致函南京中学校长章桐，请辞乡师主任一职。因经费欠缺而请辞，非黄质夫本意，故在南中的一再挽留下，最终还是留任。黄质夫屡屡提议乡师独立，在教学管理中自作主张，已经让南中本部如鲠在喉，又以经费为由提出辞职，想来更让南中本部不悦。故暑假教育部的一道指令，就成为南中逐人夺权的最好理由。

1930 年 4 月，晓庄师范学生游行示威，支持下关和记洋行工人罢工，晓庄因此被封，由此引起国民政府对各学校的密切关注。暑假期间，南京卫戍司令部通知教育部，言侦探侦知南京一些学校有敌对分子在内，请教育部多加注意，教育部遂转告南中校长章桐。南中本已和黄质夫签订了下一年的聘约，接到教育部的告诫之后，乃借机除去黄质夫乡师主任之职。

章桐先是派人到乡师询问学校是否留有学生，得知有学生留在校内后，遂函召黄质夫前往南京，面告栖霞乡师有反动嫌疑，欲调任黄质夫为南中本部高师科主任。并于次日派南中胡蕴甫接任栖霞乡师主任一职，且须即时交接校务。

黄质夫认为他平时对乡师师生要求极为严格，每日工作十二小时以上，根本没时间参与反动行为。心有不甘的黄质夫，亲自跑到教育部质询，始

---

① 黄质夫. 首都乡村师范教育之厄运 [M] //王文岭，黄飞. 黄质夫乡村教育文集. 南京：东南大学出版社，2017：191.

② 黄质夫. 为南京中学栖霞乡村师范告远近乡教同志书 [M] //王文岭，黄飞. 黄质夫乡村教育文集. 南京：东南大学出版社，2017：188.

知教育部面谕各校，系指所有学校而言，并非专指栖霞乡师，且未有栖霞乡师教职员学生反动嫌疑之说。至此，黄质夫乃知校长之真意，被逼去职，"非忘情于乡村教育而去，亦非不顾事业而去者。"①

四、难忘情于乡教，却折戟于湘湖

（一）掌舵湘湖乡师，移植栖霞模式

离开栖霞乡师后，黄质夫在中央大学农学院推广处工作了一年。1931年6月，受浙江教育厅厅长张道藩邀请，担任浙江湘湖师范学校校长。

浙江湘湖师范学校，由陶行知及晓庄师范的第一届学生操震球、王琳、程本海等人一手创建，操震球任校长，王琳、程本海任指导员，以陶行知教学做合一的思想为原则进行教学。陶行知对湘湖乡师颇为关注，并一直扶持，如开学后一个月，陶行知就前往湘湖指导工作，与师生一起讨论教学做的具体实施，并回答湘湖学生各种问题。1929年，浙江教育厅长易人，湘湖师范受到地方势力的影响，陶行知发表演讲《哥伦布探得新大陆》，指出湘湖师范的风潮，是乡教中的几个海盗玩出来的把戏，他们都想不劳而获。②

黄质夫担任浙江湘湖师范学校校长后，一方面继续发扬他善于建设的特长，将前任校长汪志青开始兴建的工程加速施工，改善师生的生活条件。同时，黄质夫移植栖霞乡师的教育宗旨和教学管理方法，在1931年7月份，就将湘湖师范原来实施的弹性学制③改为班级制，在9月份拟定各科课程纲

---

① 黄质夫. 为南京中学栖霞乡村师范告远近乡教同志书［M］//王文岭，黄飞. 黄质夫乡村教育文集. 南京：东南大学出版社，2017：187.

② 王文岭. 陶行知年谱长编［M］. 成都：四川教育出版社，2012：245.

③ 此弹性学制全称"弹性制做学教"，由湘湖师范的刘澡校长根据陶行知教学做合一的生活教育理论和俞子夷的办学主张创建而成，根据各个学生的实际程度和能力决定学习的进度，毕业没有规定年限，学完全部课程，达到及格标准就可毕业，解决了当时湘湖师范学生因程度不齐而造成的学习困难问题。见《浙江湘湖师范学校校史（1928—1998）》。

要。并组织炊事委员会，实行雇工自理炊事，每日派定学生二人值日，将学校组织改为生活、工读、研究、推广、总务五部。从 10 月份开始，湘湖学生开始从事课外农工活动，并考查其课外工作成绩。11 月份组织各科研究会，要求学生至少加入一种研究会，从事课外研究工作。除学校的学习和劳作之外，同样要求学生积极参与服务乡村的活动，如增设顶山农民教育馆，增宽湘堤，以利交通，举行清洁运动，清扫湘湖师范本部及沿湖各村等。①

（二）折戟湘湖：栖霞模式在湘湖乡师水土不服

黄质夫在栖霞乡师要求学生课内学习和课外劳作相结合、对学生进行严格管理的教育实践经验，显然不适合湘湖师范的实际情况。湘湖师范由陶行知在晓庄的学生创办并主持，其教育宗旨和教学管理思想可以说和晓庄一脉相承，秉承陶行知教学做合一的生活教育思想，打破了传统学校课程教学的限制，而以实际生活为中心。虽然中间也经历校长易人，生活教育模式和晓庄不再完全一致，但已经形成了自己的办学风格。

黄质夫其实也深受陶行知生活教育思想影响，在教育实践中主张教学做合一。但栖霞乡师属于公立学校，课程设置和学校管理要受教育行政部门督管，因而自由度较小。且在实际办学中，栖霞乡师最终走的是教育即生活、学校即社会这条道路，以课程为中心组织教学做。和黄质夫同时任职栖霞，也是黄质夫最好战友的李西涛在《栖霞乡村师范教学做的实况》中就说："我们既说是以生活为我们教学做的中心，所以我们的一切设施，当然要在这可能范围里去努力……（因经济困难）职是之故，所以我们教学做里面，有很多需着做而教，做而学的地方，也就因为设备的简陋或缺乏，根本上发生了障碍，又不得不把他当着学理的探讨，问题的研究，到教学室里，实行我们口头上的解决了。还有一层就是实行我们教学做的学生，大都来自完全小学毕业以后，他们知识年龄和真实的年龄相差甚多。

① 黄质夫在浙江湘湖师范学校［M］//王文岭，黄飞.黄质夫乡村教育文集.南京：东南大学出版社，2017：314-316.

所以他们自动为求知而学，为有需要才做，那结果的效能，我可以很不客气地说，是绝对不会好的。所以我们一方面就我们能力所及，去实施我们室外的教学做，一方面却又不能不仍然把大学行政院所颁布的学校课程大纲，大同小异的实行起来，借收指臂之效。"①

黄质夫没有照搬陶行知及晓庄成法，而是根据实际情况对教学做合一进行创新，并自成风格，形成了独特的栖霞模式。这一点，1928 年广东教育厅组团考察江浙师范时已经发现："此两校（晓庄和栖霞）之设，同以改造乡村教育为目的，同以教学做合一为方法，然其实施则大有不同。盖晓庄不分班次无有教室，不见上课，破除生活与课程之界限，消灭教师与学生之隔阂，铲除学校与社会之围墙，此其方式为革命的；至于栖霞则仍保有班级教学之制度，依照大学行政院所规定颁布之学校课程大纲，对于各种基本知识充分修养，以为将来服务社会之相当准备，此其方式为改良的。故就事实上考察，晓庄以生活为中心；栖霞以教育为中心，晓庄以社会为立场，而竭力使社会学校化，栖霞以学校为立场，而竭力使学校社会化，是其大较也。此外，法晓庄而继起者，有崑青嘉兰县立（蓝塘）乡村师范，及浙江萧山县之湘湖乡村师范等。其与栖霞大同而小异者，有中央大学区立上海中学（黄渡）乡村师范科，无锡中学（洛社）乡村师范科等等。"②

所以，当黄质夫将栖霞的办学模式移植到已有鲜明特色的湘湖乡师，尤其是湘湖乡师的在校学生在思想上早就认同了陶行知的晓庄模式，现在突然要改变习以为常的学习方式，这种外来的办学模式难免会水土不服。

而且，湘湖乡师后来实行的弹性学制，学生的学业压力和劳作压力，与栖霞乡师的学生相比，不在同一个层次上。根据表 7 - 1 所示栖霞乡师的作息时间表，可见栖霞学生的学习和劳作强度：

---

① 本文载于《栖霞乡师半月刊》，目前已经散逸，但被广东教育厅考察团记载在《考察江浙乡村师范教育报告书》中的第 52～53 页。

② 陈良烈. 考察江浙乡村师范教育报告书 [M]. 广东教育厅刊行（内部资料），1929：7.

表 7 - 1 栖霞乡师的作息时间表①

1928 年广东教育厅考察团所记录的栖霞作息表		1929 年 4 月以后栖霞实行的作息时间表	
作息时间	作业种类	作息时间	作业种类
6：00	起床	5：30	起床
6：15	健康活动、朝会谈话	5：45	健康活动、朝会谈话
6：30	生活作业、自由研究	6：10	生活作业、自由研究
7：10	早饭	6：40	早饭
8：00—8：50	第一节课	7：30—8：15	第一节课
9：00—9：50	第二节课	8：20—9：05	第二节课
10：05—10：55	第三节课	9：10—9：55	第三节课
11：05—11：55	第四节课	10：10—10：55	第四节课
12：00	午饭	11：00—11：45	第五节课
13：00—13：55	第五节课	11：50—12：35	第六节课
14：00—14：50	第六节课	12：40	午饭
15：00—16：00	社会服务、自由研究	13：30	村务活动、自由研究
16：00—17：00	农事实习，生活作业	14：00—15：00	农事实习，生活作业
17：00—18：00	休闲生活	17：00—18：00	休闲生活
18：00	晚饭	18：00	晚饭
19：00—21：00	自由研究	19：00—30：50	自由研究
21：10	就寝	21：10	就寝

对于栖霞乡师的高强度学习和劳作压力，由于学生一进校就是这样实施的，没有横向的对比，加上校长、教师和学生一起学习和劳作，最终形成思想上的认同和行为上的投入，并成为栖霞乡师的办学特色。而黄质夫加盟湘湖时，湘湖已经形成自己的办学风格，且在校学生已经适应这种风格。且不说陶行知在乡村教育中的标杆作用，就是要打破原来的思想和行为，重新适应新的风格，本就需要一个过程，而黄质夫在推行栖霞模式的时候又极为强势，这就使得湘湖师范的学生对校长黄质夫极为不满："他

---

① 本表根据陈良烈《考察江浙乡村师范教育报告书》第 56~58 页，以及南京中学乡村师范科全部作息时间表（见《黄质夫乡村教育思想研究》第 398 页）制作而成。

（黄质夫）完全按国民党的师范章程办事，取消弹性制，把五届高级班学员及三、四届还留校未毕业的学员编为简师二年级，一律采用班级制上课，改'前方小学'为附属小学，'识字班''民众夜校'等全部停办。在前方小学作实验任教的学员，回到教室，仍旧走'先生教，学生听'的老路，这样，做学教分家了，学校与农村疏远了，与社会隔离起来了，民主与科学的传统也没有了。陶行知的生活教育思想，在极短暂的时间被扫荡得一干二净。这时候，同学们深刻地体会出新旧教育之间的差别。特别是五届同学，原来正在'前方'进行'做学教'，他们被迫回本部学习，一进课堂更觉格格不入，抵触情绪日益高涨。而黄以高压手段治校，对不服从的学生，迫令退学。于是，学生们便沉默起来，但在心里燃烧着愤怒之火。"[1]

湘湖学生对黄质夫办学模式不认可，并在行动上不配合，使得黄质夫感到自己的乡村教育理想受挫。1932年1月，辞去湘湖师范校长一职。

五、重回栖霞，再造辉煌

（一）制定规程，改革栖霞

当黄质夫的教育经验在湘湖乡师水土不服的同时，栖霞乡师也经历着水土不服的考验。胡蕴甫任栖霞乡村师范的主任后，秋季开学已过一周，"学生多未到齐，师长依然"，不得不推迟开学。后来虽然勉强开学，因旧有教职员多数辞职离校，而新聘教师尚未到齐，故"上课科目只得临时公布"。[2]

胡蕴甫上任后，基本按照乡师原来的办学模式进行，如注重农业生产，组织各学科研究会，继续开办民众学校进行民众教育，办理栖霞医院等、民众茶园等。也有一些改变，如将栖霞乡师改名为南京中学校第三院乡师部，改《栖霞新村半月刊》为《南中乡师》。在实施过程中对原有做法进行

① 浙江省湘湖师范学校．浙江省湘湖师范学校校史（1928—1998）[M]．杭州：浙江教育出版社，1998：31.

② 徐道生．记九月八日之开学式[J]．南中乡师，1930，1（1）：18.

了一些调整，如黄质夫时期，为了培养学生吃苦耐劳之精神，无论严寒酷暑，每天天未明即起床开朝会做早操，洒扫清洁。乡师新任主任和老师们到了当年 10 月份，即因天气甚寒，将早操改为课间操，朝会保留，改在大礼堂进行。①

1932 年 3 月，受南京中学汪校长之聘，黄质夫重回栖霞，担任乡师科主任。当年 6 月，江苏省教育厅终于决议师范独立，栖霞乡师从南京中学独立出来，成为江苏省立栖霞乡村师范学校。

一直主张的师范独立终于实现，黄质夫内心十分激动，立刻着手对栖霞乡师进行改革工作，全面实施他的做学教合一的思想。在组织上，黄质夫将栖霞乡师原来的总务、教务、训育三部改为工读指导部、生活指导部、研究实验部、总务部和推广部五部。教学制度上，黄质夫认为现行课程偏重脑之训练及理论领会，职业课程分量太少，且忽视于手之劳动及实地工作，故主张课程设置生活和教育不能分离，增设职业科，以劳作代替运动，实行工读，并在教师聘请和招生政策等方面进行调整。

栖霞乡师原来就极为重视学生的劳作训练及学生健康体魄的养成，现在主张以劳作代替运动，实行工读，可以说是黄质夫乡教思想进一步成熟的体现，当然也受湘湖乡师教育实践经验的影响。湘湖乡师由陶行知直接指导建立，是晓庄师范生活教育理论和教学做合一思想的直接继承者，在教学实践中打破了学校、课程、知识等传统学校教育的限制。黄质夫本就极为钦佩陶行知及其理论，故其在湘湖主事时，湘湖的教育实践经验对他应该有较大的影响，并具体体现在栖霞乡师的行政设置和课程设置等各个方面。

改革方案出来后，栖霞乡师立刻布置落实，并在实施过程中进一步改进和完善。

根据改革方案，栖霞乡师聘请教师，主张教师应该对乡村教育、小学教育和教育学的专门知识及所任学科有深入研究，有许身乡教和改造乡村的决心、甘于淡泊、爱生如子、视学校如家庭等品性。根据上述原则，栖霞乡师聘请的教师，"多毕业于高师、大学教育学系以及大学他系而富有经

---

① 根据《南中乡师》1930 年第 1 卷第 1 期之记九月八日之开学式、第 2 期之栖霞新村之民众教育、第三次科务会议记录得出此信息。

验者"，"其文弱者固有，而表现实干、硬干、苦干及快干之精神者，实占多数。对于学生均能负责教导"。①

为了让老师们安心乡教，以校为家，栖霞乡师首先解决他们生活上的后顾之忧，在校内景色优美之处，建设教师宿舍，以供教师家眷住宿。黄质夫认为，解决教师的后顾之忧，教师无家事牵累，就会安心服务，终年供职，而不至于老是缺课补课。而且，教师的家庭生活，也可以给学生良好家庭生活的示范，于学校可谓获益良多。所以，栖霞乡师的教师"一反现在教师所有的恶习，提起奋发精神，无论何项活动，教师与学生共同甘苦，例如共同劳作，共同用膳，早上必先学生而起，晚间睡又落后，所着衣服一律为朴实的短装等。这种刻苦耐劳，恪守纪律，舍身从事乡教的决心，身为前驱，真可为学生的表率了。校长教师既能以身作则，学生自然于不知不觉中受其人格感化了"②。

聘请教师的同时，栖霞乡师按照新的方案招生。原来栖霞乡师的入学资格仅限于高级小学毕业生，但因乡师学生主要来自乡间，乡间设立高小者极少，于是改入学资格为：高级小学毕业持有文凭者；有同等学力者；检定未合格之小学教师、而有志来学者。③ 将入学对象由高小毕业生扩大到同等学力及乡村不合格教师。虽然对学生的入学资格有所放宽，但对学生的要求反倒更严，除开学力、体格和性情的要求之外，对学生终身从事乡教、甘于乡村清苦生活、勇于服务和贡献的旨趣及精神要求极高，并增加试读办法，凡是"意志不甚坚定，来校后每以旨趣不合，甘于暴弃"者，可自动请求退学，另择旨趣相近之学校就读。

（二）做学教合一：栖霞乡师的课程设置与实施

1. 课程学习：课内与课外并重

栖霞乡师的课程设置，根据"教应所需，用出所学"的原则，对一些程度浅显的科目进行减并，增加职业科目，以工读代实习，劳作代体育，

---

① 季光宗. 栖霞乡师参观记［J］. 校风，1936（257）：1428.
② 南京市栖霞区地方志办公室，南京市栖霞区档案局. 师之范——黄质夫在南京栖霞［M］. 北京：中国文史出版社，2012：8.
③ 黄质夫. 改进江苏省立栖霞乡师学校之刍议［M］//王文岭，黄飞. 黄质夫乡村教育文集. 南京：东南大学出版社，2017：213.

休闲代音乐，对课程进行改革。

根据课程改革思路，栖霞乡师的课程，一年级依照教育厅颁发的《四年制乡村师范课程表》办理，而二、三、四年级则"根据四年制乡村师范课程要旨、时间、学分，及部颁高中师范科必修科目、时间及学分表，并参酌实际的需要而增订"，其学科总计有十四门：

表7-2　栖霞乡师课程表①

课程	学分	课程	学分
国语	40	体育	9
教育	33	工艺	7
社会	28	美术	7
算学	26	音乐	7
农业	25	医药卫生	4
自然	22	家事	2
党义	13	伦理	2

由课程表可知，栖霞乡师最重视的是作为基础学科的国语和数学、教育学科以及社会、农业和自然等课程。其设置标准，以"有益于乡村"为原则。所以，在原有教育部所定课程的基础上，增加了医药卫生、家事等方面的课程，取消了与乡村关系不是十分密切的军事训练等课程，减少了体育课程时间，而代之以劳作、推广服务等内容。②

栖霞的课表并不是纸上文章，实际的课程教学和课表基本一致："数学比语文的分量小，只有算术、代数，平面几何也学，其他课很多，有地理、历史、物理、化学、音乐、美、体育等，还有植物学、生理卫生、应用文、蔬菜、花卉园艺课程，还有教育行政、教材教法、教育学、心理学等，课时不多，但是分量不少，教学进度都很快，因此要花很多工夫，要消化，要完成作业，自习课很是紧张。"③

课堂学习之外，栖霞十分重视学生的课外研究，不仅鼓励学生自修，继续设置各种研究会，如一年级有演讲会，二年级有文艺研究会和演讲会，

---

① 陈剑云. 栖霞乡师印象记 [J]. 教育与民众，1934，5（9）：1772-1780.
② 古楳. 乡村师范概要 [M]. 上海：商务印书馆，1936：107-111.
③ 童启铃. 我的求学之路——忆在栖霞乡村师范的三年 [J]. 生活教育，2016（8）：23-27.

三年级有读书会及演讲会，四年级有教学讨论会。并打破年级界限，组织各种学科方面的研究会，有教育、卫生、国语、文艺等。由老师带领学生研究实际问题，并鼓励将研究成果发表于校内外的各种期刊。不同年级研究方向不同，如第一次研究实训时，四年级学生研究教育原理、小学教学技术，三年级研究各国教育概况，二年级研究教育史，一年级则研究教育应用图表的绘制。第二次研究实训，二年级研究图表绘制法，三年级研究乡村小学实际问题，四年级研究小学实际问题、民众教育研究等问题。研究中，由老师提出研究问题，指定参考用书，可以一人自行研究，也可以两人一组，自行阅读并进行研究，形成研究论文。①

在黄质夫和老师们的严格要求下，栖霞乡师学生在学业成绩上颇有收获，学校专门举办了一个各科成绩展览会，展示一学期的成绩。成绩展览分为六个方面：如图画，有墨色水彩等 320 幅；农业方面，有农业画表、各种优良品种 500 余种；西画手工方面，有油画、炭画、雕刻等 200 余件；小学教育方面有小学技术研究作品 230 余种、教育论文 100 余篇；民众教育方面，有民教论文 120 余件、民教实验报告 110 余件；而文史地方面，则有文艺作品 50 余册、中外地理 90 余幅、时事论文 100 余件。②

2. 重视劳作：工、读并行不偏废

经过界首乡师教育与农业相结合，以及栖霞早期和湘湖时期教育与劳动相结合的初步实践后，重回栖霞的黄质夫，在劳动教育方面更有创见，提出以劳作代运动，工读并行，劳动教育思想日益成熟。

黄质夫认为，乡村师范重在乡村，故栖霞乡师的基本精神，就在于"做学教合一，期于读书识字、学问知识之外，注重双手万能，力求实用为目的"③。"况今后之乡村教育，益将趋重于生产技能之训练，则乡村师范生除一切乡村教师所应具备之教书技术以外，尤应先成为一优良农工"④。所以，课读之外，栖霞乡师尤其重视做工。

① 栖霞乡师各级学生研究问题［J］. 苏省乡师月刊. 1932（8）：38–47.
② 南中乡师：各科成绩展览［J］. 苏省乡师月刊，1932（8）：62.
③ 黄质夫. 苏省南中乡师各部实施方案［M］//王文岭，黄飞. 黄质夫乡村教育文集. 南京：东南大学出版社，2017：216.
④ 黄质夫. 服务乡教八年之自省［M］//王文岭，黄飞. 黄质夫乡村教育文集. 南京：东南大学出版社，2017：228.

栖霞乡师的做工，主要有两种，"一为培养学生农事工艺等技能，名为'工作'；一为锻炼学生身体，培养劳动身手及增进耐劳刻苦之精神，名为'劳作'"。① 工作包括农事、工艺、缮写及医药看护等方面，而劳作包含（包括各种杂务）如筑路、开垦荒地、开沟、搬运物件、洁除及布置等工作。从内容上看，工作更倾向于技术，劳作更侧重于体力。事实上，在实施过程中，工作和劳作，其实并不是那么泾渭分明，尤其是学生，经常将二者统称为劳作。

工作实施中，学生每日工作两小时，一年级以劳作（包括杂务）为中心，二年级以农事为中心，三年级以工艺、缮写及医药看护为中心，四年级因为实习，免工作。②

对于做工的规定，栖霞乡师并不是纸上具文，而是从严落实，从入学考试就开始把关。据童启铃回忆，他去栖霞乡师应考时，笔试后，校长黄质夫就抓住他的手，搓了又摸，看他的手是粗糙还是白嫩，有没有老茧。搓摸完之后，火辣辣的太阳下，每人一方地，一把镰刀，蹲在地里除草，既要除得干净，又要不损坏庄稼。两小时下来，汗流浃背，腿脚酸软。③ 入学劳动考试即动真格，筛掉了一批耐不得劳苦的人。

"干，硬干、苦干、实干"是栖霞师生的劳动口号和劳动精神。经历入学的劳动筛选，进入栖霞乡师后，通常，师生在下课后，就拿了锄头、锯子到农场或工场劳作一两个小时。这种劳作，不是装饰，也不是徒具虚名，而是扎扎实实去做，以致有学生戏称栖霞师范为"劳动师范"。

到抗战前夕，栖霞乡师的农场有水田 300 亩，还有大片的旱地、山场；工场有金工场、木工场、竹工场、蒲工场、印刷、油漆、水泥工场等。无论是在工场还是农场做工，都是极为辛苦的。不过，因为校长、老师和同学一起做，所以学生虽然辛苦，但并不抱怨，反而高举"干、硬干、苦干、

---

① 黄质夫.我们的主张与实施［M］//王文岭，黄飞.黄质夫乡村教育文集.南京：东南大学出版社，2017：242.

② 黄质夫.我们的主张与实施［M］//王文岭，黄飞.黄质夫乡村教育文集.南京：东南大学出版社，2017：242－243.

③ 童启铃.我的求学之路——忆在栖霞乡村师范的三年［J］.生活教育，2016（8）：23－27.

实干"的旗帜，干得热火朝天。①

工场、农场劳动之外，栖霞乡师非常重视学生生活自理能力和吃苦耐劳精神的培养。学生每日早操之后，就去自己的包干区进行洒扫。洒扫之后，整个学校窗明几净，干净整洁。学校食堂虽雇有厨子，但买菜、摘菜、洗菜等厨房杂务，全由值日学生去干。这些日常劳作，学校都会打分，包括出操等日常行为，都会有学生负责记录，定时公布，最后评其优劣。

为了养成师范生"农夫的身手"，黄质夫重回栖霞之初，对学生的体格锻炼就极为重视，除开体育课及早操外，师生每天早上五点起床，进行越野赛跑；或者老师带领学生登山、游泳，乃至进行各种球类比赛。②

不过，后来因为经费困难，加上黄质夫思想发生变化，认为现行学校中的体育，"大多趋重于少数运动员之养成，而于大多数人之身体，反不予以积极之培养，或消极之纠正，且学校所用体育器械，价值大抵异常昂贵，绝非今日乡村小学之财力所能购备，以每年数十乃至数百元有用之金钱，虚掷于三数运动员之养成，事之笨拙，莫甚于此"，故"原有乡师体育课程，代以劳作，果能将劳作时间与分量，分配得当，未始非锻炼学生体格之好办法也"③。

栖霞乡师后来即实施以劳作代运动。虽然有学生好几百人，但除开几丈见方的操场外，就再也找不到空地，更看不见什么篮球场、网球场。除了基本的做操、太极、跳绳等运动外，学生的运动场，就在工场和农场，他们的运动器械，就是扁担和锄头。④

虽然没有运动场，栖霞乡师照样开运动会——劳作运动会。劳作运动会每年定期举行，比赛劳动技术、质量、速度，还有生活技能比赛，并进行颁奖。⑤

以劳作代运动，效果如何呢？"他们个个脸上红而发黑（女生同样），

---

① 童启铃. 我的求学之路——忆在栖霞乡村师范的三年 [J]. 生活教育，2016（8）：23 - 27.

② 南中乡师：半年来之体育锻炼 [J]. 苏省乡师月刊.1932（8）：61.

③ 黄质夫. 改进江苏省立栖霞乡村师范学校之刍议 [M] // 王文岭，黄飞. 黄质夫乡村教育文集. 南京：东南大学出版社，2017：209.

④ 张须保. 江苏栖霞乡师的劳作生活 [J]. 学校新闻，1937（57）：10 - 11.

⑤ 童启铃. 我的求学之路——忆在栖霞乡村师范的三年 [J]. 生活教育，2016（8）：23 - 27.

身体壮大而粗，十足表现着他们的健康。医药室清淡，调养室无人"，学生身体极为健壮，以致校医诉苦"闲得难过，三天不看一个病人，有的药品都放坏了，真闲得要命"。①

3. 服务乡村：沟通学校与社会

陶行知主张"乡村学校是改造乡村生活的中心，乡村教师是改造乡村生活的灵魂"。这一思想为广大乡村教育工作者所认可和践行。

早在界首师范时期，黄质夫就鼓励学生深入乡民家庭，调查、劝学并办平民夜校，教育乡民识字。栖霞早期，黄质夫认为，乡师学生"在求学时代，就洞晓农家生活的情形，有欣赏自然的兴趣和村居的习惯，他们毕业后，一定是良好的乡村教师"。但黄质夫对乡村师范生的期望并不局限于乡村教师身份，"还希望他们去做灌输农民知识、改进农民生活的导师，发展乡村社会的领袖"。② 于是以栖霞乡师为中心，组织栖霞新村，在民众教育、村政、农事改良等多方面进行推广和服务，建设理想乡村。

黄质夫重回栖霞时，各地的乡村教育和乡村建设运动正成为潮流，乡村改造、民族复兴成为乡村工作者的共识。黄质夫作为乡村师范的校长，通过教育改造乡村的志愿更加清晰——将以乡村教育为复兴乡村之泉源。乡村师范地处乡村，故其使命"不仅在造就乡村小学之教师，尤应具有增进农民生活，改良乡村组织之实际工作，亦将借此各种推广事业，使学生灼知社会情形，熟练推广方法，庶使服务乡教后，可以改进农村，可以领导民众"③。为此，黄质夫在栖霞特设推广部，其推广原则为：

一、改良乡村组织，增进农民生活

二、普及乡村教育，提高农民智识

三、提倡乡村娱乐，培养农民道德

四、改善乡民农具，增加农民生产

五、调查乡村社会

---

① 张须保．江苏栖霞乡师的劳作生活 ［J］．学校新闻，1937（57）：10－11．

② 黄质夫．中国乡村的现状和乡村师范生的责任 ［M］//王文岭，黄飞．黄质夫乡村教育文集．南京：东南大学出版社，2017：117．

③ 黄质夫．服务乡教八年之自省 ［M］//王文岭，黄飞．黄质夫乡村教育文集．南京：东南大学出版社，2017：229．

六、介绍乡村小学教师

七、沟通学校、家庭与社会

八、实现村无游民、野无旷土、人无不学，事无不举的愿望。①

在黄质夫的规划中，栖霞乡师的推广服务包括生计教育如农场、林场、组织合作社、修筑道路、举办农事展览会、推广改良品种、举办艺徒班等方面；语文教育，包括指导民众认字、民众阅书报社、民众代笔处、民众壁报、识字谈话会、识字运动等；健康教育，包括栖霞医院、注射预防针苗、平民产院、卫生运动；村政教育，包括村政研究会、栖霞保卫团、陈设街道路灯等；家事教育，包括农忙托儿所、家庭访问等；休乐教育，包括栖霞民众茶园、娱乐大会、各种游艺比赛、戒除烟赌等。②

栖霞乡师的推广服务，并不限于乡师一隅。黄质夫向江苏教育厅成功申请到由栖霞乡师代办栖霞山义务教育实验区，以栖霞山附近四镇二十乡，面积三百二十里为施教范围。每乡镇内设义务小学一所，负责当地代笔、民众学校、民众茶园、农场改良等事务，栖霞乡师负责指导。同时，栖霞乡师也和各小学合作办理民众壁报、注射预防针、举办各种游艺比赛以及推广改良品种等事宜。③

在栖霞乡师的推广服务中，出身农科的黄质夫对栖霞义务教育实验区内的生计教育、健康教育、村政教育、休乐教育、家事教育等各个方面，在栖霞早期的基础上进行全面改进和建设，并按照所制订的推广计划一一贯彻落实。尤其是生计教育方面，看到乡民生计困窘，为了生存不得不高利借贷，备受盘剥，乃至借贷无门。黄质夫以乡师学校名义，向上海商业储蓄银行、农业银行经理请求借贷。并三次前往上海商业储蓄银行接洽，召集栖霞附近二十余乡村的乡长、村长开会两次，前往各乡村调查四次，

——————

① 黄质夫. 苏省南中栖霞乡师各部实施方案 ［M］// 王文岭，黄飞. 黄质夫乡村教育文集. 南京：东南大学出版社，2017：223.

② 黄质夫. 我们的主张与实施 ［M］// 王文岭，黄飞. 黄质夫乡村教育文集. 南京：东南大学出版社，2017：255－258.

③ 黄质夫. 我们的主张与实施 ［M］// 王文岭，黄飞. 黄质夫乡村教育文集. 南京：东南大学出版社，2017：258.

贷给附近乡民一万元，赢得乡民爱戴。① 由于乡师贷款抵押价高，利率仅为当地借贷的一半，乡民生活困苦者尤多，希望借贷者甚众。黄质夫经过多次接洽，分两批再次从上海商业银行贷款 5000 元，并继续接洽，以满足更多乡民的借贷需求。② 通过借贷，不仅在一定程度上解决了乡民的生计窘境，更是因此而得到乡民的信任和爱戴，故乡师在各种教育推广中，进行极为顺利，为文字下乡奠定了坚实的民众基础。

在各项推广服务中，黄质夫在教育推广上着力尤多。较之栖霞乡师早期的浅尝，这一时期则显得更为深化和系统：在对象上既有儿童，也有农民；在机构上，不仅有各种小学，还有民众学校等；在教学形式上，既有集体教学，也有谈话会，还有个别教学。

黄质夫认为，乡村师范及乡村学校作为乡村文化的中心，推行文字下乡，进行乡村教育，首先当关注乡村失学儿童。经过精密筹划，决定和当地村长、镇长等人合作设置简易小学。学校硬件由各村镇负责，教师则由乡师四年级学生担任。很快就在当地的张王庙、摄山渡、戴家营、湛墅村、宝贝庵等五处设立了简易小学。③ 后增加至八所，入学儿童三百多人。

鉴于栖霞乡师简易小学的办学成绩，江苏省教育厅于 1934 年秋，要求乡师举办义务教育实验区，将原来的简易小学进行改组，并扩充义务小学七校，短期小学一所，合计十六校，就学儿童八百余人。④ 如果仅仅是面向乡村儿童而言，栖霞乡师周边的乡村教育算是极为成功的。

为更好地促进当地小学的发展，黄质夫十分重视对当地小学教师的职后培训。职后培训的对象，包括乡师的毕业学生，在调查了解他们现状的基础上，将教育新潮、校内各种刊物，按期寄给他们，以解决乡村闭塞落后、无从提升的窘境。本校学生外，乡师还面向义务教育实验区内的小学教师，要求按期集会，给他们提供研究提升的机会。黄质夫思想极为开放，他敏感地意识到仅凭接受过新式教育的小学教师，难以实现乡村教育的普

---

① 黄质夫. 请支持栖霞农民借贷——致上海商业储蓄银行邹秉文函 [M] // 王文岭，黄飞. 黄质夫乡村教育文集. 南京：东南大学出版社，2017：237－238.

② 农村救济与改进：栖霞乡师农村推广事业的新发展 [J]. 农林新报，1933，10 (2)：37－38.

③ 农村救济与改进：栖霞乡师农村推广事业的新发展 [J]. 农林新报，1933，10 (2)：37－38.

④ 陈一. 江苏栖霞乡师的农业推广 [J]. 农村经济，1935，2 (6)：68－72.

及，必须扩大乡村教师的来源。所以，栖霞乡师还对义务教育实验区内的乡村塾师进行指导，除开按期集会进行培训，还指定他们所在乡镇的小学教师及乡师教师对塾师随时指导，并定期抽调塾师分赴各义务小学进行参观实习，帮助他们适应新时期小学教育的趋势和要求。①

黄质夫"人无不学"的乡村教育理想当然不局限于乡村学校的儿童。他认为，改进乡村，"这种事业最好交给乡村学校去干，因为利用学校做改良乡村社会的中心，人才较为集中，费用较为经济，事半可以功倍……理想的乡村学校，他的教育场所，决不仅限于一校一地之内，他的教育对象，决不只限少数年龄相当的儿童，他除了教育校内的儿童外，他应该做提高乡村文化的一种普遍的活动，使整个农村能够向上去发展。"② 所以，栖霞乡师极为重视学校外的主体——普通民众的教育。

为此，栖霞乡师大力发展民众学校。仅 1935 年就办有民众学校五班，附近民众皆可接受免费的识字教育。③ 不过，由于农友们农事繁重，前往民众学校进行集体学习的农友人数及其学习状况，不能令黄质夫满意，离其"人无不学"的理想距离遥远。于是他在民众学校集体学习的基础上增加个别教学形式，对于那些有识字愿望，但因农务繁忙而不能前往民众学校的农民，由乡师学生一人教一个农友。教学场所可以在乡师，也可以在农友家中，还可以在农友的工作场所，所用教材为教育部编的三民主义千字课。

栖霞乡师原来的民众学校，乡师学生参与者较少。现在实施个别教学，全体师范生都要参与。他们每在开学之初，就在邻近农村择一农友，教学时间由师范生和农友自行商定，以不妨碍师范生的课业为原则。学期末，由乡师对农友的识字情况进行考核，以此作为师范生将来实习成绩的一部分。栖霞乡师的学生皆来自乡村，乡土情感本就深厚，选择乡师，在乡师思想教育的熏陶下，多抱着改造乡村的心愿，故学生的教学极为认真负责，农友识字效果良好。

黄质夫对乡师民众教育成绩极为满意，甚至乐观展望：一年之后，乡

---

① 陈一．江苏栖霞乡师的农业推广［J］．农村经济，1935，2（6）：68－72.

② 黄质夫．黄墟参观纪要［M］//王文岭，黄飞．黄质夫乡村教育文集．南京：东南大学出版社，2017：194－205.

③ 陈一．江苏栖霞乡师的农业推广［J］．农村经济，1935，2（6）：68－72.

师周围三里之内的农民，可望个个识字，两年之后，个个都会写信。①

除了设立民众学校和进行个别教学之外，乡师还设有民众阅书报社、识字谈话会，每两周举行一次识字农友谈话会，以进一步加深和农民之间的联系，推广识字教育。

（三）思想教育：基于国家，服务乡教

黄质夫认为，乡村师范所培养的教师，不仅能教学儿童，而且要能以个人之行动，成为乡村之榜样。他十分重视对乡师学生进行思想教育，主张在日常教育和生活中，提高民族意识、深植国家观念、确立服务乡教的思想，养成自治能力、严整群体生活、发挥服务精神。②

乡师学生的思想教育，既有课程中的熏陶，更为重视的是日常考核。黄质夫制定了多种平时考核方式：（1）检查。包括思想考查（如谈话、讲演、作文、日记等）、道德测验（测验其国家观念、责任观念、信仰观念等）、行为考查（包括舍务考查、洁除考查、劳作考查、自修考查、各种检查等）。（2）比赛。主要是洁除比赛，每学期两次。（3）登记。制定《操行优点缺点登记表》，逐项考查，每日记录，每周登记并加减结算一次，并公示之，以资警惕。（4）评定，由导师对日常行为和思想进行登记，期末总结，做千分制的总评。六百分为及格，千分为满分，超出千分者奖励。（5）报告，将《学生学行报告书》附操行报告单，报告家长。（6）奖惩。③

黄质夫对乡师学生的思想教育要求极高，执行极严。不过，因为学生来自乡村，质朴勤劳，加上校长和教师们都能以身作则，身体力行，所以，乡师的这些规定及其考核，都能落到实处。学生回忆："栖霞师范校纪很严，学校对学生的全面考察无一遗漏……平时积分的记载不凭教师的主观印象，而凭日积月累的登记，一天不漏。学校设有值日生制度，由全校学生轮流，不分优劣，人人参与，保证绝对公正、准确。轮值学生全校每天

---

① 农村经济与改进：栖霞乡师农村推广事业的新发展 [J]. 农林新报，1933，10（2）：37 - 38.

② 黄质夫. 我们的主张与实施 [M] //王文岭，黄飞. 黄质夫乡村教育文集. 南京：东南大学出版社，2017：246 - 249.

③ 黄质夫. 我们的主张与实施 [M] //王文岭，黄飞. 黄质夫乡村教育文集. 南京：东南大学出版社，2017：249 - 250.

两人，不上课，从清晨起床开始，所有活动都予以记载；一经发现好人好事或者违规差错，立即记入各人学号栏内；清洁检查也都逐区检查，按责任人学号打分，从早到晚几乎无一空白；至于工农劳动和义务劳动则有指导工友、农师和发货、收货责任人记载。因此同学从起身到熄灯、睡觉，无不遵守校纪，由于这是人人平等，同学自觉管理，而不是校规约束、教师监管，更没有奖励处分，因此每个人并不觉得难受，心情平和，轮到执勤都十分欢欣尽责。"①

六、受命于艰困之际，振贵师于国难之时

1937 年抗战爆发，栖霞乡师秋季虽然坚持开了学，但很快就奉令解散：一至三年级的学生立即回家，四年级学生仍在小学实习，等待办理毕业。随着战火南移，南京岌岌可危，11 月中旬，四年级学生由校长黄质夫颁发"学业完毕，各科成绩未及考察，为凭"的毕业证明，离校回家。② 黄质夫再次冒险护校，直至日军进攻南京的前几天，才不得不离开学校，开始他的流亡生活。

流亡期间，黄质夫担任过汉口战时员生收容所所长、国立贵州中学校务委员兼高中部主任、湖南农业改进所技师兼榆树湾工作站主任及沅芷垦区办事处主任。后在贵州教育厅的一再邀请下，于 1939 年 9 月，担任贵州省立贵阳乡村师范学校校长，再次回到他一直精耕细耘的乡教田园。

（一）建贵师："新开天地"

贵州省立贵阳乡村师范学校创办于 1936 年，校址在贵阳郊区青岩。黄质夫担任校长后，认为青阳位于省城郊区，地方狭小，物价上涨，在国难时期生存尚且不易，何图发展？而且，贵州省教育厅邀请黄质夫担任校长，应该有借助贵阳师范发展边疆少数民族教育的期待。所以，黄质夫主张：

---

① 童启铃. 我的求学之路——忆在栖霞乡村师范的三年［J］. 生活教育，2016（8）：23 - 27.

② 童启铃. 我的求学之路——忆在栖霞乡村师范的三年［J］. 生活教育，2016（8）：23 - 27.

"乡村师范，宜在乡村；边疆师范，宜在边疆，且尤宜在土著同胞聚居之边远县，以培养大量人才，开发和建设山区之经济、文化，是为办学之宗旨。"①

为满足乡村师范设在乡村和边疆师范设在边疆少数民族区域这两个基本要求，黄质夫报请教育部同意后，改校名为国立贵州师范学校，决定在黔南地区另择校址。

黄质夫带领榕江籍学生杨成章，准备前往黔南各县考察。时值黎平初级中学校长赵学烺在贵阳。黄质夫建设栖霞乡师，带动栖霞附近乡村的经济、文化发展成绩，国内皆知，在乡村教育和乡村建设领域已经声名颇著，是有名的实干家。听闻黄校长要重择校址，赵学烺立即前往游说，言说黎平环境优美，很适合乡师发展。杨成章则谓榕江交通发达，文化落后，有待乡师前往开发。

在杨成章和赵学烺的带领下，黄质夫搭汽车，翻山越岭；乘小舟，顺水而下，考察了黔南龙里、贵定、都匀、八寨、三合、都江、榕江和黎平等县，除榕江和黎平外，其余各县要么土著同胞不多，要么无适当校舍，或者交通梗阻。榕江和黎平两县，各有优势，政府当局都颇欢迎乡师迁往，愿意大力支持。尤其是榕江，背靠俊秀西山，又是历史古城。且当局和百姓，诚意十足，专门设立"榕江县拨赠国师校产委员会"，由县长汪汉担任主任委员，提出"划拨全城地域之一半，良田百余亩，荒山二十万余亩，作兴业之基地；又划出中心小学、三义宫、中山公园及有关会馆、公祠多处，为校舍住宅用地"。② 黄质夫权衡再三，觉得从经贸交通、校舍屋宇和劳动生产基地而言，榕江更适合乡师发展。遂决定以榕江为本部，再在黎平设一分部办理中学，以求两全其美。

校址选定后，1940年元旦，贵师开始迁校。适值寒假，留校学生仅半数，加上教职员十余人，分三批，历经十八天，才全部抵达榕江。贵师的到来，让榕江民众十分兴奋，结队相迎，欢声雷动。

初到榕江，设备全无，房屋皆蛛网尘封，衰草过膝，一片荒芜。教育

① 黄质夫. 致贵阳师范学校师生书［M］//王文岭，黄飞. 黄质夫乡村教育文集. 南京：东南大学出版社，2017：273.
② 黄质夫. 致贵阳师范学校师生书［M］//王文岭，黄飞. 黄质夫乡村教育文集. 南京：东南大学出版社，2017：27.

部仅拨建校经费三万元，贵师不得不自力更生，白手起家。黄质夫再次发挥他善于建设的本领，带领全校师生发挥"苦干、穷干、实干"精神，劳动建校。全校师生合作，"或握锄以斩棘，或执斧以架屋，或调漆以絮壁，或提帚以粉垩，或荷泥以修路，或担粪以种植，夙夜无懈，历时三月，规模方告粗具"①。

校园建设初有成效之后，黄质夫带领全校师生开荒种地，办厂做工。初到榕江，师生的劳动工具极其简陋粗笨，数量不足。凭借这些粗笨的工具和勤劳的双手，开始了开垦荒山的历程。十个月后，贵师开垦出六百余亩荒田荒地，这些田地里的生产成果，不仅全校师生的蔬菜自给自足，还产出稻谷一千余石、黄豆二十余石、苞谷四十余石、棉花五百余斤，猪牛羊等满圈，价值在万金以上。② 凭借田地里的产出，换回了更多的农具，贵师的农场初具规模。在贵师师生开垦荒山的提倡和带动下，榕江各机关团体及居民"相率闻风兴起，争相垦种"③。

有了农场，生产出工业（主要是小工业）用的材料，由农场而至于工场，就是顺理成章的事了。短短三个月时间，贵师工场里就生产出学校所需的各种作业本、小学教具、信封信纸、造纸、染衣、制服及农具，价值在五千金左右。④

国难时期，各校经费竭蹶，教学用品及师生生活极度困难，贵师凭借自己勤劳的双手和辛苦的劳动，实现了"弦歌有所，工读有堂"，建校获得初步成功，为贵师新开了一片天地。

（二）半耕半读促边教

在贵师，黄质夫在栖霞模式的基础上，又有新的创造，教育思想更趋成熟，尤其是其劳动教育思想自成体系，指导着贵师的教育实践和发展方向。

---

① 国立贵州师范学校概况［M］//王文岭，黄飞．黄质夫乡村教育文集．南京：东南大学出版社，2017：38.
② 黄质夫．国立贵州师范学校生产劳动训练［M］//王文岭，黄飞．黄质夫乡村教育文集．南京：东南大学出版社，2017：109-111.
③ 黄质夫．贵州师范学校劳动生产实施经过［J］．中等教育季刊，1940，1（2）：131-138.
④ 黄质夫．国立贵州师范学校生产劳动训练［M］//王文岭，黄飞．黄质夫乡村教育文集．南京：东南大学出版社，2017：111-112.

贵师的行政组织，沿用了栖霞的总务、推广两部，将生活指导部改为训导部，工读指导部改为教务处，增加体育部，去掉研究实验部。虽然行政组织名称和栖霞时期有所不同，但其功能和栖霞时期基本相同，略有小异，如体育部增加卫生组，推广处增加边疆文化研究组。这种变化，既有为适应国难时期加强对师范生思想和体格方面的训练要求，也有面临边疆少数民族文化卫生的实际状况，而不得不进行改进和创新。

贵师的教育宗旨"在造就边疆国民教育健全师资及边疆建设基层干部人才"。① 为实现这一目标，贵师进一步实施"工读合一""教育与生活合一"的教学原则，在课程学习中沟通学生所从事之工作，在劳动锻炼中熟悉各种技能，熏陶思想道德。

1. 联络实际"做学教"

贵师在设置课程时，"精神、体格、学科、生产劳动及战时后方服务五大训练并重，各科教程，除遵照部定师范学校、简易师范学校与初级中学教学科目及时数办理外，每日增加事业活动两小时，以为生产劳动及战时后方服务等活动"。②

在此原则下，贵师开设了文化类的文史地、数理化、动植物；教育类的教育学、心理学、教育测验统计、各科教材教法；文体卫生类的体育、音乐、美术、生理卫生；生产技能类的农学、园艺学、工艺学以及劳动等课程。③

贵师的各种课程，秉承"在做中学"的基本原则，注重课程和各种实践活动之间的关系。如动植物课程的采集标本，在劳动中进行；自然资源考察过程中，注重荒山的开垦等。即便是学科课程的学习，也要能与个人所从事的工作取得联络、发生关系。如写作文，就可以通过写工作报告来完成，既锻炼了写作，也总结了工作经验。

公民、农业、工艺、教育等学科，则注重参观、观察、实习、实验，

---

① 黄质夫. 国立贵州师范学校生产劳动训练［M］//王文岭，黄飞. 黄质夫乡村教育文集. 南京：东南大学出版社，2017：53.

② 黄质夫. 国立贵州师范学校生产劳动训练［M］//王文岭，黄飞. 黄质夫乡村教育文集. 南京：东南大学出版社，2017：42.

③ 陈中平，洪业. 乡村师范教育史的一页——国立贵州师范学校生活回忆［M］//江苏省政协文史资料委员会，仪征市政协文史资料委员会. 江苏文史资料第54辑·乡村教育先驱黄质夫. 江苏文史资料编辑部出版，1992：43－44.

使学生能从实际生活中得真切实用之的知识与能力。基本每科都有笔记本，记录课外补充材料及课外练习，并将笔记本送交老师检查批改。

为了贯彻课程学习和劳动工作的相互沟通与联系，针对非毕业生，贵师会举行成绩展览会，将各种学科与劳动生产训练有关的成绩及成品进行陈列展览，由全校师生进行评价批评，再分别优劣，登记在册，作为总成绩的参考。①

说到成绩考核，贵师学生虽然有相当部分的时间要从事各种劳动生产，但其课程学习可不敢放松。因为学校考核特别严格，奖优惩劣，凡成绩优秀或恶劣的学生，随时有升级或降级的可能，以致学生每次考试，"都如临大敌一般"。②

乡村师范的学生，尤其是湘、黔、桂少数民族文教落后地区的师范生，毕业以后并非只有一个教师身份，还会承担乡村领导工作。因此，面临毕业的高年级师范生，不仅要到小学实习，还会轮流担任区内的各乡镇保长、壮丁队长、中心学校及国民学校校长及其他各处干事等，以发挥其在师范学校所学之知识，进一步从工作中学习，在学习中工作，互相切磋砥砺，以成长为乡村教育和乡村建设的领导者。③

为了贯彻做学教合一，对于新到校的、不熟悉学校教学特色的老师，贵师会有一个短期培训。一般由教务主任陪同新教师去上第一课，然后根据听课情况，"诚诚恳恳地贡献他应注意的地方"。④ 指导新教师根据学生做中学的要求，进行做中教，要联系学校的各种劳动进行学科教学、作业布置和研究指导。

2. 以劳动代体育，融师训于生产

在黄质夫的乡教实践中，劳动教育具有无可替代的作用，其劳动教育实践经验颇为丰富，效果极为显著。所以，黄质夫的劳动教育思想和实践也最受关注，得到教育界的普遍认可。抗战爆发后，劳动教育成为中等学校的必修课程，黄质夫对劳动教育的思考尤多。

---

① 黄质夫. 中等学校劳动生产训练［M］∥王文岭，黄飞. 黄质夫乡村教育文集. 南京：东南大学出版社，2017：96.
② 杨维新. 国立贵州师范学校的教与学［J］. 学生之友，1943，6（4）：43 - 45.
③ 杨维新. 国立贵州师范学校的教与学［J］. 学生之友，1943，6（4）：43 - 45.
④ 杨维新. 国立贵州师范学校的教与学［J］. 学生之友，1943，6（4）：43 - 45.

　　贵师时期，黄质夫劳动教育思想已经超越栖霞时期的劳作教育思想，在内容上也超越了之前的农业和工业范畴，更为系统和全面。黄质夫的劳动教育思想，主要体现在 1941 年出版的《中等学校劳动生产训练》和 1943 年出版的《国立贵州师范学校生产劳动训练》两书中。在这两本书中，黄质夫以贵师的劳动教育实践为基础，系统阐述了劳动教育的实施依据、实施目标、实施步骤、实施原则和方法等内容。

　　黄质夫认为，"劳动生产训练实在就是把自然、劳动、社会融成一片……劳动生产训练，是动的教育、行的教育、生活教育，将学校教育社会化，学校内容生活化。因此，它绝不是狭义的职业教育、劳作教育、民主教育的意思"①。抗战时期，劳动训练不仅是锻炼身体、增强体质，也不仅是培养学生农夫的身手，还必须具有生产的性质。在实现教育价值的同时，必须具有经济的价值，"尽人力以济财力之穷，解决抗战期间本校物质建设之贫乏"②。

　　黄质夫希望通过生产劳动训练，实现以下目标：健康的体魄，劳动的身手，科学的头脑，生产的兴趣，处理家务的能力，能执行公民义务，服务职业的能力，创造的能力，合群的兴趣。③ 要实现这些目标，不仅需要通盘筹划，根据实际需要因地制宜，注重创造等，最重要的就是要师生共同生活，彻底合作。黄质夫认为，劳动生产训练在本质上是一种教育，而不仅仅是工作。在工作里，还要学习，还要创造。必须师生全体参加，才能有效果；必须有以身作则的领导，才能达到做学教的本义，才能使工作富有深长意味，使学生发生兴趣。④ 师生共同参与劳动生产，教师以身作则，这可以说是黄质夫在界首乡师和栖霞乡师进行劳动教育的成功秘诀，也是他建设贵师的秘密武器。

　　所以，贵师在招生时，劳动教育是必考内容。考试前，考生在指定范围内完成荒地开垦，经老师检查合格后，发给劳动考试合格证，再到教务

---

　　① 黄质夫. 中等学校劳动生产训练［M］∥王文岭，黄飞. 黄质夫乡村教育文集. 南京：东南大学出版社，2017：80.

　　② 黄质夫. 贵州师范学校劳动生产实施经过［J］. 中等教育季刊，1940，1（2）：131－138.

　　③ 黄质夫. 中等学校劳动生产训练［M］∥王文岭，黄飞. 黄质夫乡村教育文集. 南京：东南大学出版社，2017：84－86.

　　④ 黄质夫. 中等学校劳动生产训练［M］∥王文岭，黄飞. 黄质夫乡村教育文集. 南京：东南大学出版社，2017：91.

处领取准考证，参加笔试。①

学生进校后，各种劳动都会陆续安排上，通过劳动锻炼体质，以劳动促生产。以劳动代体育并进行生产，贵师的创造很多，如爬山打板栗、采樵运动、抬米运动竞赛、开垦荒山竞赛等，不一而足。每当课余闲暇和星期例假时期，榕江民众就会看见西山荒山之麓，"一群群的男女青年荷锄引犊提水担粪，从事南亩，或播种于松枫之际，或犁殖于野花之间，高歌长啸，其乐融融"②。

贵师学生高歌长啸者有黄质夫作词的《校歌》，激励学生"边地拓展，我们的责任先。耐得千锤百炼，才能任重致远。做不完，学不厌，教不倦，救百万村寨的穷，化万万农工的愚，争整个民族的脸"，还有鼓舞学生"要享乐，先流汗。教育即生活，生活要生产"的《劳动建校歌》《学生劳动歌》《国师学生怎么样》《榕江好》等系列歌曲。用歌声鼓舞学生劳动，用歌声熏陶学生思想，贵师学生的劳动能力和精神面貌喜人。其间，广西汉民中学也迁来榕江，并向贵师要了一些土地进行生产，他们种的庄稼和贵师形成强烈对比，其校长批评学生劳动是"千呼万唤始出来，犹抱锄头半遮面"。③

国难时期，学校皆经费紧张，对劳动的生产价值关注最多，也注重在劳动中对学生进行思想教育和人格熏陶。贵师的劳动教育，在项目上既不偏于农业，也不偏于工业，而是农工家事等统筹兼顾。较之栖霞时期，加强了对家事劳动的锻炼。

抗战以后，家事受到普遍重视，黄质夫和贵师也不例外。黄质夫希望通过琐屑的家事练习，去训练熏陶青年"做人做事的态度、习惯、道德、心理等"。他相信，如能小事不马虎，将来大事也不会糊涂，从而实现思想熏陶和道德教育。④ 所以，贵师的家事训练，包括学生个人的衣食住行、学校内的事务处理，以及校外的社会服务事宜。学生个人事务和学校内各项

① 廖成鹏. 国立贵州师范学校与校长黄质夫 [M] //政协榕江县文史资料研究委员会. 榕江文史资料（第1辑）. 内部资料，1985：86.
② 国立贵州师范近讯 [J]. 教育通讯（汉口），1940，3（45）：5-6.
③ 陈若尘. 牛——忆黄质夫先生二三事 [M] //江苏省政协文史资料委员会，仪征市政协文史资料委员会. 江苏文史资料第54辑·乡村教育先驱黄质夫. 内部资料，1992：78.
④ 黄质夫. 中等学校劳动生产训练 [M] //王文岭，黄飞. 黄质夫乡村教育文集. 南京：东南大学出版社，2017：105.

事务，和栖霞时期大同小异。校外的社会服务，包括调查社会上家事生活情形、举行家庭访问、健康检查、劝导储蓄救国等众多方面。[①]

黄质夫认为，通过劳动训练，不仅可以减少学校职员，节约开支，而且能训练学生的办事能力，将来离开学校后，不至于成为只知消费而不能生产的废人。

贵师劳动任务的分配，沿袭了栖霞的做法：一年级为杂务，二年级为农事工艺，三年级为教学助理和社会活动，四年级外出实习，不承担学校的劳动任务。[②]。建校之初，学生半工半读，上午劳动，下午上课；或者是下午劳动，上午上课。随着贵师逐渐走上正轨，教务主任李西涛建议将劳动时间调整为两个小时左右。

黄质夫认为，很多学校的生产劳动之所以流于形式，主要是劳动管理没有落实。事实上，要使劳动生产进行顺利、维持恒久，并产生实际效果，除开教师以身作则，和学生共同生活外，管理是必需的手段，是做学教的必要条件。贵师的劳动管理，除开基本的农具和工具的管理外，主要是对人（学生）的管理。

对人的管理，黄质夫主张通过集体管理和个别管理两种方式进行。集体管理，就是通过集体的公开谈话，灌输劳动生产的意义和价值，举行各种劳动生产竞赛，并在每次集合劳动时，点名考勤。个别管理，主要是通过个别谈话，熏陶其劳动兴趣和研究创造的精神；填写学生个人的工作记录簿，作为考评依据。其考评沿袭了栖霞的考评方法及其严格要求，主要通过平日考查、成绩展览、劳动竞赛、测验等方式，完成对学生的考评工作。[③] 可以说，贵师对生产劳动的设计、要求和考评，都是按照师范学校培训教师的目标和要求进行，真正做到了融生产于师训。

通过细致管理和严格考查，贵师学生的劳动热情高涨。通过生产劳动，不仅学生体质增强，学校收入逐年增加，逐渐达到自给自足，并将生产所

① 黄质夫. 中等学校劳动生产训练［M］//王文岭，黄飞. 黄质夫乡村教育文集. 南京：东南大学出版社，2017：106.

② 黄质夫. 国立贵州师范学校概况［M］//王文岭，黄飞. 黄质夫乡村教育文集. 南京：东南大学出版社，2017：44.

③ 黄质夫. 中等学校劳动生产训练［M］//王文岭，黄飞. 黄质夫乡村教育文集. 南京：东南大学出版社，2017：96.

得及省下的伙食费用用于学校建设，扩大规模。仅1940年，贵师的工场获利6750元，农艺组获利1000元，蔬菜园艺组在满足本校师生的基础上，获利2756元，果树园艺及森林各组植树数万株，而其余各组皆凭劳动节约了学校的办学成本，如樵采组，负责全校柴火，仅此一项即节约柴薪消耗费用3000余元。① 全校师生在民不聊生的国难时期，虽然生活艰苦，但还能勉强维持温饱。

贵师时期，黄质夫在劳动训练中，贯彻"从生产上实施教育、从建设上树立楷模、从精神上讲求锻炼、从服务上指示学习"的原则，继续以劳动代体育。② 通过艰苦劳动，锻炼学生的强健身体；通过各种生产劳动，培养学生吃苦耐劳的品质、自力更生的精神、复兴民族的期待、做人做事的态度，寓训育于生产劳动之中，实现教育生产化。

在贵师的教师培养中，生产劳动贯穿始终，而不是将生产劳动独立出来。这种以劳动代体育，融师训于生产的劳动教育模式获得成功，使得贵师很快蜚声教育界。

3. 推广教育，服务社会

黄质夫认为，贵师既为乡教机关，又面向边疆少数民族，推进边疆民族教育是贵师不可推卸的责任，故于贵师内继续设置推广部。

贵师的教育推广涉及两个方面：一个是面向高年级生，一个是面向全校师生。高年级生没有劳动生产的任务，但有教育推广的义务，其考核属于劳动生产训练的内容。高年级生的教育推广工作，是对前几年所学教育课程的实习，主要分为社会教育、民众教育和补习教育几个部分。社教负责壁画制作、标语张贴及其他社教事项；民教负责办理民众学校；补习教育则主要面向校内低年级之国文、算学或其他学科成绩低劣的学生，进行个别补习，使之跟上班级学习进度。③ 除开补习教育面向校内学生之外，社教和民教都是面向群众，进行文教推广。

---

① 黄质夫. 国立贵州师范学校劳动生产实施经过［J］. 中等教育季刊，1940，1（2）：131－138.

② 黄质夫. 国立贵州师范学校劳动生产实施经过［J］. 中等教育季刊，1940，1（2）：131－138.

③ 黄质夫. 国立贵州师范学校生产劳动训练［M］// 王文岭，黄飞. 黄质夫乡村教育文集. 南京：东南大学出版社，2017：69－70.

全校师生的教育推广工作，由学校推广部负责，主要涉及三个方面：一是社会服务，与榕江县民众教育馆合作，推行社会教育及宣传中华民族的整体性，包括抗敌宣传、民众识字教育、通俗演讲、歌咏戏剧队、壁报、提倡合作及组织合作社。二是地方教育辅导，负责办理学校附近的榕江、下江、永从、黎平、丹江、都江等六县的教育辅导事宜。包括指导监督各县中心小学、国民学校及社会教育机关，召开辅导会议，协助本地区地方教育行政机关推进边疆教育、编辑刊物，办理本区教育辅导通讯，解决各种边疆教育的问题，举办国民教育教师讲习会，研究新县制下国民学校的师资问题。三是边疆文化研究组，研究贵师毗邻的黔、桂、湘边疆地方土著同胞文化生活状况及习俗改进，包括调查研究本区社会及自然状况、搜集编订边疆教材。①

较之以往，贵师的社会服务工作，对于农事推广、村政服务等生活生产方面较少，而是结合抗日战争的特殊需要以及贵师处于边疆少数民族地区的实际特点，将社会服务的重点放在了抗战宣传、民族团结，尤其是文化教育方面。

在教育推广方面，黄质夫亲率教职员工和学生，深入各村寨调查宣传，慰劳征属；假期回家的学生，也都积极进行调查宣传，得到地方的肯定，县政府还来函表扬学生宣传兵役，成绩显著。②

黄质夫一直坚持乡村学校是乡村文化之中心，应承担起文教推广和民众教育的责任。贵师和榕江民众教育馆合作，以该县第一、二区为服务中心，采用民众学校课本，由贵师学生前往各村各保，推行上门教育。1941年，贵师参与民众教育的学生有260人，服务对象包括男性村民243人，女性村民381人，共624人。③ 创办民众夜校，由师范高年级生担任教师。创办山寨小学，以贵师的教学方法指导小学教育实践，鼓励侗族女子入学。

贵师地处边陲，借助贵师的文化优势和人才优势，推进边疆少数民族的文化建设，是贵师的主要责任。因而，民众教育之外，黄质夫还和教师一起调查黔南各民族的民间故事、歌谣、风土人情等，开发适合边疆少数

① 国立贵州师范学校概况［M］//王文岭，黄飞. 黄质夫乡村教育文集. 南京：东南大学出版社，2017：46-47.
② 国立贵州师范近讯［J］. 教育通讯（汉口），1940，3（45）：5-6.
③ 国立贵州师范兼办社教近况［J］. 教育通讯（汉口），1941，4（24）：8-9.

民族的教科书。按照黄质夫的计划，1939 年度以书本为主，选编教材为辅；1940 年度以选编教材为主，书本为辅（作为参考书）；1941 年度则纯粹用自编教材，上课时教师讲授学生笔记；至 1942 年度，适合边疆师范之教科书可成矣。①

贵师还专门组织地方方言研究会，由成绩优秀的学生讲授。每星期日讲习一次，便于学生掌握地方方言，从而深入边疆，改造边地，更好地服务当地社会。

1940 年贵师迁往榕江时，师范部只有三年级、二年级两级，简师科有一年级一级。经过三个月的艰苦劳动，贵师劳动建校初具规模，为招生教学奠定坚实的物质基础。1940 年春，贵师招初一学生一级 154 人；七月招师范、简师各一个班；黎平分校招初中一、二、三年级各一班；1941 年春，增招初一、简师一个班。② 至 1941 年 6 月，贵师的师范生、简师生、简师实验生共 336 人，初中生 315 人，附小学生 396 人，共 1047 人。③ 两年时间内，贵师规模大大扩张。

贵师的招生对象以黔南少数民族为主（包括榕江、黎平、锦屏、从江、天柱、剑河、台江、丹寨、麻江、炉山、雷山、荔波、独山、龙里、三都等 15 县），兼顾湖南（会同、绥宁、靖县、黔阳、凤凰、武冈、邵阳、晃县、芷江等九县）、广西（包括思恩、河池、宜北、三江、百寿、融县等 6 县）两省学生。④ 由于贵师名声在外，各地学生报考者不少，考生数与录取数达到 10∶1，有时能达到 12∶1。⑤ 学生毕业之后，基本都回黔南、湘、桂三省原籍的少数民族地区服务，为当地少数民族的文化教育事业作出了突出贡献。

在战火纷飞的抗战时期，黄质夫驻守黔南少数民族贫困地区，默默躬

① 黄质夫.国立贵州师范学校生产劳动训练［M］//王文岭，黄飞.黄质夫乡村教育文集.南京：东南大学出版社，2017：43.
② 国立贵州师范学校概况［M］//王文岭，黄飞.黄质夫乡村教育文集.南京：东南大学出版社，2017：38.
③ 国立贵州师范学校概况［M］//王文岭，黄飞.黄质夫乡村教育文集.南京：东南大学出版社，2017：47-48.
④ 任广林.国立贵州师范学校［M］//中国人民政治协商会议黔东南苗族侗族自治州委员会文史资料委员会.黔南文史资料（第 9 辑）.内部资料，1991：57.
⑤ 龙光沛.抗战时期国立贵州师范办学特点［M］//江苏省政协文史资料委员会，仪征市政协文史资料委员会.江苏文史资料第 54 辑·乡村教育先驱黄质夫.内部资料，1992：68.

耕，将湘、黔、桂三省少数民族青年学生汇聚于此。通过千锤百炼，传授其知识技能，磨炼其坚强意志，熏陶其乡村教育情怀。学生毕业后，回到原籍，回到村寨，"做文化的传播者，教育的开拓者"，为发展贵州及周边少数民族文化教育奠定了一定的基础。

七、内方外不圆：憾离贵师，远离乡教

1944 年，黄质夫离开国立贵州师范学校，并从此远离乡教领域。

黄质夫离开国立贵师，有外在的政治因素，也有他自己的性格原因。在其自传中，黄质夫自认他的优点是负责任，肯吃苦，做事有步骤，有计划，不敷衍，不苟且，能任重致远；缺点是赋性憨直，不畏强御，以是常为豪霸所中伤。黄质夫性格中的这些缺点，可以总结为内方外不圆。这种内方外不圆的性格特征，使其在处理校务和教师关系时，缺少润滑和变通，导致贵师一部分教师和他关系紧张。

应该说，在黄质夫的乡教实践中，教师是他成功的一个重要因素。他一直认为，从事乡村教育，除开陶行知所主张的农夫的身手、科学的头脑和创造的精神外，还需要具有大无畏的精神、牧师传教的精神和愚公移山的精神，才能打破纸上谈兵的乡建现状。所以，他聘请教师，注重志同道合，除开知识素养之外，十分看重教师对乡村教育和乡村建设的情怀与奉献精神。

贵师地处边陲，在内地民众的心目中，就是贫穷落后、烟瘴遍地而闻之色变的地方。既然老师们愿意为边疆少数民族教育做贡献，黄质夫也愿意在力所能及的范围内为教师提供待遇保障。所以，凡是远道而来的教师，皆提供旅费津贴、供给教职员及其家属住宅、教职员子弟入读小学和初中免收学费等优惠待遇。此外，在贵师服务满三年以上者，自第四年起，依薪金多少，每年拨给教师桐树，以桐树的收益作为对教师的奖励。① 抗战期间，收入不高，粮食奇缺，贵师由校方出面，垫发教师半年薪金采购粮食

---

① 国立贵州师范学校：订立优待教员办法，努力提倡植桐运动 [J]. 学生之友，1941，2 (6)：56 - 57.

进行储备。当教师的粮食不够时，学校从农场收入中划拨二万斤免息贷给老师，并根据教职工家属人口提供土地，一是供家属及子弟习劳之用，二来也是便于种植菜蔬以自食。而且，黄质夫特别重视尊师重道，凡端午、中秋、重阳及教师节，学校就杀猪宰羊，由学生代表向老师们献礼。① 惟其如此，黄质夫得以聘请到一批内地实学之士，如教务主任汪经略、训导主任顾涤菲，以及刘梦平、敖克成、夏尔康等老师。这些老师，皆毕业于名牌大学，有的在大学教过书，学识渊博。他们在贵师身体力行、悉心教导、引领学生，陶铸这些边地少数民族青年，点燃边疆少数民族的教育火光。李西涛、陈木斋等栖霞时期的教师，也一直追随左右。这些教师，是黄质夫乡教路途中的绿叶，在他们的帮扶和衬托下，黄质夫这朵乡教之花才红得那么热烈，那么耀眼。

黄质夫办学有魄力，自视甚高。界首、栖霞、贵师办学的成就，使得他极度自信，加之性格强势，内方外不圆、不能柔韧变通的性格特征，导致他"对待教师和学生，均不徇私情，批评人来丝毫不留面子"②。校务处理和人际关系中的缺少变通，使得部分老师认为黄质夫办学独裁，实行家长包办制，从而出走贵师，受聘他校。

教师的出走，尚不是黄质夫离开贵师的主要原因。但黄质夫内方外不圆、缺少柔韧变通的性格，使得他在处理学校和政府关系、处理个人和官员关系时容易交恶，并为暗箭所伤。

据学生回忆，黄质夫"有时近乎'自狂'。他喜欢骂人，骂政府、骂党部、骂贵州落后。以王阳明自居，说王阳明开发贵州，他也是开发贵州。该骂的，他骂了；不该骂的，他也骂了，因而得罪了一些人。最后不得不离开榕江"③。

1944 年，榕江成立"三青团榕江分团"筹备处，筹备员何奉章、县党

① 符镇殿．苗岭文化的新姿：报导暑期中的国立贵州师范［J］．中国青年（重庆），1942，7（61）：44－45．
② 包志超．回忆贵师学习生活［M］//江苏省政协文史资料委员会，仪征市政协文史资料委员会．江苏文史资料第54辑·乡村教育先驱黄质夫．内部资料，1992：51．
③ 梅宗乔．树黔南文化之基——记创办国立贵州师范的黄质夫［M］//江苏省政协文史资料委员会，仪征市政协文史资料委员会．江苏文史资料第54辑·乡村教育先驱黄质夫．内部资料，1992：60．

部书记长陈治平企图插手贵师，发展党员和三青团员，遭到黄质夫拒绝。何奉章到处造谣，败坏黄质夫的声誉。而随后和榕江县县长刘仰方的矛盾，使得黄质夫在榕江的地位比较尴尬。

黄质夫和贵师是受到榕江县县长的诚邀来到榕江的。贵师到榕江后，受到榕江县县长和当地民众的热烈欢迎，并提供很多便利。不过，随后榕江县县长易人，新来的县长对贵师和黄质夫就少了先前的客气和尊重。黄质夫作为知识分子，有着知识分子的清高，而缺少和政府官员交往的经验，尤其是暗黑型人格的政府官员。所以，当县长刘仰方通知学校及县属各机关前往欢迎独山行政专员张策安时，黄质夫代表贵师直接拒绝，没给县长一点面子，以致刘仰方认为黄质夫过于傲慢，自认为受到藐视。于是指使属下将贵师粮食拨到远处，增加贵师领粮的困难。贵师师生千辛万苦领回粮食后，复称发现粮食少了三百来斤。黄质夫的处理方式是亲到县政府，要求刘仰方追查舞弊责任和当众校斗，县长和黄质夫之间的矛盾公开化。刘仰方更加愤怒，派兵包围贵师，并将黄质夫抓到县政府训斥，县长和校长之间彻底决裂。黄质夫最终不得不离开贵师，离开榕江。

离开贵师后，黄质夫再也没有回乡村教育领域，而是回到农科老本行。先后担任江苏建设厅技正并兼江苏省经济农场场长、农林部棉产改进处技正兼总务组主任、金陵植棉指导所主任。新中国成立后任职江苏省农林厅，并于1953年退休，回到栖霞山下自耕自作，1963年辞世。

出自乡村，自小就体验着乡村生活的困窘，又有着师范、农科双重出身的黄质夫，可以说是办理乡村师范最为合适的人才。黄质夫也在办理乡村师范的过程中，充分发挥了他的双重学科优势。从界首乡师时期就尝试教育和农业相结合，栖霞乡师和贵州乡师时期，更是着重于乡村实际生活，注重师范生的劳动教育，建构起他独特的劳动教育思想体系。黄质夫将劳动教育贯穿于乡村师范始终，带领乡师学生"实干、硬干、苦干"，并引导乡师学生深入乡村民众，服务乡村。黄质夫真正做到了陶行知所提出的以乡村学校做改造乡村生活的中心，以乡村教师做改造乡村生活的灵魂，成为民国时期乡村教育的实干家。

参考文献：

[1] 杨秀明，安永新．黄质夫教育文选［M］．贵阳：贵州教育出版社，2001.

[2] 王文岭，黄飞．黄质夫乡村教育文集［M］．南京：东南大学出版社，2017.

[3] 肖云慧．黄质夫乡村教育思想研究［M］．贵阳：贵州民族出版社，2003.

[4] 南京市栖霞区地方志办公室，南京市栖霞区档案局．师之范——黄质夫在南京栖霞 ［M］．北京：中国文史出版社，2012.

[5] 方明．陶行知全集：1［M］．成都：四川教育出版社，2020.

[6] 王文岭．陶行知年谱长编［M］．成都：四川教育出版社，2012.

[7] 浙江省湘湖师范学校．浙江省湘湖师范学校校史（1928—1998）［M］．杭州：浙江 教育出版社，1998.

[8] 陈良烈．考察江浙乡村师范教育报告书［M］．广东教育厅刊行（内部资 料），1929.

[9] 陈邦贤．栖霞新志［M］．上海：商务印书馆，1930.

[10] 古楳．三十五年的回忆［M］．无锡：民生印书馆，1935.

[11] 古楳．乡村师范概要［M］．上海：商务印书馆，1936.

[12] 江苏省政协文史资料委员会，仪征市政协文史资料委员会．江苏文史资料第54 辑·乡村教育先驱黄质夫［M］．内部资料，1992.

[13] 高邮政协文史资料研究委员会，江苏省高邮师范学校，高邮县文教局．高邮县文 史资料（第五辑）界首乡村师范专辑［M］．内部资料，1987.

[14] 中国人民政治协商会议黔东南苗族侗族自治州委员会文史资料委员会．黔南文史 资料（第9辑）［M］．内部资料，1991.

[15] 政协榕江县文史资料研究委员会．榕江文史资料（第1辑）［M］．内部资 料，1985.

[16]《金海观全集》编委会．金海观全集（上）［M］．北京：方志出版社，2003.

[17] 王炳毅．乡村教育家黄质夫的传奇人生［J］．档案与建设，2006（11）．

[18] 张芝宇．南中乡师生的生活［J］．栖霞新村半月刊．1928（5）．

[19] 涤园．栖霞公园［J］．栖霞新村半月刊，1928（3）．

[20] 新村消息：两周来实施民众教育的报告［J］．栖霞新村半月刊，1928（8）．

[21] 徐道生．记九月八日之开学式［J］．南中乡师，1930，1（1）．

[22] 季光宗．栖霞乡师参观记［J］．校风，1936（257）．

[23] 陈剑云．栖霞乡师印象记［J］．教育与民众，1934，5（9）．

[24] 童启铃．我的求学之路——忆在栖霞乡村师范的三年［J］．生活教育，2016（8）．

[25] 栖霞乡师各级学生研究问题［J］．苏省乡师月刊．1932（8）．

［26］南中乡师：各科成绩展览［J］．苏省乡师月刊，1932（8）．

［27］南中乡师：半年来之体育锻炼［J］．苏省乡师月刊．1932（8）．

［28］张须保．江苏栖霞乡师的劳作生活［J］．学校新闻，1937（57）．

［29］农村救济与改进：栖霞乡师农村推广事业的新发展［J］．农林新报，1933，10（2）．

［30］陈一．江苏栖霞乡师的农业推广［J］．农村经济，1935，2（6）．

［31］黄质夫．贵州师范学校劳动生产实施经过［J］．中等教育季刊，1940，1（2）．

［32］杨维新．国立贵州师范学校的教与学［J］．学生之友，1943，6（4）．

［33］国立贵州师范近讯［J］．教育通讯（汉口），1940，3（45）．

［34］国立贵州师范兼办社教近况［J］．教育通讯（汉口），1941，4（24）．

［35］国立贵州师范学校：订立优待教员颁发，努力提倡植桐运动［J］．学生之友，1941，2（6）．

［36］符镇殿．苗岭文化的新姿：报导暑期中的国立贵州师范［J］．中国青年（重庆），1942，7（61）．

第八章
乡村教育的拼搏家：金海观

一、乡教思想初萌芽，辗转多校归乡师

金海观（1897—1971），字晓晚，浙江诸暨人，一生从事乡教工作，其文章言论主要保存于《金海观全集》中。

金海观出身农家，家中兄妹 9 人，排行第六。父亲金圣孝从小在钱店做学徒，后来找不到事做，一直失业在家，又不会劳作，全家靠母亲钱青菊支撑，家庭经济较为困难。金海观幼时体弱，但经常跟着妈妈做些力所能及的农活，不仅养成淳厚朴实、勤俭节约的良好品质，而且对乡村和农民生活的实际状况颇为了解，幼小的心灵中埋下了改造乡村的思想种子。

图 8 - 1 金海观

金海观 7 岁时，到私塾读书。读了三年私塾后，于 1907 年入金家站初等小学，1910 年入诸暨下北区区立的觉民学堂读高小。小学期间，金海观成绩优秀，高小毕业考试位列第一。1913 年，金海观考入绍兴第五中学。中学期间，不仅成绩优异，亦积极参与学校的各种活动，如到乡村向农民演说，宣传国货；表演文明戏，提倡文明生活等。[①]

1917 年，金海观中学毕业，回到觉民高小教书。1918 年，考入南京高

---

① 金平一. 怀念海观哥［M］//湘湖师范《金海观九十诞辰纪念专刊》编印小组. 金海观九十诞辰纪念专刊. 内部资料，1987：28.

等师范学校教育专修科，浙江同学有杨效春等 7 人。专修科主任陶行知，不仅积极引导学生的学习和研究兴趣，而且和胡适互通声气，邀请杜威两次到南高师讲学。作为为数不多的国立高等师范学校，其学生对国内外的教育思潮极为敏感。1919 年，余家菊发表《乡村教育的危机》一文后，引起学界对乡村教育的关注，并逐渐成为思潮。南高师的教育熏陶、杜威思想的浸润、乡村教育思潮的启发，以及五四新文化运动对青年知识分子的影响，使得金海观潜藏心中改造乡村的种子开始萌芽，开始关注乡村教育。

1920 年 7 月，金海观翻译出版《丹麦的乡村教育》，前言中述及翻译缘由："我国从设立学校以来，差不多三四十年了。这几年中所办的教育，以地位论，所注重者大概在都市而少在乡村……近来已经有人来做乡村教育的提倡，去年教育公报上，也有关于乡村教育的译述。可见教育界中，已有人注意于这个问题。我因为国内情形，还待调查，所以先搜集各国乡村教育的材料，介绍于国人。"① 1921 年 6 月，金海观又翻译出版美国教育局主席盖智的《未来之乡村教育》，介绍美国对未来乡村教育的设想，以启发国内的乡村教育。

金海观在翻译国外乡村教育文献的同时，也极为关注国内的乡村教育研究和实践。1920 年 10 月，南高师农科在江宁县沙洲圩设立农村学校改良农村社会。11 月中旬，金海观就和南高师农科毕业的金善宝一起前往调查，指出该农村学校实践中值得提倡和需要改良的地方，希望能为乡村教育工作者提供参考。②

在南高师读书期间，金海观不仅在思想上极为关注乡村教育和乡村改造，亦开始在家乡有所行动。如他在村里组织协进社，设立信箱，帮助乡亲邮寄并取回邮件，而不必再辗转多跑十多里地。

1921 年 6 月，金海观从南高师毕业，受俞子夷邀请，在南高师附小任教。因为家里需要金海观的经济补助，1922 年 8 月，金海观辞去薪水较低的附小教职，到河南省立第一师范教书，1923 年 2 月兼任河南一师附小主任。后因河南一师改组，校长易人，金海观随后到江苏省第七师范任训育

---

① 金海观. 丹麦的乡村教育［M］//《金海观全集》编委会. 金海观全集（下）. 北京：方志出版社，2003：1227.

② 金海观. 南京高师附设江宁县沙洲圩乡村农校之调查［M］//《金海观全集》编委会. 金海观全集（上）. 北京：方志出版社，2003：28.

主任并兼任教育学科教师。

金海观幼时体质就弱，第七师范教务又颇为繁重，导致他患了咯血之症，于是辞职，到东南大学读书。经过半年的读书休整，身体得到恢复。因东南大学学生反对校长郭秉文而爆发运动，东南大学的教学受到影响。

在东南大学无法安心读书，经济条件又颇为困难，金海观在 1925 年 8 月到开封任北仓女中教师。1926 年 2 月，又到宁波任浙江省立第四中学教师。后学校改组，于是辞职，在中华书局任编辑三个月。1927 年 4 月，受郑宗海先生邀请，金海观到南京第四中山大学教育学院任教。在这里，金海观结识了赵步霞、杨伟文等朋友。

1928 年 8 月，调任第四中山大学实验学校，担任主任一职。1929 年 7 月，因第四中山大学校长张乃燕不愿续聘，乃到安庆安徽省立第一女子中学任教，主持幼稚师范科。1930 年 10 月，经曹刍推荐，金海观自己也想体验一下当大学教授的感觉，于是前往成都大学任教育学教授，后兼任成都大学实验学校主任。1931 年 9 月，因奔母亲丧，金海观辞职，后到南京调养。

十年间（1921—1931），金海观经历小学、中学、大学教师之职务变迁，流转于江苏、河南、浙江、安徽、四川等十余个学校之间。十年间的教职变迁，多年流转的人生体验，加上对当代教育的深刻理解，经济、时局等已不再是影响金海观人生选择的主要因素，看到乡村的贫穷和乡教的落后，投身乡村教育、进行乡村改造，成为他今后的人生理想。1932 年，受郑晓沧和陆步青两位先生的邀请，金海观担任浙江省立乡村师范学校（即浙江湘湖乡村师范学校）校长，并从此扎根乡村，献身乡教。

二、坚定乡教理想，打造湘湖辉煌

金海观在南高师时期，就"颇受陶（行知）先生的影响"[1]。求学时代，就开始关注国内外的乡村教育。陶行知后来推行乡教，创办晓庄师范，

---

① 金海观. 我的简历［M］//《金海观全集》编委会. 金海观全集（上）. 北京：方志出版社，2003：467.

更是成为金海观的偶像。虽然其时金海观尚辗转于各省学校之间，但对乡村教育及乡村发展极为关注。1926 年，在短暂的中华书局编辑任职期间，"为供研究乡村教育同志参考起见"，金海观编辑出版《乡村教育参考书籍及论文索引》，发表于 1927 年《中华教育界》的"乡村教育专号"。①

（一）工学合一，教学做合一：工学制的实施

1. 师法前贤：对湘湖乡师的早期规划

1932 年 2 月，金海观任湘湖师范校长。湘湖师范是在陶行知的大力支持下创建起来的，秉承陶行知和晓庄师范的办学理念与办学模式。首任校长操震球一直践行陶行知的生活教育思想。随后湘湖师范校长几易其人，尤其是黄质夫任校长期间，在浙江省教育厅的要求下，在教育和管理上进行了较大改革：改弹性制教学为常规的班级教学，对课程和课堂教学比较重视，和陶行知破除生活与课程之界限、铲除学校与社会之围墙的生活教育思想有所脱离。

不过，黄质夫虽然改弹性制为班级制，但他重视乡村师范改造乡村生活，重视劳作和农业生产的做法，金海观十分认同。他认为，乡村经济已经破产，"我们要谋社会幸福，就须提倡生产教育；但生产教育是需要去做的，不能在房里坐着谈谈就算提倡生产教育"。② 而且，黄质夫出身农科，他在栖霞乡师的劳作教育，在江浙乃至全国都得到认同。故接任校长后，金海观保留了黄质夫任校长时宣传生产和劳动以实现"村无游民、野无旷士"的乡教理想等标语。而且，从其后湘湖师范关于工读的各种措施和规定中可以看出，金海观对黄质夫的劳作教育思想和做法都有所借鉴。

奇怪的是，两人相隔一年（金海观 1918 年，黄质夫 1919 年）考入南高师，有校友之谊，又同为江浙一带办理乡村师范的佼佼者，但从现存文献来看，二者之间却甚少交集。可能是两人曾同掌一校，一个成功，一个折戟，都主动默契地相互回避。

乡村师范面向乡村，培养具有生产技能的乡村教育人才和建设人才。

---

① 金海观.《中华教育界》编辑者文存［M］//《金海观全集》编委会. 金海观全集（上）. 北京：方志出版社，2003：487.

② 金海观. 怎样做乡师学生［M］//《金海观全集》编委会. 金海观全集（上）. 北京：方志出版社，2003：140.

但乡村师范在发展过程中，很容易变成普通师范教育加上几门农科课程的变异，并不能真正实现培养改造乡村生活人才的目标。

金海观自知，他虽然熟悉教育，却对农业、农科极为陌生，也无乡村教育的实践经验。所以，对于湘湖师范今后的发展，金海观十分慎重。一方面，他希望保留陶行知晓庄师范的办学精神，继续在湘湖推行教学做合一的生活教育，于是邀请陶行知到校演讲，和教师座谈乡村教育的推广方法。① 其时，陶行知正在上海筹办工学团，提倡工以养生，学以明生。从学生时代开始，陶行知就是金海观的偶像。在乡教时期，陶行知依然是金海观的引领者。陶行知的工学思想对金海观有重要的启发意义。另一方面，他力图从乡村师范的发展历史中寻找经验。在《论吾国的乡村师范》一文中，金海观梳理了我国乡村师范的沿革史。比较了他最为钦佩的晓庄和上海立达学园，指出晓庄师范觉悟了乡教同人的思想，而立达学园则指明乡村教育今后的行动路径："在立己达人方面做功夫。""'立'和'达'两方面的教育事业，全靠'工'和'学'，而能'立'能'达'的教育工作人员，要乡村教育科来养成；故立达的新生命，可说将建筑于农工教育科。"通过比较，金海观觉得乡村师范今后的发展方向"豁然开朗"，从而提出"我校同人，自下学期起也欲向这个境界尝探一下"。②

2. 工学合一、教育与劳作相结合：工学制试验班的"工"与"学"

1932 年 4 月，金海观拟就湘湖师范《试行工学制计划纲要草案》，指出当时湘湖乡师所培养的毕业生，在城市服务者约占一半，这和乡村师范的培养目标相去甚远。推究原因，金海观认为一是乡村教师待遇微薄，二是学生来自于城市，三是学生未受切实的农村生活训练。金海观主张实施工学制，招收出身乡村的学生，加强农业和工业方面的训练，养成学生生产技能，毕业后可以稍事生产，可以有效解决上述问题。③

黄质夫执掌湘湖师范时，在全校推行班级制，并严格执行，使得之前习惯弹性制的湘湖学生颇不习惯，从而在行动上抗拒。金海观借鉴黄质夫

---

① 《金海观全集》编委会. 金海观全集（下）. 北京：方志出版社，2003：1534.

② 金海观. 论吾国的乡村师范［M］//《金海观全集》编委会. 金海观全集（上）. 北京：方志出版社，2003：130－133.

③ 金海观. 二十一年度试行工学制计划纲要草案［M］//《金海观全集》编委会. 金海观全集（中）. 北京：方志出版社，2003：500－502.

在湘湖折戟的经验，除开即将毕业的高年级生采用弹性学制外，因弹性学制有其流弊，故原有学生继续实施班级制，决定从 1932 年下期招收的新生中试行工学制，进行生活教育，提出工学制试验班的教学目标：①注重生活教育，从农工生活及教育生活下手，以养成适合农村社会的良好师资；②注意生产教育，从农业及工业（指农村手工业而言）生产下手，以养成学生有农村社会生产技能；③注重劳动教育，从事农业工业及日常劳动，以养成学生有乐于劳动的兴趣和习惯；④注重科学教育，从事自然科学的研究，以求农业工艺及乡村教育之科学化；⑤注重社会化教育，从事乡村改进工作，以养成学生有改进乡村社会之能力；⑥注重工学合一的教育，兼工兼学，将职业性质的教育与文化性质的教育，打成一片，即以工作收入，补助学生膳杂等费，减少其求学之困难。①

围绕教学目标，工学制试验班的课业（包括课程及各种作业）以农事及工艺活动为中心，注重乡村环境，课程主要根据教育部颁定的高中师范课程纲要进行，加入乡村环境中必要之课业而减去其不需者。

按照计划，工学制试验班拟招初级部学生 45 人，以农事为主，工艺为辅。农事包括作物、园艺、畜牧及苗圃等项，并配备农事导师，聘请农夫进行指导，以期实现农作事业的科学化。工艺以和农事关系密切者为限，如织布、纺纱、肥料、农具制造等。高级部学生拟招 40 人，以工艺为主，农艺为辅。工艺分为造纸、印刷、缝纫、日用品、文具及玩具、农产制造六种，农艺则是作为必修，然后选修园艺或畜牧即可。②

经过教育厅审批，湘湖师范的工学制于 1932 年下学期正式实施。由于工学制的实施需要农田保障，金海观呈请教育厅重新划定校址。最终决定将压湖山全部及锭山东部作为乡师校址，锭山以东湘堤以南已垦之田 200 亩、压湖山东部及北部由湘湖农场划未垦地及荒场约七八百亩给乡师。湘湖乡师至此有已垦未垦之地一千亩，为实施工学制奠定了良好基础。③

---

① 金海观. 工学制试验班计划书 [M] // 《金海观全集》编委会. 金海观全集（中）. 北京：方志出版社，2003：504 - 507.

② 金海观. 工学制试验班计划书 [M] // 《金海观全集》编委会. 金海观全集（中）. 北京：方志出版社，2003：504 - 521.

③ 二十一年度建设事业概况 [M] // 《金海观全集》编委会. 金海观全集（中）. 北京：方志出版社，2003：624.

工学制试验班，规定半天读书，半天劳动生产。在实施过程中，因重新划定校址，土地归属的执行过程有延缓，所以，工学制的初师一年级学生课程按照原计划进行，大致备齐种苗，由于农场因划界问题而延误，导致畜种及鸡鸭鹅都因无农场而延期举行。高师一年级招到新生33人，课程略有变化，建工艺馆一所，各种生产工具基本备齐。①

客观地说，工学制试验班实施之初，成绩并不乐观。金海观认为有两方面的原因：一是设施不完善，二是指导人员不专业，尤其人的因素是最重要的。如初级班的农业指导，聘请了好几位农业导师，但这些农业导师似乎可以看书讲书而不能用书，动笔动口而不能动手，且吃不得苦，半途而去。工业导师方面，最初聘定的人不能前来，到最后也和农业导师一样，全由非专业人员进行指导。所以，农业生产与工业生产和预期有较大差距。②

虽然工学制试验班的生产成绩不好，但学生可以根据劳动成果得到学膳费减免的优待，使得部分贫穷农家的孩子可以求学，故工学班学生半工半读的精神和干劲都十分高涨。曾经有人参观湘湖工艺馆，发现虽然简陋，"但同学们一个个聚精会神地，并不因设备简陋而偷闲，沉着热心地在工作"③。

工学制实施效果不理想，但可以让贫穷农家子女求学，故金海观保留了工学制，但缩减了规模：除开既有工学制试验班按原计划进行外，1933年度招收的初师新生改行普通制，高师新生仍用工学制，学习内容偏重农业，其内容与原订初级部之农事作业相同。④

1933年，工学制试验班的初师二年级，每生任管丘田二亩（后增加为二亩半），新招的高师一年级生承垦丘田若干亩。除经营作物外，学校的洒扫、洗涤、看守、喂猪、牧羊、饲鸡、赶鹅、放鸭、养蜂等事，由这两级学生轮流或分组担任。同时，他们还需注重农村小工艺的研究，以实现农

---

① 二十一年度第一学期教育进行计划实施报告［M］//《金海观全集》编委会. 金海观全集（中）. 北京：方志出版社，2003：630 – 631.

② 二十一年度工作报告撮要［M］//《金海观全集》编委会. 金海观全集（中）. 北京：方志出版社，2003：635 – 636.

③ 许绍棠. 湘湖乡村师范印象记［J］. 学校生活，1932（6）：5 – 7.

④ 二十二年度校务进行计划［M］//《金海观全集》编委会. 金海观全集（中）. 北京：方志出版社，2003：539.

工生产教育的目的。原有的高师二年级生，注重工艺教育，但鉴于之前的经验，将造纸改由学校事务部负责，工艺教育着重于衣服、食事、营造、用品、印刷等五个方面，学生从上述五个方面选习一组，同时兼习农事，以研究与工艺相关之材料为主。①

在学的方面，工学制试验班的学生早晚自修，上午上课，采用道尔顿制进行教学，鼓励学生自我讨论和研究。设立乡村问题研究室，通过向各地乡教机关通信讨论并征集各种关于乡村改进工作的研究资料，得到各种乡村教育和乡村改进的参考资料一千多册。有了这些参考资料，由担任乡教的教师指导学生进行研究。通过研究各地乡村现有问题及改进方法，培养学生改进乡村的知识和能力。②

在湘湖乡师服务乡村、改进乡村的长期提倡和熏陶下，学生对乡村问题的研究兴趣十分浓厚。为了更好地熏陶乡师学生的思想意识，金海观还经常邀请学者做学术演讲。几年中，有吴研因、俞子夷、陶行知、黄羽仪、赵欲仁等十几位学者前来演讲二十余次。③ 学的方面可以说是一点也没有落下。

工的方面，"成绩颇有可观，学生兴趣亦佳。全校农田共计丘地 1060 亩，开垦成田者共 237 亩，由学校耕种者 112 亩，特约农家耕种者 125 亩，租种者 45 亩，承垦者 80 亩"④。不仅自己种的粮食可以贴补学校师生，蔬菜基本可以实现自我供给，工艺出品除自用外，还可供应附小所需。

湘湖师范工学制试验班在农田开垦和种植、工艺生产及牲畜饲养等方面取得了一些成绩，但离金海观希望以农工生产收入补助学生膳杂费用之教育生产化的理想还有距离，他自身对工学制试验班的实施效果并不太满意。金海观后来反思，拟订工学制计划时，他曾向陶行知、孟宪承、郑晓沧、江问渔、陈布雷、陆步青等教育界前辈及教育行政领导请教，并向自

---

① 二十二年度校务进行计划［M］//《金海观全集》编委会. 金海观全集（中）. 北京：方志出版社，2003：540 – 541.

② 二十三年度校务进行计划［M］//《金海观全集》编委会. 金海观全集（中）. 北京：方志出版社，2003：555.

③ 谈有关我校附小设施问题的真相［M］//《金海观全集》编委会. 金海观全集（上）. 北京：方志出版社，2003：254.

④ 钱希乃. 湘湖乡村师范学校视察报告节要［J］. 浙江教育行政周刊. 1934，5（43）：4 – 10.

己好友同时也是乡教先行者古楳（古柏良，也称古梅）、杨效春等人咨询，中央大学教授夏湛初也有所建议。集思广益之下拟定的工学制，其工学合一、教育生产化的思想及实施原则是没有什么缺点的，但实际规划"似乎不很周密，因之后来没有什么成绩，这当然由于本人对于农业和工艺教育是门外汉的缘故"①。这自然是金海观的谦辞。

湘湖师范工学制试验班的农工生产成绩不太理想，于 1934 年停办。但工学制的实施，使得湘湖乡师的教育具有生产化的特征，工学合一、教育与劳作相结合的风气更为浓郁。1932 年，湘湖师生已经开始每天下午劳作一小时。1933 年，湘湖乡师在前期劳作教育的基础上，进一步实施劳动生产教育，决定在班级制的基础上，将工学制之精神，切实推广于全校各级。各级学生每日必有生产工作一小时，星期日均不休息，生产所得由学生自己享受。②

3. 湘湖乡师的劳作教育

以湘湖乡师劳动教育经验为基础，金海观在 1932 年 10 月的中等教育研究会上提出《中学生应厉行劳作》，呼吁中等学校应重视对学生进行劳作教育。1934 年再次拟具《养成中等学生之劳作计划》提交浙江中等学校训育会议讨论，最终教育厅博采众长，订定《浙江省中等学校养成学生勤劳生活计划》，通令在浙江省内的中等学校实施。③

在教学做合一的精神感召和学校培养乡村专业人才的目标要求下，加上后来录取的学生主要出身乡村，有劳作经验，学生对于湘湖乡师的劳动要求皆能适应。每天下午的四到五点钟，是湘湖全校师生的劳动时间。学生的劳动热情高涨："我们互相勉励着，锄头声嘹亮响着，一块块的泥土，在空中飞舞，我们抱着分工合作的精神，来开垦我们的新湘湖，在这暮春时节，下午的阳光，已能使人流汗。在工作的时候，同学自然都是汗流满面，但是工作是我们的生命，我们努力地干，干，直到太阳下了山，我们

---

① 金海观. 四年来重要教育计划·序言［M］//《金海观全集》编委会. 金海观全集（中）. 北京：方志出版社，2003：572.
② 二十二年度校务进行计划［M］//《金海观全集》编委会. 金海观全集（中）. 北京：方志出版社，2003：540.
③ 金海观. 四年来重要教育提案和建议［M］//《金海观全集》编委会. 金海观全集（上）. 北京：方志出版社，2003：197.

才背着锄头唱着歌漫步而回"①。

作为日常劳作，全校师生每日需要工作一小时。如果有的工作在短时间内必须完成，则停课半天，全体工作四小时。在工学合一思想指导下，仅 1934 年，除开工学制试验班的课业劳作之外，湘湖全校劳作完成了定山山顶平地、山腰操场、篮球场、苗床及大路、劝农路、小学前地，压湖山球场、山道、鱼池、园圃，东湘堤一段，东、西、北山屋基，石岩小农场、第二操场等基本建设，同时还负责农场管理、农田种植。② 走着自己修的路，在自己修的操场锻炼，吃着自己种的粮和菜，"那里的先生和同学，个个都是精神饱满的"③。

湘湖乡师的工学合一、劳动教育思想和实践，养成了学生吃苦耐劳、勤奋朴素的品格。无论男女学生，皆穿着朴素的短衫和黑裙，赤脚便爬到泥堆里去了。"在湘湖，我没有见过穿长旗袍和高跟皮鞋的女人，我们所看到的，只是朴素与忠实，勇敢与努力的男人和女人们。"④ 当然，吃苦耐劳、勤奋朴素并不仅仅是学生的表现，教师乃至校长皆以身作则，身体力行。有一次，金海观到教育厅找厅长陈布雷联系工作，他身着褪色灰布旧制服，也没有坐车，而是从乡下走到杭州，走得满身尘土，脚带泥浆，以致教育厅的门房都不让他进去。

（二）开门办学，建设乡村

金海观出身乡村，家境贫寒，对于乡村民众及其生活窘境十分了解。他认为，中国乡村经济已经破产，广大乡村病态十足：识字教育不普及，文盲数量全世界最多；学龄儿童大部分未能入学，是未来文盲的预备队；不注重卫生；迷信盛行，盗窃常见；鸦片、红丸等毒物未能肃清。要想中国欣欣向荣，就必须要改进乡村。⑤ 强烈的乡土情怀使得金海观对乡村难以割舍，"主张学校必须为地方的中心，进行乡村改造的事业。小学教师的责

---

① 汪赞源. 湘湖三部曲 [J]. 锄声，1934，1（2）：39.
② 钱希乃. 湘湖乡村师范学校视察报告节要 [J]. 浙江教育行政周刊，1934，5（43）：4 - 10.
③ 亭甫. 湘湖师范参观记 [J]. 国立浙江大学日刊，1936（73）：292.
④ 汪赞源. 湘湖三部曲 [J]. 锄声，1934，1（2）：39.
⑤ 金海观. 乡村改进和生产教育 [M] //《金海观全集》编委会. 金海观全集（上）. 北京：方志出版社，2003：144.

任，不但要负起教育儿童的重任，还要挑起成人教育的重担"①。不仅乡村小学承担乡村教育的责任，他还呼吁中等以上学校一律下乡，救济农民，帮助乡村建设，唤醒民众来共同奋斗，以求中国之自由平等。②

学校下乡，只是第一步。下乡后的学校，最重要的是要实实在在地去做，开门办学，才能真正做到乡村改进。

作为中等师范的湘湖乡师，自然是建在乡村，面向乡村。其学校使命，除开培养手脑双全、具有生产技能之乡村好教师外，还负有改进乡村社会的责任，包括普及义务教育、扑灭文盲、改善卫生设施、改善农民生计、举办乡村自治及村政改进等工作。③

1. 乡村的学校教育推广

（1）乡师附小的建设与教育推广

通常情况下，师范学校都会附设小学供学生实习。湘湖乡师建校以来，以乡师为中心，陆续设立小学，至 1933 年，设有湘安、定山、湘北、青山张、石岩、陈村六个中心小学。这六个中心小学，湘安设四学级，其余都是单级小学。其中，定山、湘北、青山张、石岩试办短期小学，推广乡村义务教育。④ 1934 年新设塘下施小学，湘安小学添设分校一所，至此湘湖乡师共有小学 8 所。到 1936 年，湘湖乡师共创办小学 10 所。到 1937 年，有13 所附小，分设于湘湖沿岸 13 个较大的村落。⑤ 这些小学主要由湘湖乡师的实习生负责教学工作。

湘湖乡师的学生，到了高年级包括简师的四年级、初师的三年级，在校的课程学习时间极少，基本一个月学习一天，其余时间前往各附小实习，实习生被称为教生。由于乡师各附小较为分散，为了更好地指导学生实习，乡师规定小学教育部及推广教育部主任，须同教生一同居住，随时指导教

① 金海观. 乡村改进和生产教育［M］//《金海观全集》编委会. 金海观全集（上）. 北京：方志出版社，2003：146.

② 金海观. 中等以上学校一律下乡的提议［M］//《金海观全集》编委会. 金海观全集（上）. 北京：方志出版社，2003：166 - 169.

③ 金海观. 本校的使命［M］//《金海观全集》编委会. 金海观全集（上）. 北京：方志出版社，2003：236.

④ 冯庭钧. 杭县第六学区小学教育参观团参观湘湖教育经过报告［J］. 浙江省第一学区辅导月刊，1933（10）：13 - 16.

⑤ 坚人. 湘湖的乡村教育［J］. 乡村建设，1937，6（10）：8 - 11.

生实习小学教育和民众教育。乡师各教育科教师，皆为教生实习指导教师，负责指导教生小学行政及各科教学事宜。简师四年级、初师三年级这两级的任课教师皆为专科指导教师，定期指导其所任教科目的教学。各附小教师，则在周末轮流进行示范教学，以资教生观摩，并请校内外对小学教育研究有专长者进行评教，以资启发。①

乡师学生不仅在附小实习，从 1935 年开始，湘湖乡师还和杭州、嘉兴优良小学合作，派遣乡师学生前往实习。同时派遣乡师女生前往杭州高级助产学校、江宁县卫生事务所实习，以使乡师学生对于乡教事业有更好的理解和素养，今后能更好地改进乡村生活。

湘湖乡师附设的小学，其实并不仅仅是供乡师学生的实习之所。湘湖乡师是在陶行知的亲自指导下创建的，陶行知主张以实验小学或中心小学作为改造乡村生活的中心，乡村师范以中心学校之生活训练为中心，按照教学做合一原则对师范生进行指导训练，以使得他们能适应并改造乡村生活。

湘湖乡师最初所设立的小学，秉承的就是陶行知的思想。后来湘湖乡师校长几易其人，附设小学的性质时有变化。金海观担任校长后，以为乡师附小，不应只是师范生的实习场所与附近小学教育的扩充，实则希望能回归陶行知设立乡村中心小学的初衷——改造乡村生活的中心。② 乡村小学教师，是一村或一乡唯一的知识分子，不应该局限于教师身份，局限于校园范围之内，而应该"推开校门，跑入社会，去为民众服务"，去"领导民众，唤起民众的责任"。③

因而，湘湖乡师附设的中心小学，"是社会的中心"，负有推广乡村教育的责任。为了更好地普及乡村教育，湘湖乡师于 1932 年设"湘湖初等教育实验区"，实验区设主任一人，由研究实验部主任（后改为小学教育部）兼任，区内办事人员全系乡师实习生，实习视察行政及报告等工作。

---

① 二十三年度教育进行计划［M］//《金海观全集》编委会. 金海观全集（中）. 北京：方志出版社，2003：557.

② 谈有关我校附小设施问题的真相［M］//《金海观全集》编委会. 金海观全集（上）. 北京：方志出版社，2003：253.

③ 金海观. 何谓良好的教师［M］//《金海观全集》编委会. 金海观全集（上）. 北京：方志出版社，2003：187.

　　湘湖初等教育实验区的设立原则为：促进义务教育普及、注重实施生产教育、指导乡师学生实习、试验乡村小学之新制度及方法、改善乡村社会生活、辅导改进地方教育事业。在此原则下，以湘安中心小学为中心的湘湖初等教育实验区负责指导本区小学及私塾、推广本区义务教育并办理本区社会教育。① 与此相适应，湘安中心小学设有生活、总务、研究、推广四部，负责处理校务及调查、推广民教等事宜。②

　　湘安中心小学负责湘湖初等教育实验区的社会教育推广和义务教育普及工作。在社会教育推广方面，湘安小学做了很多工作，如在湘安小学本部设立妇女班及民校问字处、在东汪分校及堤上庙前等处设立壁报、在区内各交通要道及堤上设识字牌并依时变换文字内容、设立民众茶园举行民教活动。随着社会教育的推广，乡民思想逐渐开始变化，愿意让孩子到小学接受教育。1934 年，湘安小学在东汪民众茶园添设小学一级即东汪分校，以便利当地儿童入学。湘安小学本部原有学生一百四十多人，随着乡民对小学教育的认同度越来越高，更多儿童想要入学，使得湘安小学日益拥挤，"实有不能容纳之势"，于是又在安养设一小学，招收当地儿童入学。

　　除开湘安小学，湘湖乡师的其他中心小学，皆设有问字处、代笔处，办理民众壁报、民众运动场以及进行其他临时性的民众教育活动，负责中心小学所在地区民众教育的推广。

　　（2）义务教育推广：短期小学与私塾改良

　　义务教育普及是湘湖乡师附设小学的重点内容。一方面，通过中心小学增加学额推广义务教育；另一方面，湘湖乡师通过各中心小学开办短期小学，通过短期小学推广乡村义务教育。

　　试办短期小学，主要是乡村缺课的学生较多，尤其农忙时节，缺课的学生更多，达不到教育行政部门要求的百分之八十的到课率。对于乡村儿童的失学问题，出身乡村的金海观是颇能理解并接受的。他认为，乡村教育本来就有生产教育的要求，10 岁左右的儿童已经是家里的重要劳动力，他们在家里帮助母亲，在田里帮助父亲。学生农忙时节在家从事生产活动，

　　① 二十一年度教育进行计划［M］//《金海观全集》编委会. 金海观全集（中）. 北京：方志出版社，2003：526.

　　② 冯庭钧. 杭县第六学区小学教育参观团参观湘湖教育经过报告［J］. 浙江省第一学区辅导月刊，1933（10）：13－16.

应当奖励，为什么一定要他来学校呢？① 鉴于乡村的实际情况，金海观决定试办短期小学，在农忙时节停学，农闲时间上学，半年内开学约三个月。

1933 年春季，石岩、湘北、定山、青山张中心小学开始试办短期小学，清明节停课。本期教学时间十二星期，由初师三年级学生担任教师。招收学生 127 人，其中男生 112 人，女生 15 人。②

短期小学采用部定课本。不过，由于部定课本是为失学成人编写，并不适合儿童，故办理成绩不佳。

短期小学之外，普及乡村教育的另一个重要途径就是充分利用乡村原有的教育资源，如私塾和塾师。

金海观认为，学校有学校的特长，私塾有私塾的优势，尤其塾师与地方联系更为紧密，在推广民众教育方面更为有利，所以在乡村小学尚未普及的情况下，没有必要取缔私塾，反而应加强小学和私塾之间的联络，对塾师进行指导，改进私塾的教学，帮助私塾小学化，进一步推广乡村教育。③ 金海观主张，经过改良、小学化程度较好的私塾，可以成为湘湖乡师的特约私塾。因此，湘湖乡师各小学还负有辅导塾师及指导私塾的责任。

此外，湘湖乡师还专门举办谈话会，邀请杭州市教育科、湘湖乡师教师参会，另有村长 2 人、各中心小学教师 7 人，以及湘湖沿岸所有私塾教师共 16 人参加谈话会，研讨塾师改良问题。金海观和杭州市教育科科长分别发言，指明私塾教学的不足以及从哪些方面对私塾进行改进。面对私塾改良问题，乡村塾师并不抵制，他们对于乡师的指导也很欢迎。他们根据私塾的实际教学情况，提出私塾改良中的现实问题，希望得到乡师及教育行政部门的支持和帮助。同时还主动建议每半年定期集会一次，共商私塾改进事宜，以弥补私塾散处四乡、相聚为难的困境。④

（3）毕业服务指导

乡村教育机构分散的困境，并不仅仅存在于私塾。在教育尚未普及的时

---

① 谈有关我校附小设施问题的真相［M］//《金海观全集》编委会. 金海观全集（上）. 北京：方志出版社，2003：250.

② 二十一年度第二学期校务改进方案［M］//《金海观全集》编委会. 金海观全集（中）. 北京：方志出版社，2003：534.

③ 金海观. 对私塾的看法和希望［M］//《金海观全集》编委会. 金海观全集（上）. 北京：方志出版社，2003：134.

④ 徐佩业，戴谷音. 湘湖沿岸塾师谈话会纪要［J］. 锄声，1935，1（7）：23-26.

代，乡村小学极其零散，小学教师基本是孤军作战，很少有团体互助、共同成长的机会。金海观很早就意识到这一点，他认为，"'知识分子下乡'，为一般乡村教育者一唱百和的口号，然而下乡以后，孤军无援，力量薄弱"①。

湘湖乡师规定，学生修业期满，须在乡村服务一年，考核合格才能颁发毕业证书。毕业生初到乡村学校，缺少服务经验，孤军奋战，非常需要学校对他们提供指导和帮助。但因为毕业学生服务地点分散，如何考核指导，一直是一个难题。

针对乡村小学分散和乡师学生孤立无援的现实问题，金海观担任校长之后，设立毕业学生考核指导委员会，负责对毕业学生进行考核指导。考核内容包括：参观毕业生的实地教学，并予以指导；解决毕业生关于教育上或生活上的一切困难问题；令毕业生详细报告其服务状况；供给毕业生以小学教师必须参考的重要书目；间接向校长或地方人士查询毕业生服务状况；征集毕业生历年服务成绩；附带调查毕业生所在地社会经济教育等状况。②

1932年9月至1933年8月，一年中，乡师毕业考核委员对毕业生进行考核指导，每生多则4次，少则1次，实行效果总体而言还是令人满意的。

金海观作为校长，更是五次前往毕业学生服务所在地进行巡回指导。他翻山越岭，行走基本靠腿，日行数十里乃至百里，不以为苦。巡回指导期间，金海观在时间允许的情况下，对学生服务学校及当地教育、经济情况都会详细调查了解，重点是了解学生的教学状况、服务效果，和学生商讨教学问题，同时了解学生在服务过程中所面临的问题。在巡回指导中，金海观发现湘湖乡师的毕业生在服务中，不仅能很快适应乡村教育和乡村生活，在劳作教育、乡村自治方面的工作也比较出色，很快就成为乡村学校的教务主任或者训育主任，乃至校长，成为乡村教育的骨干，并积极参与乡村生活的改造。学生服务期间最常见的问题是科学教育因仪器标本缺少而难以推广、事多而少进修时间、乡间图书报刊短缺，于时事和自我进修方面颇有局限。

1933年秋季，湘湖乡师将原有的毕业生考核委员会改为校外服务学生

① 金海观.乡村师范组织毕业同学会的真义［M］//《金海观全集》编委会.金海观全集（上）.北京：方志出版社，2003：238.
② 二十一年度教育进行计划［M］//《金海观全集》编委会.金海观全集（中）.北京：方志出版社，2003：528.

视导部，进一步改进对毕业生的考核指导，除亲临服务学校巡回指导之外，还给学生提供各种参考资料，利用通信方式增进毕业生之间的联络，并采取各种措施增进服务学生的幸福感。① 1934 年，在原有服务指导内容之外，湘湖乡师进一步为乡师毕业生提供进修学习的机会：一是在暑期召集服务学生，回乡师讲习培训一个月；二是介绍有志深造的毕业学生，到特种机关如邹平乡村建设研究院、山海工学团、卫生署设立的各村医院进行研究学习，以提升他们的服务能力。② 1935 年湘湖乡师发行教育通讯，由毕业学生报告服务消息及学校近况，并由乡师教师根据学生反映的问题进行及时反馈和指导。

鉴于毕业学生在乡村服务的孤立无援，学生自发成立毕业同学会。金海观对此非常赞成，认为乡村教师在乡村教育和乡村改进中，不仅需要彼此援引、相互支持、共同研究，而且可能面临和乡村的腐恶、豪劣势力做斗争，因而希望毕业同学会应成为正义的组织，作为今后乡村工作的坚强后援，而不是牟取利益的工具。金海观对湘湖乡师的毕业同学会十分关注，不仅告诫毕业同学要和同学会之间相互理解，取得同学会的帮助和支持，同时也应该大力支持同学会，并建议毕业同学与母校多联系，表达诉求，湘湖乡师"总想继续努力，以求可符合同学们的期望"③，为毕业同学继续提供指导和帮助。

除开通过小学、短期小学、改良私塾等学校教育机构普及乡村儿童教育之外，金海观一直认为，乡村教育并不仅仅是面向儿童的学校教育，乡村成人同样应该是乡村教育的对象。因而，湘湖乡师及各附小，除了推广义务教育外，还有推广乡村民众教育的责任。

2. 化民成俗促生计：教育推广、乡村建设两促进

（1）石岩乡村改进区的实验：民众教育与乡村改造

在当时的乡村运动大潮中，乡村工作者都以乡村教育为改造乡村、建

---

① 二十二年度校务进行计划［M］//《金海观全集》编委会. 金海观全集（中）. 北京：方志出版社，2003：543.

② 二十三年度校务进行计划［M］//《金海观全集》编委会. 金海观全集（中）. 北京：方志出版社，2003：559.

③ 金海观. 告毕业同学［M］//《金海观全集》编委会. 金海观全集（上）. 北京：方志出版社，2003：230 - 231.

设乡村的重要手段和途径。通过乡村教育的推广，实现文字下乡、科学下乡，在改变乡民思想的基础上，改造农业生产技术，提高经济生产能力，最终实现乡村复兴和国家富强。所以，乡村教育绝不限于教育领域，而是要通过教育这种手段促进乡村建设。乡村教育和乡村建设，实际是你中有我，我中有你，相互促进，彼此之间没有绝对的界限。

金海观担任校长前，湘湖乡师在乡村民众教育方面已经做了很多工作，如设立民众夜校、民众茶园、问字处、代笔处，也做了一些村政方面的改进工作，如修路、修堤坝等。金海观担任校长后，在认真分析各乡建机关和乡教机构建设经验和教训的基础上，不再满足于湘湖以往的较为支离、不成体系的民众教育，主张以一个中心区域为基础，在这个区域内全面推广乡村教育和乡村改造工作，从而达到化民成俗、促进生计之乡建目的。

1932 年，湘湖乡师在维持原有民众教育的基础上，决定在石岩堰设一乡村改进区，由推广教育部负责，每周派初师三年级的两名学生辅助。

石岩乡村改造区以石岩村为中心。在实施乡村生活改进之前，推广部导师王印佛和金海观先到石岩村进行考察，根据考察情况决定改进内容。通过考察，金海观和王印佛认为如果按照常规在石岩设民众教育馆、民众夜校、民众茶园，似乎不能满足需要，不足以打动民众。应该基于乡民的实际需要来实现教育推广，如修路、设治疗所、设借贷处等。经过充分考虑，金海观决定石岩改进区先从四类工作做起：①教育事宜：设民教馆、民众学校、阅览处、问字处、代笔处及民众茶园等；②建设事宜：召集民众修补本村大路，协助本校建筑委员会修筑湘堤（石岩村至校本部约二里）；③经济事宜：设农民借贷，并设法提高生产能力；④康乐事业：设民众治疗所，移并当道粪缸、购置农民所喜欢的运动器具和乐器，鼓励民众从事运动和娱乐。

湘湖乡师最初在村里张神庙前的凉亭设置阅览处、问字处等教育组织。又因为村民卫生、健康状况急需改进，同时设立治疗处。虽然王印佛非医学出身，但他依照《大众医药》之急救篇，却也救治了不少病人——大病则由湘湖乡师的校医出马。王印佛因免费医病得到乡民的信任，村民之前不让使用的庙宇，这时候也主动腾出来供他使用。

随着民众茶园、民众教育馆的进一步设立，村民可以自由前来医病、识字、看书阅报乃至白相（即嬉戏玩耍，江浙一带惯用语）；求神拜佛的老太太们可以来吃茶，听讲佛的历史。以迷信为中心的张神庙变成干净整洁、以教育为中心的张神庙。

进行文化思想教育的同时，湘湖乡师还对村里最穷的人家进行救济，帮助他们暂时度过寒冬。每次学校师生用船时，尽量雇用最穷人家的船，以帮助他们增加生计。

为了移走村道上的粪缸，便于修路，也是费了一番心思。王印佛先发动村里与他情感最好的两户人家，和他一起搬粪缸，金海观带领学生也赶来助阵。在湘湖师生的带动下，村民一起动手，将村里主干道的粪缸全部搬走，并很快将村路修好。

村里新修的大路、民众教育馆的路灯、主干道和民教馆到处挂着的"用教育的力量和方法，促进农村文化，改善农村组织，发展农村经济，以建设新石岩村"等标语，使得石岩村呈现出一派新气象。民教馆组织村民同乐会，来了大概1500多名村民，将小庙都快挤爆。王印佛得到石岩村村民的热爱和尊敬，湘湖师生帮助村里茶馆进行卫生改进、借助茶馆说书、讲故事，以及指导私塾改良等教育工作也得以顺利推广。[①]

（2）湘东乡生活改进区：生活、教育、建设兼具

鉴于石岩村一年来的可喜变化，1933 年，金海观决定将石岩改进区扩充为湘东乡生活改进实验区，以石岩为中心，将湘东乡 30 余村落作为乡村生活改善对象，聘请专人主持。希望在三年之内，使湘东乡 5000 农民的生活，臻于较为康乐之地。[②]

金海观在南高师时期，就亲聆陶行知教诲，湘湖乡师也是在陶行知的亲自指导下建立起来的。因而，金海观对陶行知及其乡教思想十分推崇，并试图在乡教推广工作中尝试晓庄的办学模式。湘东乡生活改进实验区的方针以全区社会为学校，以全区人民为学友，以全区实际事务为学问，以改进全区人民整个生活为教育。[③] 实验方针看得出来，湘东乡生活改进实验区可以说就是对陶行知晓庄模式及教学做合一的一种尝试和实践。

---

① 王印佛. 两个月的湘湖生活 [J]. 教育与职业，1933 (141)：69－79.

② 二十二年度校务进行计划 [M] //《金海观全集》编委会. 金海观全集（中）. 北京：方志出版社，2003：544.

③ 湘湖示范部门工作计划报告 [M] //《金海观全集》编委会. 金海观全集（下）. 北京：方志出版社，2003：1477.

湘东乡生活改进区在实施过程中，和萧山教育局合办湘湖沿岸地方教育，包括萧山第一区湘湖、闻堰、安养、湘东、埭上、湖东及第二区湘南各乡镇。乡师和萧山县教育局合作办理小学，负责湘湖沿岸地区私塾指导、社会教育等事宜。①

1934 年，湘湖沿岸大旱，乡民生活困窘。鉴于湘湖乡师于农业方面并不擅长，乃与浙大农场、建设厅农业推广人员养成所会商办理工赈。工赈期间，为了加强湘湖沿岸小学与乡师之间的联络，设立农民夜校 10 所，妇女夜校 3 所，由乡师学生担任授课教师，课程以工赈浅说、国语、常识、算数、书信为限。农民教育馆在各村巡回讲演，演讲工赈、防灾、救灾、地方自治、乡村建设等内容，并设立托儿所 5 所以上，满足工人托幼需要。乡师和农业推广人员养成所合作，设置工人休息所，所内陈设桌椅饮料，悬挂教育挂图，每日说书一小时，调剂工人生活并灌输常识。

乡师和萧山县合作办理国民军事训练场，由萧山县政府派教练对工人军训一小时。同时，设置示范养鸡场、羊舍、牛舍、猪舍各一所，以资乡民观摩。

乡村生活真是苦的生活。住所多数是潮湿黑暗的，苍蝇蚊子叮咬，生活用品贫乏，导致部分乡教人员退出。人员的流动，使得生活改进区的工作存在人存政存、人走政亡的窘境。金海观、王印佛等人决定在改进区内成立乡村青年服务团，选拔当地优秀青年，打算利用两年时间，由湘湖乡师对他们进行学术培训，并经过实践练习，改造他们的思想，使之具备领导农村工作的能力，最终能取代那些正占据乡村领导地位的土豪劣绅，成为乡村真正的领袖人物，终身服务于乡村。

1934 年 9 月，乡村青年服务团正式启动，面向乡村，招收 15 岁以上、高小毕业或同等学力、能吃苦耐劳的乡村青年。培训内容分为五类：农工作业类，如农事工艺劳作等；学术研究类，如国语、算术、社会、自然等；集团训练类，如公民训练、集会、火警演习、巡防演习等；健康生活类，如体育、国术、医药、卫生、远足、旅行等；休闲活动类，如音乐、美术、

---

① 浙江省立乡村师范学校、萧山县教育局共同办理湘湖沿岸地方教育办法［J］. 湘湖生活，1933，2（2）：51 - 52.

同乐会、化装表演等。①

有了湘湖前几年教育推广与乡村改进工作的积累和影响，报考青年团的乡村青年十分踊跃。但因为是培训乡村领袖人才，承担今后乡村建设和健康生活的领导工作，所以名额有限，最后精挑细选招录了 10 人。

青年团的培训，采取的是教学做合一的生活教育模式。根据乡村生活的需要以及乡村的实际生活进行培训，这种培训因没有脱离他们的实际生活而大受欢迎，也卓有成效。

（3）定山教育实验区：乡村组织建设的尝试

金海观认为，乡村教育和乡村建设，首先要改善学校周边的乡村。如果连学校近旁的一个小小的村落都无法改善，还谈得上什么乡村教育的效果？还谈得上什么普及全省乃至全国呢？

1935 年，金海观联合农业推广人员养成所所长韩雁门、湘湖实验农场主任章才方，三方合作，扩充实验范围，以定山村为全村教育实验区，实施全村教育及乡村建设事宜。希望通过对全村民众进行教育，合全村力量以谋教育改进，促使村民主动，使一切事业教育化，最终实现乡村建设目的。

在定山教育实验区的推进过程中，金海观受陶行知、梁漱溟乡教思想和实践经验的影响最大。他吸纳陶行知乡村学校是乡村改进中心的观点和工学团的方法，并借鉴梁漱溟利用村学组织发挥乡民主体性的经验，改定山小学为定山村学。定山村学不仅是民众教育的场所，同时也是乡村基层组织，负责定山乡村的全部改进事宜。定山村学以全村家长会议为最高权力机关，选举农夫 7 人为学童，由湘湖乡师推广部主任任村学导师。②

定山村学召开全村家长会议，乡师金海观及推广部主任、养成所所长及推广部主任、两校推广部职员、定山村学教职员及定山村 63 户家长、民众共 200 多人开会。大家一起订立公约，要求村民接受定山村学的指导，接受适当的教育，村民之间本着互助合作的精神，从而达到自治、自卫、自养之目的。

---

① 俞友青. 湘湖乡村青年服务团［J］. 学校生活，1935（100）：27 – 30.
② 二十四年度校务进行计划［M］//《金海观全集》编委会. 金海观全集（中）. 北京：方志出版社，2003：564 – 565.

在定山村学的领导下，定山教育实验区在教育上提倡识字教育，效仿工学团办法，行小先生制，组织男女两个公民训练班，推广成人教育。农事改进方面，举办双季稻合作秧田、特约合作示范农田等。在卫生和村政方面，指导定山村推广夏季卫生运动、儿童健康比赛、清洁比赛，建设定山村道。同时和农事推广所一起组织信用合作社、生产合作社、粮食消费合作社，改善村民生计。①

在定山教育实验区的基础上，金海观提议，湘湖乡师、浙大农场和农业推广人员养成所联合组织"湘湖建设协会"，将湘湖的农田、水利、交通、金融、合作、教育等多方面，通盘筹划，通力合作。由浙大农场负责农田水利，农业推广所负责与建设厅联络及其他事项，湘湖乡师负责湘湖教育建设及定山村村学等方面。② 在三方精诚合作下，湘湖建设协会实施定山全村教育、筹办徐家坞茶叶合作社、设立压湖山公民训练班、试行湘湖农场合作农户制度、双季稻的推广等，取得显著成效。③ 以湘湖沿岸为中心的萧山乡村建设，一派欣欣向荣的景象。

3. 民族本位的思想教育

湘湖乡师非常重视学生的思想教育工作，尤其是 1932 年九一八事变之后，民族危亡的紧张心态，使得金海观十分重视学生的爱国主义教育。到1934 年，湘湖乡师正式确定民族本位的训育原则，利用纪念周、朝会及公共集会时间，做各种精神讲话。而历史、地理、教育、国文等学科教育，也注重选择民族复兴方面的内容，培养学生的民族意识。

也许正是湘湖乡师在思想教育方面注重学生的民族意识和爱国主义熏陶，以及湘湖一直以继承陶行知生活教育思想为标签，进行乡村改进和建设工作。晓庄后来被封，陶行知被通缉，加上金海观不媚上，不迎合，所以，虽然像老黄牛一样辛苦耕耘于乡教领域数年，但浙江省教育行政长官对他却"不满意"。在此过程中，福建、安徽、山东曾屡屡邀请他前往主持教育事宜，金海观也有过犹豫、有过彷徨，但最终坚定的乡教理想，使得

---

① 曹舒．湘湖定山村改进现况［J］．浙江省建设月刊，1936，10（2）：5 – 18.

② 湘湖建设协会谈话会记录［M］//《金海观全集》编委会．金海观全集（上）．北京：方志出版社，2003：1519 – 1521.

③ 实干和乡村建设运动［M］//《金海观全集》编委会．金海观全集（上）．北京：方志出版社，2003：178.

金海观"决计不管、决不辞职"①。

抗战前的这几年，在金海观的带领下，湘湖乡师继承晓庄办学模式，同时借鉴梁漱溟乡村建设经验，在积极推广湘湖乡师周边乡村教育的基础上，并尝试以一个区域为中心，从文教、卫生、经济（生计）、娱乐等各个方面，进行全面的乡村改造和建设工作。虽然，正如金海观后来在总结中所言，乡村建设工作，单靠一个乡村师范，其影响范围是有限的。再者，湘湖乡师的乡村教育和乡村建设，虽然做到有会有议、有议有决，但也还存在部分工作决而不行、行而寡效，使得部分乡村教育和乡村建设工作的效果打了折扣。但是，湘湖乡师的乡村教育推广工作和乡村建设工作还是取得显著成效，如湘湖沿岸民众对学校的认可、学校周边的文盲和失学儿童的日渐减少、组织合作社等机关帮扶农民生计、通过医药卫生改善农民健康及减轻病痛等。尤其是在没有向政府要任何试验费、没钱聘请资历丰富的研究员的情况下，所试行的定山全村教育制度，金海观认为成绩上是可以和定县的新制农村学校、邹平的乡村教学等成就媲美的。即便是政府不太认可的乡师附小，金海观也非常自信地宣称："我们所得到的成绩是可以和一般优良小学去比的，不过成绩表现的方面不同罢了。他们成绩偏重校内，我们成绩稍重于校外。他们的教师能很周到地指导儿童，我们的教师指导儿童欠周到，但能指导民众。他们的教师能教儿童爱国，我们的教师，除教儿童爱国外，还编练民众成队，干自卫卫国的工作。"② 湘湖乡师的毕业生，三分之二以上服务于乡村，还有一部分服务于全国十余省份的教育事业。

这些成绩，为湘湖乡师赢得较高的社会认可，在浙江省乃至全国都有较高的社会声望。随后抗日战争爆发，湘湖乡师几易校址，"每迁一地，必有该地青年，愿列门墙"，而一般乡村民众，则极力称道湘湖乡师之优点，乐于借用校舍校具并捐助民校。③

---

① 金海观.致陈叔谅［M］//《金海观全集》编委会.金海观全集（中）.北京：方志出版社，2003：719.

② 金海观.谈有关我校附小设施问题的真相［M］//《金海观全集》编委会.金海观全集（上）.北京：方志出版社，2003：251－252.

③ 金海观.困难中的收获［M］//《金海观全集》编委会.金海观全集（上）.北京：方志出版社，2003：269－270.

虽然金海观本人不得教育长官主观上的认同，但湘湖乡师所取得的成绩和影响，却在客观上使得教育官厅舍不得主动辞退金海观。

三、咬定青山不放松：抗日期间六迁校区谋发展

1937 年抗日战争爆发后，湘湖乡师就积极发动学生参加抗战宣传，参与萧山伤病医院的工作。随着日军不断攻城略地，湘湖乡师开启了频繁的迁校之旅。

1937 年 11 月，湘湖乡师由萧山迁往义乌江湾。因时局紧张，一个多月后，再一次由义乌迁往松阳古市。1942 年 6 月，由古市迁往庆元，师生分住竹口、黄坛、新窑三地。1943 年 4 月由庆元迁往景宁，同时在松阳古市设立分部。1944 年 7 月由景宁迁回古市，抗战胜利后，于 1946 年由古市迁回旧址萧山。

（一）战时更比平时忙

1. 战乱中的乡师教育和师资培训

（1）湘湖乡师的教学与生活

金海观认为，虽然爆发了战争，但不要因为战争就情绪低落，乃至无所事事。尤其是知识分子，即便不能上阵杀敌，但"一定要忠诚服务，恪尽职守"，忠于职守也是抗战。

所以，兵荒马乱中，湘湖乡师的教学工作在漂泊动荡中艰难维持。1938年迁往古市暂时安定下来后，金海观就拟定湘湖乡师战时教育计划，根据实际情况对教学科目进行增删。如古市缺乏农场及实习用具，就删减农业、农村经济及合作等科目，合并公民、历史、地理等社会学科，合并并减少劳作、美术等学科教学时间，增加抗战所需的特种训练和抗日自卫工作，如戏剧、歌咏、救护、农工生产、伤病服务等。各科教材及教学内容以适合战时需要为原则，注意激发学生的民族意识与抗敌情绪、鼓励团结、一致对外，使学生能明了抗战形势，获得抗战常识等。①

---

① 二十六年度第二学期实施战时教育计划［M］//《金海观全集》编委会. 金海观全集（中）. 北京：方志出版社，2003：579 –584.

　　虽然在战乱中，湘湖乡师的教学工作并没有乱套。依然是上午上课，课余仍循旧例进行学科研究。学科研究之外，还进行各种学科常识测验，并在学期末进行各科成绩展览会。

　　湘湖乡师的下午，照例进行体育锻炼、劳作和农业生产，以及进行民众教育推广和服务乡村工作。抗战时期，乡师增加了抗战宣传和伤病服务等特殊服务内容。

　　抗战期间，学校经费拮据，政府下拨的学生伙食费用和日益上涨的物价相比，杯水车薪，经常是一钵干菜汤八人吃。有时经费拖延，或者无处购买粮食，学生连续几天喝粥，乃至有断炊的危险。金海观不得不发挥自力更生的精神，想办法租种民田数十亩，由师生自己种植米麦菜蔬，以补助学校伙食，同时指导学生自制豆腐、豆浆、酱油等产品，出售之后补贴学生伙食。

　　（2）义教师资的培训

　　乡村师范以培养乡村教师为宗旨。1940 年 8 月，教育部在全国推广义务教育，乡村条件落后，决定以短期小学的方式进行。普及义务教育，师资欠缺是突出矛盾，于是教育部要求各乡村师范办理短期师资培训班，为各保国民学校培养师资。1941 年，湘湖乡师开始筹备短期师资培训，负责训练本师范区十县国民学校代用教员。第一届师资培训班拟办三期，共培训 500 人，其中松阳、遂昌、宣平、云和 165 人为第一期，庆元、景宁、龙泉 152 人为第二期，缙云、青田、丽水 173 人为第三期。每期办三个月，招收具有小学以上程度、年在十七岁以上、文理清通之非现任小学教职员，如果是抗战伤兵将士且能担任小学教员工作者，只需文理清通即可入学。①

　　由于学员文化程度较低，训练时间短，师资短训班的教学目标如下：在思想上，使学员意识到教育是重要的，教员是专业的，进修是必须的；在学识和技能上要能掌握国语、算术、常识、音乐、体育、劳作和美术等各科教材以及各科常用的教法，会编写教案，能掌握训育的方法。

　　湘湖乡师采用教学做合一、训教合一、生活即教育等教育原则，注重

---

　　① 施谦. 浙江省立湘湖师范筹设短期师资训练班经过［J］. 国民指导月刊（丽水），1941，1（1）：36 − 43.

在实际应用中培训学生。课程学习之外，还采用教师导演、学员仿行的方式，以培训学员代替成人或儿童，由教员示范教学或学员试教。从第三周开始，每个星期五下午到特约保国民学校进行见习，第十三周全周到特约保国民学校进行实习，实习国语、算术、常识、工作、劳作与美术、唱游、音乐等学科的教学。同时熟悉各项校务，如拟订校务计划、担任级任导师、指导课外活动、指导学生自治、编制各项图表等众多工作。

在金海观和俞子夷的指导下，湘湖乡师举办的短期师资培训班第一期顺利结束，参训学员由最初的不习惯到后来的渐渐适应，并逐渐发生兴趣。短期师资培训班实际只完成第一期（1941.3—1941.6）和第二期（1941.9—1941.12）的培训任务，共培训代用教师241名。①

本应进行的第三期国民学校代用师资短期培训没有如期进行，而是改成办理国民学校代用教员的假期训练。随后，乡师迁址，并在景宁、萧山（抗战后迁回）两地继续办理小学教员暑期培训班。

有了多次办理培训班的实践经验后，金海观认为，寒暑假举行的教员培训存在诸多问题，并提出改进意见：如寒假时间太短，建议在暑期举行；师范学校应该和培训学员保持密切联系，以便继续教育；培训期间，授课时间不宜过于密集，应给予学员自修和思考的时间，同时增加学员课外娱乐、歌咏等活动，以提倡小学教员进行正当娱乐；培训中的教材和教法、学校行政等学科，除开讲述讨论外，应提供参观实习之机会，以免纸上谈兵。②

（3）音乐教师的培训

在师资培训工作中，湘湖乡师的特色学科——音乐发挥了极为重要的作用。

金海观在长期的教育工作中，极为重视音乐对学生的情绪陶冶和化民成俗的特殊功能。在普遍不重视音乐学科，尤其是乡村学校以音乐课程为无用的时代，金海观就坚定地认为："欲造成良好之乡村师资，决不可忽视

---

① 湘湖师范实施基本教育工作报告［M］//《金海观全集》编委会. 金海观全集（中）. 北京：方志出版社，2003：656.

② 湘湖师范实施基本教育工作报告［M］//《金海观全集》编委会. 金海观全集（中）. 北京：方志出版社，2003：657-658.

音乐训练①"。刚到湘湖乡师，金海观就决定实施音乐特殊训练，扩充乐队，公开演奏。抗战期间，更是通过戏剧、歌咏等音乐形式，进行抗战宣传，取得非常不错的效果。

所以，当1944年浙江省教育厅提出师范院校设置专科函授班培训小学教师时，湘湖乡师选择办理音乐函授班。金海观认为，办理音乐函授班，可以直接充实小学教师的音乐修养，改进乡村学校的音乐教育，可以进一步推广音乐教育。而且乡村教师平时娱乐生活缺少，精神生活不够丰富，可以通过音乐提升他们的精神享受。②

湘湖乡师的音乐函授班招收学员131名（有11名教师没有坚持到底），通过函授资料的方式进行。学员来自于保国民学校教师，绝大多数没有受过师范教育，平时工作十分繁重，加上函授内容包括乐理、乐器（二胡、风琴）演奏法、唱歌指挥法、音乐教学法等，很多内容需要当面指导，最后考核合格者仅43人。③ 音乐函授班的办理效果不太理想，金海观认为，主要是函授这种方式，指导和督导都存在困难，且最后的考试尤其是通讯考试成绩难保准确。因而，音乐函授班只办理一届，没再续招。

除师资培训工作外，湘湖乡师在颠沛流离中，还积极辅导地方学校。湘湖乡师对地方学校的辅导在抗战前就已经开始，颇有经验。从1940年开始，湘湖乡师举行地方教育辅导委员会，于每学期开学时进行会议辅导，共进行会议二十多次；实地辅导乡师所在区域的各县中心国民学校及各乡、保国民学校的教材教法及学校行政之改进，共辅导学校四百多所；指导各小学进行新课程标准的教育实验；编辑地方教材，完成儿童用书18册，教师用书10册；举行专题讨论会，指导小学教师进行教育研究；协助各县进行教员假期训练，派员担任教育学科、国文、音乐及儿童文学等学科讲师

---

① 二十二年度校务进行计划［M］//《金海观全集》编委会. 金海观全集（中）. 北京：方志出版社，2003：542.

② 金海观. 为什么要办小学教员音乐科函授班［M］//《金海观全集》编委会. 金海观全集（上）. 北京：方志出版社，2003：317－318.

③ 金海观. 为什么要办小学教员音乐科函授班［M］//《金海观全集》编委会. 金海观全集（上）. 北京：方志出版社，2003：318.

等，涉及小学教育的众多内容。①

2. 民众教育与乡村建设

（1）学习中工作，工作中学习：民众教育的推广

除开校内的各项工作，校外的教育推广和乡村建设工作，一直是湘湖乡师的工作重点。抗战爆发后，金海观主张"一定要唤起民众，共同抗战"②。所以，即便是迁居义乌短暂的一个多月时间里，乡师也借址创办殿口商小学，借曲江小学办理民校妇女班，并成立绘画、歌咏、社教、戏剧、自卫等各小组，进行教育推广和抗战宣传。

1938 年初，湘湖乡师从义务迁往古市。古市的经济和交通较为发达，但乡村教育却十分落后，全区只有小学 44 所，不仅义务教育情况极不乐观，民众教育更是亟待进行。湘湖乡师安定下来后，即动员全校师生联络当地热心人士，发动办理扫除文盲、激发民众抗战情绪和建设农村经济的工作。

为了扫除文盲，普及民众教育和建设农村经济，乡师先是在古市镇设立民众教育馆一所，以语文及康乐教育为主，由本校教职员兼任。在古市镇的民众教育发展起来后，又在教育比较落后的杨源乡和上沇乡各设立一所民众教育馆，以生计教育为中心。

民众教育馆一般设立在人口较为集中的乡镇，人口较为分散的农村，则组织民众教育工作队，由乡师学生自动参与。民众教育工作队设一大队，由校长金海观和推广部主任任大队长，下设多个小队，学生互推小队长。学生在下午三点钟以后至翌晨七点钟之前从事民众教育活动，每周汇报一次工作经过，并于周日举行讨论会，讨论民众教育心得及面临的实际问题，由各科教师或聘请校外专家进行专题演讲和指导，以灌输社教学识。对于离乡师较为遥远偏僻的山村，则组织流动施教团，由具备一定教学技能的学生组成，定期巡回流动施教，并辅助农村合作事业的开展。

除开这些较为固定的民教组织外，乡师还组织各种团队，如戏剧、歌咏、美工、救护等。根据学生能力与兴趣自由组合，由相关教师担任导师

①　湘湖师范实施基本教育工作报告［M］//《金海观全集》编委会.金海观全集（中）.北京：方志出版社，2003：678–680.

②　《当日新闻》文存［M］//《金海观全集》编委会.金海观全集（上）.北京：方志出版社，2003：263.

进行指导和训练，遇有节日或社教活动时，这些团队就参与其中，配合工作。

经过各种民教组织的民智启发，古市热心地方事务的乡绅和民众的教育意愿逐渐被调动起来，各乡的民校像雨后春笋一样相继成立。乡师迁到古市不及二月，民众学校设立了50余所，受教育的成年男女不下2000余人，扫盲教育和激发民众抗战情绪的工作得到迅速推广。① 至1941年，乡师方圆15里以内之村落，皆设有战时民校。先后成立战时民校百余所，间接受教者不计，直接受教民众五六千人。② 湘湖乡师在古市的教育推广，使得民众在思想上受到极大启发，以致后来各地妇女都踊跃要求设校入学，在推动民众思想改造以及由此促进民众的自主性和主动性方面收效巨大。

同时，乡师学生通过教育推广工作，在学习中工作，在工作中学习，把理论和实际联系起来，尤其是他们走近民众、联合民众的能力得到大大提升。金海观认为，这是普通学校教育所不能得到的锻炼和经验。

金海观十分重视地方乡建人才的培养，在办理地方初级民校的基础上，还设立高级民校，使初级民校结业尚有继续求学意愿的民众可以继续得受教育，尤其是可以通过高级民校培养民众领袖。高级民校生通过集中培训、结业返乡后，可以充当地方初级民校校友会重要职员，能领导地方民校校友进一步推广教育并协助地方办理各种事务。

（2）抗战中的乡村建设

金海观一直重视乡教和乡建一体，彼此相互促进。在推广民众教育的同时，湘湖乡师还指导古市乡村的生计教育，在各保、各乡设立不同层级的各种合作社，协助松阳县农林场进行良种推广，提倡农民制造自然肥料及农村副业，并发挥乡师的工艺优势，指导乡民制作各种生活必需品。乡师还设立救护团，为患病乡民提供治疗、种痘、注射预防针及产妇接生等卫生事业。湘湖乡师随着各种民教组织和生计、卫生组织的相继成立，对

---

① 湘湖师范部门工作计划报告［M］//《金海观全集》编委会. 金海观全集（下）. 北京：方志出版社，2003：1495.

② 孔祥明. 湘湖师范兼办社会教育概况［J］. 浙江教育，1941，3（9）：44 - 48；湘湖师范实施基本教育工作报告［M］//《金海观全集》编委会. 金海观全集（中）. 北京：方志出版社，2003：660.

古市的乡教影响由近而远，已逐渐普及全区，竟渐有湘湖沿岸时期的繁茂景象。

（3）教育推广的创新：小先生、教育担与送教上门

1942 年 6 月至 1946 年初，湘湖乡师四迁校址。每到一处，都广设民校，招收民校学生一千四百多人。对于那些无法离家上民校的村民、妇女与儿童，金海观则利用小先生制、教育担等方式送教上门。

小先生制由陶行知创立。1934 年 4 月，陶行知到湘湖乡师演讲小先生制，并提议湘湖乡师"要用小先生制来普及湘湖的义务教育"。湘湖乡师在民众教育推广中，发现乡村女子思想陈旧，由男教师对她们进行教导不太适合，利用小先生、组织工学团推广妇女教育正合其用。随后，乡师附小湘安小学率先采用小先生制，由小学高级年级学生在课余将教育送上门去，对家里或邻居家女性进行普及教育。小先生以学生自愿为原则，经过指导培训，采用陶行知所编的《老少通》教材，并由湘安小学的三位指导教师、小先生共同编辑一种时事教材作为补充。每位小先生教导两个学生，每周一由湘安小学教师召集小先生开会，交流教学中的问题和困难，并进行指导。① 金海观认为，湘安小学试行的小先生制，对于学生而言，正是抱定教学做合一的态度兼做兼学；对于民众教育尤其是女子教育推广，是一个很好的经验。于是在试验的基础上，不仅推广于其他小学，而且在随后的各个乡村改进区，都利用小先生制对妇女和不便入学的村民、儿童进行教育推广。

湘湖乡师迁址古市后，附属小学组织"儿童抗建团"，由十岁以上的儿童做小先生，聘请教师三人对小先生进行指导。经过训练后，各小先生寻找一至三位失学儿童（随习生），每日放学后携带《短期小学课本》上门施教，周六下午则各带随习生到校集中上课，学习国语、公民常识、算术、唱游等科目。学习完后再进行讨论，交流一周来的教学得失。每月及学期末，由指导教师对随习生进行学业考核，成绩优良的小先生可获得学校奖励。

小先生制的实施效果极佳。金海观认为小先生"为扫除文盲之原动力，试行结果，觉得小先生制确为扫除文盲之利器，只要组织严密，指导有方，

---

① 汪赞源. 小先生在湘湖 [J]. 生活教育，1935，1（22）：775–776.

必能收相当效果"①。

除开借鉴陶行知的小先生制，金海观及湘湖乡师针对松阳、庆元、景宁一带那些散布于高山峻岭、交通艰难、聚集不易而难以设校开班的山居民众，则借鉴乡间小贩的小货担和邰爽秋的教育车经验，发明创造教育担，进行教育推广和乡村服务。教育担的内容分为精神教育、民众教育、书报阅览、科学把戏、合作推广、医药卫生、家庭教育及休闲教育八类。教育担将成人教育和儿童教育熔为一炉，将识字教育、生计教育、公民教育和休闲教育汇聚一起，所到之处，老幼欢迎。

最先尝试教育担的地方，是景宁地区的新庄。新庄离乡师本部三里地，因人口稀少，经济困难，无法办理保国民学校。因困居山间，儿童和妇女难以出山，于是湘湖乡师毕业班的七个学生挑了教育担，拿了胡琴，借了留声机，到了新庄。先唱歌，然后开会，讨论今后上课的时间，决定以后每周二、周五的下午上课半天。上课的事情确定后，就是娱乐时间。七个学生又是演奏胡琴，又是开留声机放唱片，村里的人都被吸引过来了。于是有人翻书看，有人讨药医病……临走时，村里的男女老幼把他们送到村口，盼着下次早些来。②

（二）先校后家，一片丹心照明月

抗战期间，湘湖乡师几易校址。每次迁校，金海观都要事先前往考察，再指挥全校师生搬迁。每易一址，都得从头再来。且战时经济困难，全校师生的饮食、安全等事情，都需要金海观筹划。千头万绪，金海观每天陀螺似的忙碌，一点也顾不上家里。

据金海观的儿子金陵回忆，抗战初期，湘湖乡师从萧山迁往义乌。父亲（金海观）指挥学校迁校，母亲带着三个孩子和外祖母雇了一艘小船自行迁移。等赶到义乌时，金海观及乡师却又已经迁往古市。一路上辗转跋涉，老的老小的小，孩子又生病，母亲一路焦灼和为难，父亲完全顾不上

---

① 湘湖师范实施基本教育工作报告［M］//《金海观全集》编委会.金海观全集（中）.北京：方志出版社，2003：664 - 665.

② 湘湖师范实施基本教育工作报告［M］//《金海观全集》编委会.金海观全集（中）.北京：方志出版社，2003：666 - 667.

家里，给金陵留下了深刻印象。①

　　全家迁居古市后，金海观为了学校事务每天奔波忙碌，有时是筹粮，有时是到省政府、教育厅接洽工作，经常半夜才能回家，家里的事务照样顾不上。

　　这一段时间，金海观家里其实是十分困难的。全家八口人，只有金海观一人的薪水 200 余元，工资还经常拖欠。家里仅吃饭就得 160 元，仅有50 元用于购买菜蔬及零用，家用"极难敷衍"。②

　　即便是金海观将全部心力投注于乡师，惨淡经营，但现实还是让他时有彷徨：乡师经费拖欠，学校每天只有几十元钱买菜，全校教职员薪水拖而不发，而教厅上下的薪水却提前发出；战争之下，政府不能给青年信心；抗战愈久，吏治愈坏，人心愈溺；办学之敌，倒不是日本人之炸弹、骑兵，反为省内各方之令人沉闷气象……金海观以身作则，家境困窘无法顾及，全身心投入教育却面临"教育界大闹人荒、学堂办不好"的现实，内心十分痛苦。他曾多次和朋友提及"若非对事业稍有兴趣，对社会思尽责任，对学校关系深切，有不作他迁之念者耶！因留于浙于弟私人毫无裨益，反多受气，遭烦恼耶"③。正是因为金海观的家国情怀，心怀坚定的乡教理想，才能于烦恼和痛苦中，"不忍弃之（湘湖乡师）于患难之中"，依然为了理想而坚守。

四、为人民尽义务：新中国成立后对湘湖乡师的改造

（一）新中国成立后对湘湖乡师经验的推广

　　抗战结束后，湘湖乡师几经周折，最终还是回到萧山，选址重建。战

---

　　①　金陵. 父亲，教我做人的老师［M］//湘湖师范《金海观九十诞辰纪念专刊》编印小组. 金海观九十诞辰纪念专刊. 内部资料，1987：37 - 38.

　　②　致陈友谅［M］//《金海观全集》编委会. 金海观全集（中）. 北京：方志出版社，2003：721.

　　③　致陈友谅［M］//《金海观全集》编委会. 金海观全集（中）. 北京：方志出版社，2003：720 - 721.

后的湘湖乡师，工作思路一仍其旧，在重视校内师范教育的同时，依然十分关注校外的民众教育。不过，由于选址重建，一切工作都要从头开始。

经过半年的复员工作，湘湖乡师一边重建校园一边开始教学工作，不仅恢复了原有的普通师范、简易师范班，还增设音乐专科和体育专科班，为乡村小学培养专科教师；恢复农工生产，利用校内外空地种菜，还向校外农民租田种菜，同时蓄养牲畜，所用工具尽量由师生自制，以此开源节流，补助学生伙食，且培养学生的劳动能力。校外民众教育和指导地方教育方面，除开原有经验和传统，沿用并完善了战时的分组活动，设立社教、劳美、音乐体育、救护等小组。这些小组一方面在校内进行活动练习，另一方面参加社会服务。当然，在仍其旧的基础上，金海观也力图开其新，通过与省外各教育团体交换刊物、联络研究以及与省内各友校合作研究，以增进彼此间的信息互通，以及合力解决各项设施上的困难问题。①

在金海观的掌舵下，湘湖乡师一直以来面向乡村培养小学教师，重视农工生产，校外的民众教育推广和乡村服务也走的是一条和工农相结合的道路。因而，新中国成立以后，湘湖乡师因其办学方向的工农化及办学成绩，得到新组建的浙江省教育厅的认可，金海观继续担任乡师校长，且充满继续为人民尽义务的信心："厅中主管科方面颇重视吾校，以后苟有成绩表现，必可得当局支持，不至如过去教厅人士之漠视湘师，此则可为预卜者。"②

因为湘湖乡师以前工农化的办学经验和校外民众教育推广、指导地方教育方面的优异成绩，省教育厅给了乡师几个任务：改订旧课程，研究师范新的课程体系；试验识字教育；试验民办公助小学；实行工读教育。③

对于识字教育和民办公助小学的试验，金海观可以说是轻车熟路，办起来极为顺手。他在来苏乡进行试验，由毕业班同学负责，乡师教师指导。乡师在来苏乡第一、二、三行政村，每村设立民办小学一所，三个行政村

---

① 三十六年度校务进行计划 [M] // 《金海观全集》编委会. 金海观全集（中）. 北京：方志出版社，2003：617 – 622.

② 致尹日昌 [M] // 《金海观全集》编委会. 金海观全集（中）. 北京：方志出版社，2003：749.

③ 致陈诩然、朱宝璠 [M] // 《金海观全集》编委会. 金海观全集（中）. 北京：方志出版社，2003：798.

共有十个自然村，均为民办小学施教区。并拟将学校附近的 19 个自然村作为重点村，普及小学教育。到 1950 年 10 月，三个行政村共有学龄儿童 462 名，已入学者 276 名，入学率达 60%；青年（14～25 岁）608 名，已入学者 179 名，入学人数达 29%；十个重点自然村内，共有学龄儿童 258 名，已入学者 214 名，占比 82%，青年 336 名，已入学 148 名，占 44%。① 除开十个重点自然村的入学比例和预期略有差距外，其他入学情况都超过预期。

识字教育方面，则以萧山城厢区包括城镇及西蜀乡作为识字教育推广区。虽然识字教育的推广和政府关系极为密切，存在政府人手过少而不能顾及等局限，且老百姓目前最为关注的是生产自救，于读书识字兴趣不高。办理识字教育的成绩极有可能不佳，但金海观对于识字工作依旧十分热心，积极推进。

较之识字教育和民办公助小学，师范课程改革就需要更多思量。湘湖乡师虽然以前面向乡村设置了一些课程，但毕竟新中国成立前后的环境不同。对于师范课程的改革，金海观十分谦虚，向陈鹤琴请求介绍师范课程方面有经验的人士，向山东胶东师范学院请教师范课程纲要，而且积极向教育厅主管人员请教意见，最终圆满完成师范课程总纲、教育、史、地、理、化、劳、美等各科课程，数学课程则与浙大、杭师合作完成。②

几项任务中，金海观最为重视工读教育。20 世纪 30 年代，湘湖乡师就试行过工读制，其后学校一直在劳动教育方面颇具特色。虽然湘湖乡师在工读教育方面颇具经验，但金海观其实压力很大。因为有过经验，现在的工读教育如果办理效果不佳，不仅会影响到对以前办学成绩的评价，尤其会影响到湘湖乡师多年来所树立的办学特色和优势。所以，金海观一方面研订工读计划，一方面向朋友请教工读办法。在报纸上看到一位叫钟旨仁的人谈到抗战期间在山东办理一个新型学校，其经验可供工读教育参考。金海观如获至宝，赶紧给钟旨仁写了一封信，表达向其当面请教的意愿，

① 1950 年第一学期期中工作报告［M］//《金海观全集》编委会. 金海观全集（中）. 北京：方志出版社，2003：699.

② 1950 年第一学期期中工作报告［M］//《金海观全集》编委会. 金海观全集（中）. 北京：方志出版社，2003：689.

并希望能推荐当初在该校工作过的教师。① 可能是钟旨仁没有回复，或者是没有收到信，金海观又接连向盛震叔、张宗麟、方与严等人打听，是否识得此人？此人是否还愿意当老师？辗转反侧，终于和钟旨仁取得联系，并蒙介绍曾经的同仁、现为山东胶东师范学院的李国屏老师。虽因浙江人事宜求精简的限制，最终未能聘请李国屏前来任教，但金海观还是将湘湖的工读计划寄给李国屏，向他请教经验，并希望能将胶东师范学院的工读经验进行介绍，以资借鉴。②

1950 年，湘湖师范分三组试行工读教育。教育文化组由毕业班学生组成，协助办理民办公助小学；农艺组以新设的闻堰西汪分部为基地，共三个班，在压湖山农场进行水稻、黄豆种植，并养猪养鱼；工农兼营组由本部学生组成，负责粉笔等校具制作以及开荒种菜等工作。工读教育对于湘湖乡师而言，虽有挑战，但毕竟不是全新的事物，况且抗战以来一直在从事开荒种地等劳动教育，故实施效果还是不错的。不过，现在的工读教育不再是湘湖乡师自发的教育行为，而是政策要求下的规定。1951 年后，该政策停止实行。

（二）湘湖师范的都市化与金海观的调离

中华人民共和国成立之初，对于师范学校的办学方向及今后的发展趋势，有不少人存在疑虑。金海观对于师范的乡村取向一直抱有信心。后来政府办学坚持城乡兼顾，在重视城市的同时不放弃乡村，这对于金海观是一个极大的鼓励。

在后来的办学过程中，金海观面临许多实际困难：如学校没有用人自主权，想用的农工人才无权聘请，教育厅派来的农工人才不能下田做工，有名无实；专业设置几经周折且缺乏规划；学校硬件设施和经费局限等。尤其是金海观重视乡村，但教育厅既以乡教任务交给湘湖乡师，指示城乡兼顾，但后来实际上是偏重城市；加上到 1950 年时，金海观已经过了年轻力壮、精力充沛的年龄段，身体也不好。这些困难，让金海观有过放弃的

---

① 致钟旨仁 ［M］// 《金海观全集》编委会. 金海观全集（中）. 北京：方志出版社，2003：793.

② 致李国屏 ［M］// 《金海观全集》编委会. 金海观全集（中）. 北京：方志出版社，2003：846.

想法，但他对乡村尤其是湘湖乡师的感情实在是太深了，所以当有朋友希望他北上办学，不至于那么劳累时，金海观还是决意"在做上学，得一服务处所以自图改造……仍负此间责任，不可言去"①。希望一舒专长，以贡献于人民。

1956 年底，金海观调离湘湖乡师，到浙江省委文教部从事民进工作。

从 1932 年到 1956 年底，金海观在湘湖乡师担任校长将近 25 年。25 年来，金海观和湘湖乡师共进退，一直以乡村教育为理想，默默耕耘，面临过教育主管部门的不信任、抗战期间的艰难困苦、复员以来以及新中国成立初的思想改造和各种困难。在此期间，金海观有过彷徨，有过犹豫，但最终还是因为乡土情怀和乡教理想，决定"尽我的力量，在教育方面做点有益于民众的事体"，"脚踏实地地为人民服务"，② 一直在乡教领域耕耘。

金海观掌舵下的湘湖乡师，为浙江培养乡村师范毕业生一千多人，推广民众教育时影响的乡村民众无以计数。③ 他所创立的工读制以及提倡的劳动教育，和农业生产以及乡村实际生活紧密联系；全校师生在教育推广和乡建工作中，紧密联系农民，和农民打成一片，实际上走的是一条和工农相结合的道路。他要求附小不仅是师范生实习的场所，还应该和乡村密切联系，进行乡村服务和乡村建设工作。所有这一切，是一般师范院校和普通教育所达不到的。以金海观为核心的湘湖乡师，以乡村教育为依托，在乡村服务和乡村建设方面走出了一条独特的道路，不愧是民国时期乡村教育的拼搏家。

参考文献：

[1] 《金海观全集》编委会. 金海观全集 [M]. 北京：方志出版社，2003.

[2] 湘湖师范《金海观九十诞辰纪念专刊》编印小组. 金海观九十诞辰纪念专刊. 内部资料，1987.

[3] 王文岭. 陶行知年谱 [M]. 成都：四川教育出版社，2012.

---

① 致张宗麟 [M] // 《金海观全集》编委会. 金海观全集（中）. 北京：方志出版社，2003：819.

② 致华子扬 [M] // 《金海观全集》编委会. 金海观全集（中）. 北京：方志出版社，2003：840.

③ 据金海观《湘湖师范实施基本教育工作报告》一文的统计，至 1947 年，湘湖乡师各届师范毕业生 1260 人。

［4］钱希乃．湘湖乡村师范学校视察报告节要［J］．浙江教育行政周刊．1934, 5 (43).

［5］汪赞源．湘湖三部曲［J］．锄声, 1934, 1 (2).

［6］汪赞源．小先生在湘湖［J］．生活教育, 1935, 1 (22).

［7］亭甫．湘湖师范参观记［J］．国立浙江大学日刊, 1936 (73).

［8］冯庭钧．杭县第六学区小学教育参观团参观湘湖教育经过报告［J］．浙江省第一学区辅导月刊, 1933 (10).

［9］坚人．湘湖的乡村教育［J］．乡村建设, 1937, 6 (10)

［10］徐佩业, 戴谷音．湘湖沿岸塾师谈话会纪要［J］．锄声, 1935, 1 (7).

［11］施谦．浙江省立湘湖师范筹设短期师资训练班经过［J］．国民指导月刊（丽水）, 1941, 1 (1).

［12］王印佛．两个月的湘湖生活［J］．教育与职业, 1933 (141).

［13］俞友青．湘湖乡村青年服务团［J］．学校生活, 1935 (100).

［14］曹舒．湘湖定山村改进现况［J］．浙江省建设月刊, 1936, 10 (2).

［15］浙江省立乡村师范学校、萧山县教育局共同办理湘湖沿岸地方教育办法［J］．湘湖生活, 1933, 2 (2).

第九章
乡村教育何以兴？ 近代乡村教育先贤的乡教经验与思考

一、近代乡村教育何以兴？

20世纪二三十年代的乡村教育运动，虽未能在全国实施并最终实现民族复兴和救国大业，但在进行乡村教育运动的地区，无论是乡村民众的思想，还是乡村经济的发展以及乡村社会环境的改造，都有或多或少的变化，尤其是成为全国模范的南京晓庄、山东邹平、河北定县等明星地区，栖霞、湘湖等乡村师范以及苏区、边区等乡村地区，乡村教育成绩显著。在乡村教育运动中，局部地区的成绩何以如此亮眼？这和这些地区的乡教先贤等乡教主体有密切关系。

（一） 乡教先贤的人格魅力：高尚的家国情怀和教育理想

20世纪以来，经历清末几次变法革新，国人的思想日渐开放，思维逐渐开阔，富国强兵、民族复兴成为精英知识分子的共识。然而，大家报以无限期待的辛亥革命，"仅震坍了皇帝的宝座，民主、自由与富强仍然与中国绝缘"。[①]

面对深重的民族危机，受传统教育熏陶和西方民主教育影响的新一代知识分子，有着传统儒士"先天下之忧而忧，后天下之乐而乐"的忧患精神和现代国民的国家意识和社会责任感，探求民族、国家复兴和富强成为近代知识分子的自主、自发行为。通过教育启蒙、振奋国民意识、开化国

---

① 马勇. 梁漱溟评传 ［M］. 合肥：安徽人民出版社，1992：47-48.

民思想成为部分知识分子的救国新路径。他们在探索教育救国的过程中，逐渐意识到"乡村建设是中国民族自救运动的一个最后的方向"。①

正是基于教育救国理想，近代乡村教育领袖及倡导者才散发出璀璨的人格光辉，成为广大希望复兴乡村、振兴中华的知识分子和知识青年的学习榜样与人生标杆，并将他们吸引凝聚在身边。他们所提倡的知识分子下乡及乡村教育改造和乡村建设，对于有理想的知识青年具有巨大的号召力，并得到他们认同和追随。所以，当陶行知决定在南京晓庄创办乡村试验师范学校时，时为清华大学在校生的操震球"喜跃如狂"，"恨不得肩生两翅，立即飞来"；② 赵叔愚、杨效春等人也成为陶行知乡村教育改造的忠实伙伴。当梁漱溟由文化复兴而决意走东方复兴之路，进而投身乡村教育和乡村建设时，虽然他在外表上不苟言笑，是一个极为严肃的人，但其殚精竭虑筹谋规划乡村建设、废寝忘食指导学生、勤奋苦劳的实干精神，却成为很多富有理想、期待有所作为的知识青年的人生导师，从他曹州兴学到山东乡建一直追随，甚至追随终生。

乡教先贤们为了教育救国，为了启发乡村民众的国民意识和民族意识，他们放弃华灯璀璨的城市生活，放弃待遇优渥的教授职业或高官厚禄，来到泥泞遍地、臭气熏天的衰败的乡村，和乡民一起住在四壁破败的茅草屋，过着食不果腹的乡村生活。他们为了乡民、乡村和国家，全身心地投入乡村教育和乡村建设，而对自己的父母、孩子无暇多顾。乡教先贤对于乡村和国家的深切关怀与身体力行的实干精神，如一盏明灯，吸引着广大乡村教育工作者汇集乡村，致力于乡村教育改造和乡村建设工作，为近代乡村复兴和民族振兴而奋斗。

（二）乡教先贤的资源优势：丰富的社会资源和人力资本

近代乡村教育运动中，无论是从事新村建设、乡村师范，还是乡村教育和乡村建设的各位先贤，都有良好的教育背景：他们要么是留学归国学者，要么是国内大学毕业的知识精英。即便是只有中学学历的梁漱溟，以

---

① 梁漱溟．精神陶炼要旨［M］//中国文化书院学术委员会．梁漱溟全集：5．济南：山东人民出版社，2005：512．

② 陶行知．乡下生活之苦乐——给清华学生操震球的信［M］//方明．陶行知全集：8．成都：四川教育出版社，2020：110．

及自学成才的徐特立等人，也都有在大学以及中学任教的经历。同时，乡教先贤们往往有吸睛的职业前景，要么是大学教授，要么是乡村师范校长，或者教育团体的负责人。这些教育经历和职业背景，使得乡教先贤具有良好的师友资源。这些师友资源，既包括留洋知识分子、专业技术人才、青年学生，以及身虽不在教育场域却心怀教育救国理想的各行业精英。

乡教先贤们在青少年时代往往就身怀救国理想，并开始探索救国路径。因而，无论是求学时代，还是职业阶段，以及平时社交，基于"物以类聚，人以群分"的交往特征，所交往者多是志同道合者。当乡教先贤提倡和践行乡村教育时，就具备丰富的社会资源和人力资本。

徐特立刚走出乡村，在宁乡速成师范时期，就认识了以"创造事业、创造有利于国家民族事业"的周震麟、主张在家庭之外要为社会服务的何雨农，以及官宦出身却对教育极富热情的姜济寰。怀有"尽心教育青年一代，将来依靠他们救中国，为穷人做好事"的徐特立，于是由何雨农、姜济寰二人出钱，徐特立出力，创办梨江高小，开启了徐特立创办乡村新式学堂之路。

陶行知毕业于美国哥伦比亚大学。哥伦比亚大学的中国留学生及陶行知的学生，对他的乡村教育改造助力良多。陶行知试图改造乡村教育，在晓庄试办乡村师范和乡村幼稚园，毕业于哥伦比亚大学、在南京东南大学任教的赵叔愚成为陶行知晓庄师范的忠实伙伴，毕业于哥伦比亚大学、在南京创办鼓楼幼稚园、时任南京教育局教育科科长的陈鹤琴，为陶行知的燕子矶幼稚园提供物质、人力和经费支持，而陶行知的学生杨效春更是陶行知的得力助手。即便后来晓庄被封，陶行知移师上海宝山，创办山海工学团，晓庄的学生戴自俺、马侣贤等人一直追随，为山海工学团的创办尽心竭力。

晏阳初在推行平民教育的过程中，择址河北定县进行乡村教育实验，更是依靠其丰富的社会资源，从留洋知识分子、大学教授和毕业生、医院及卫生部门群体中聘请文教、卫生、农业等专业人才，为定县乡村教育和乡村建设的四大领域奠定了坚实的人才基础。定县的人才资本，在当时各乡村教育实验区应该是最为雄厚的。

即便是毕业于国内大学的乡教先贤，也会因其乡村教育理想，得到众多志同道合者的认同和追随。毕业于南高师（后改为东南大学）的黄质夫在界首乡师时期，其对乡村师范的规划和理想，就得到古楳的认同，并随后加盟界首乡师，实现黄质夫教育和农业相结合的乡教理想。

事实上，在近代乡村教育运动中，由于乡村教育和乡村建设主要是由乡教先贤及其领导的教育团体进行的自主探索，是一种民间自发行为，既没有政府的制度支撑，也没有相应的经费援助，几乎全靠个人和团体的影响力及社会资源等去筹谋经费，吸纳人才，解决乡村豪劣的阻挠等一系列问题。因而，近代的乡村教育运动，其乡教效果和影响，和乡教先贤的筹谋能力、社会资源的丰富程度等有着密切关系。

乡教先贤正是因其教育背景、职业经历及其人格魅力，使得他们拥有众多的忠实粉丝，能调动丰富的社会资源和人力资源，从而在乡村教育和乡村建设的丛生荆棘中，走出一条羊肠小道。

（三）乡教先贤的规划创新：创新的乡教路径与主体选择

鸦片战争以来，清末的几次变革，从最先依靠技术的洋务运动到逐渐涉及制度的清末新政，都未能实现国富民强的愿望，证明在三座大山的压迫下，中国的民族复兴和国家复兴之路必须要改弦更张。乡教先贤敏锐地意识到民族复兴必以乡村复兴为前提，将救国的希望置于乡村及占人口百分之八十以上的农民，已经证明了他们的远见卓识和宏大视野。

在乡村教育改造和乡村建设过程中，乡教先贤基于自己的乡教理想，从不同角度探索教育救国路径。

在乡村师资培养及乡村教育改造方面，陶行知是一个创造家。他在杜威教育思想的基础上，通过平民教育探索和晓庄师范实践，提出生活教育理论。他指出中国乡村教育走错了路，主张乡村教育要培养农夫的身手、健康的体魄、改造的精神、科学的头脑和艺术的兴趣，成为民国大多数乡村教育工作者的共同目标，他所提出的教学做合一也成为大多数乡教工作者的教育理念和实践指导。

从事乡村师范的乡教先贤，虽未有宏大规划，但在乡教实践中也不断创新，走的是教育与劳动相结合的路径。鉴于以往师范教育所培养的师范生既没有乡村生活的能力，也没有扎根乡村的精神，他们以乡村师范为中心，招收农家子弟，基于乡村生活实际培养乡村师资。乡村师范以师范生为主体，以劳动为推手，以服务乡村为助力，以改造乡村为目的，培养了一批熟悉乡村、扎根乡土的师资。借助乡村师资，实现对乡村民众的思想启蒙和乡村社会的农业、卫生及习俗等各个方面的改造。

和其他乡教先贤不同的是徐特立和梁漱溟。徐特立很早就意识到，要改造社会，实现国家富强，仅仅依靠少数知识分子是不够的，必须要启蒙广大民众，提升他们改造社会的能力。他由最初的单打独斗，创办乡村新式学堂，到最后成为苏区、边区教育领导，筹划整个解放区劳苦大众的教育启蒙，激发乡村农民的革命意识和建设意识，为抗日战争、解放战争奠定了坚实的民众基础。

梁漱溟也很早就意识到乡村建设必须要让农民走内生式发展道路，要让农民"求诸己"，激发农民的主体性和自我力量，而不能单纯"求诸人"，依靠外来的乡教工作人员。因而梁漱溟在规划山东乡村建设时，就注重从乡村组织入手，力图通过组织建设，从而实现制度保障，最终实现乡建理想。

应该说，乡教先贤对乡村教育的规划设计和路径选择，都很有创新性，在一定程度上激发了乡村民众的主体意识。尤其是梁漱溟在邹平的实验，本就以发动农民主体力量、实现乡村建设为目的，因而在乡村人才培养、乡村农业改进、乡村习俗改良、乡村卫生改造等方面取得了一些效果。

在近代乡村教育运动中，乡教先贤所提倡和领导的乡村教育改造和乡村建设，多数是没有国家参与而以民间和社会力量为主体的一次救国探索。在众多乡教先贤的领导下，乡教和乡建团体以及乡村实验区层出不穷，乡村教育成为 20 世纪二三十年代一场影响巨大的思潮和运动。据《第二次中国教育年鉴》的统计，在 1925 到 1935 年的十余年间，全国各地的乡村教育、乡村建设实验区多达 193 处。而据南京国民政府实业部的统计数据，1934 年全国有 600 个从事乡村教育的团体，这些团体先后在全国各地选择了 1000 多个地区进行乡村教育实验。[①]

虽然在为数众多的乡村教育实验区中，有的实验区效果显著，有的实验区效果不彰。但由于乡教先贤及其所领导的各个团体之间彼此互通声气，协同一致，总体还是取得了一些成绩，在 20 世纪 30 年代产生了巨大影响，

---

① 王星飞. 新时期农民职业教育研究——以江苏省为例［M］. 合肥：安徽师范大学出版社，2018：33.

并引起国民政府对乡村问题的关注。有学者认为，这一时期的乡村教育，"已不再是一般意义上的教育现象，而是一种超越了教育范畴的社会文化现象，强烈地震撼着当时整个文化思想界"。①

二、近代乡村教育何以未兴？

在近代乡村教育运动中，虽然进行乡村教育实验的地区众多，乡教先贤的凝聚力较强，能调动丰富的社会资源和人才优势，但除开徐特立所领导的苏区和边区乡村教育得到持续发展并最终成功外，当时声势浩大、影响尤著的晓庄、定县、邹平等众多乡村教育实验区都先后走向失败。有着优秀人才群体筹谋并有众多乡村教育追随者的近代乡村教育，何以未能笑到最后，取得成功呢？

（一）不便持续发展的社会环境

民国时期的乡村教育，主要是由具有忧患意识的知识精英，基于对北洋政府的不满及对启发民众以救国的理想而驱使的自主行为。正是因为对政府的不满和不信任，乡教先贤及其领导的乡村教育，主要走的是一条自下而上的改革道路。为了保障乡村教育的自主性和独立性，乡教先贤及其领导的乡教团体坚守"我们的领袖要退居政府之外"，"守定社会运动立场，绝对不自操政权"②的立场，始终和国民政府保持着一定距离，这使得近代乡教先贤非但不太可能得到政府支持，反倒可能处处受到限制。

而且，北洋政府时期，军阀分治，地盘和权力之争，使得军阀之间关系不睦。国民政府时期，乡教先贤虽然多为民主人士，不涉党争，但其追随者及青年学生，则信仰各异，和国民党存在意识形态差异。这些复杂的外在环境，使得近代乡村教育所面临的外在社会环境并不友好，缺乏持续发展的机会。

陶行知在晓庄试办乡村师范，进行乡村教育改造，其成就很快得到学

---

① 曲铁华. 民国乡村教育研究［M］. 长沙：湖南教育出版社，2018：334.
② 李渊庭，阎秉华. 梁漱溟年谱［M］. 北京：商务印书馆，2018：117.

界、教育界的关注，同时也引起政府关注。冯玉祥不仅对晓庄进行了部分经费支持，而且对其乡村自卫工作也提供军事训练方面的支持。晓庄的办学成绩及巨大影响，也吸引蒋介石两次前往参观，但随着蒋介石和冯玉祥关系的破裂，加上晓庄师生中有中共党员的秘密活动，蒋介石立刻解散了晓庄，并通缉陶行知。

近代乡村教育所面临的外在环境，除开政府因素之外，还有难以抗拒的外在因素——抗日战争。梁漱溟在其乡村建设实验中，虽然力图坚持独立性和自主性，也注重发挥农民的主体性，但在经费乃至一些地方性政策上，走的是一条上层路线。从广州时期的广东总参谋长代总司令的李济深，到河南时期的冯玉祥和韩复榘，以及后来山东时期的韩复榘，梁漱溟基本是在地方行政大员的支持下进行，因而在经费和地方政策上尚无太多限制。晏阳初在早期平民教育和定县实践中，虽然和政府没有太多关联，但在随后的定县经验推广和县政改革实验中，晏阳初认为借助政府力量能走得更远，从而走上政教合一之路。然而，随着抗日战争爆发，梁漱溟的山东乡村建设，因韩复榘不再支持而功亏一篑，晏阳初也因抗战而从定县转向湖南和四川，其所领导的乡村建设和乡村教育最终失败。

即便是和政府有密切关系的乡村师范，也往往因为教育行政官员变更导致政策多变，以及抗日战争爆发等不可抗因素，导致乡村师范由盛而衰并最终没落。

由于外在环境的复杂性和多变性，甚至有抗日战争等不可抗力的影响，近代乡村教育难以持续进行，实验效果未能得到充分体现，最终归于失败。

（二）缺乏强有力且一贯的政府支持

近代乡村教育中，北洋政府一直缺位。国民政府成立后，开始大力实施国民教育。为推广乡村义务教育，在乡村设置简易小学和短期小学。不过，较之学龄儿童的学校教育，国民政府对乡村民众教育缺少关注。

近代乡教先贤所领导和力行的乡村教育运动，其目的在于激发农民的主体性，培养适于乡村环境的各类人才，故以乡村民众为教育对象，主要由民间和社会力量所主导。由于对北洋军阀和国民政府的不信任，乡教先贤往往希望和政府保持距离，因而难以得到政府的有力支持。1920 年，方克刚在湖南《大公报》提出："吾湘不幸，迭遭兵祸，百业凋残，教育尤甚。语曰人穷则呼天，我教育界将何所呼吁乎？欲诉之中央政府也，则彼已失统驭之能力，无权及此，欲诉之地方政府也，则贤者尚不肯负责。其不肖者摧残之不暇，更无论矣。"① 对于政府的不信任，并不限于湖南一隅。因而，乡教先贤在乡村教育实践中，都极力远离政府，自主进行。乡村师范因不受重视，也难以得到政府的大力支持。故无论是经费、物质还是人才等各个方面，乡教先贤主要依靠师友资源自行解决。即便他们和政府官员有交往，甚至有时候也接受一定的资源支持，往往是通过私人关系，而非官方合作。

近代乡教先贤中，和政府关系较为密切者并非绝无仅有，如梁漱溟和晏阳初等少数人，他们在乡教和乡建实践中，希望自主决策，但在经费上接受政府支持。不过，乡教先贤和政府的合作，往往也是因为乡教先贤的个人魅力以及和政府官员的私人关系，而不是制度保障下的合作，因而，当遇到外力或政府官员主观想法发生变化后，政府支持立刻缺位。所以，抗战爆发后，韩复榘因战争不再支持，山东的乡村建设立刻归于失败。无独有偶，晏阳初在乡村教育实践中，走上政教合一之路，借助政治力量推广乡村建设经验，其在四川和湖南的推广工作，也因地方军政要人更替后，得不到政府支持而失败。

在近代乡村教育运动中，比较特殊的是黄质夫、金海观等主持的乡村师范教育。乡村师范归属于政府，其经费、政策、教师聘用等一应事项都有政府支持，当然也会受到节制。但实际上，无论是北洋政府还是国民政府时期，对于整个教育都不重视，何况乡村师范？因而乡村师范实际上也未能获得强有力的政府支持，更多时候是由乡村师范的校长多方筹划、通过劳动生产自力更生，才能在抗战爆发后勉强生存，而不善于筹划之乡村师范，则只有停办。

总体而言，无论是北洋军阀，还是国民政府，其关注焦点在于维护自己的统治，谋求政治和经济利益，于国计民生甚少考虑。其国家治理思路和政策中，也没有太多考虑乡村、农业和农民。因而，近代乡村教育，虽有专家学者的提倡及追随者的力行，但民间力量毕竟有限，没有政府强力

① 方克刚. 对于请愿省议会定米盐公股为教育基金意见书 [N]. 湖南大公报，1920 - 12 - 30 (2).

且一贯的支持，最终只能走向失败。

（三）未能充分调动农民主体性和积极性

近代乡教先贤认为民族复兴在于乡村复兴，国家富强必须依靠占人口绝大多数的乡村民众，因而决定到乡村去，去进行教育改造，去启发民众，进而发挥他们的主体性。

最早进行乡村教育改造和乡村建设探索的王拱璧，以建设青年村为目的，通过提倡乡村新式教育、乡村风俗改造、农业改进等措施，使得青年村声名鹊起。在乡村改造的过程中，王拱璧甚至尝试减租减息，对于激发村民自治和发挥农民的主体性，真正起到了积极作用。遗憾的是，经过土匪破坏之后，独秀于林的青年村一蹶不起。

随后兴起的乡村师范以及众多乡村教育实验区所进行的乡村教育，依托下乡的知识分子和青年学生，引导乡村民众对乡村教育和乡村生计、卫生、习俗等众多方面进行改造。但正如梁漱溟所言，大多数的乡村教育实验区，都是"外来的和尚在唱经"。虽然他们也注重乡村民众教育，引导乡村自治，引导农民自主发展，但由于乡教先贤所领导的乡村教育和乡村建设更多的是给予，没有涉及农民的生存根本——土地，没有给予他们拼死相争的生存之本，没有和乡村土劣持续斗争的动力，没有真正将农民的主人翁精神调动起来。因而，一旦乡村教育和乡村建设遭遇外力破坏，下乡的知识分子离开乡村，实验区立刻土崩瓦解，农民立刻没有了继续发展的方向和自治能力，乡村教育最终只能走向失败。

即便是一开始就希望以农民为乡村建设主体，以引导农民自主发展为目的的梁漱溟，在韩复榘的大力支持下，力图培养乡村领袖，以领导乡村自治和乡村建设。但经过多年努力，最终并没有真正将农民的力量激发出来。当韩复榘不再支持后，邹平和菏泽的乡村教育和建设工作立刻崩溃，没有产生农民领导者，也没有人能领导乡村民众持续自主发展。

在近代乡村教育运动中，虽然乡教先贤都希望能引导农民成为乡村改造和乡村建设的主力，并有意无意地培养乡村领袖。但由于面向乡村平民的教育，主要是社会教育，虽注重实用，但学习时间较短，知识零碎，缺乏系统，更没有思维训练。因而，依靠社会式的乡村平民教育，难以培养出真正的乡村领袖，也难以养成农民自主、持续发展的习惯和能力。乡村师范虽然进行系统化的教学，也有一定的学术训练和思维训练，但乡师学生往往分散于各个村庄，独力难抗乡村土劣，既难以有机会担任乡村领袖，也难以以一己之力发动农民的主体性。

因而，在近代的乡村教育运动中，乡教先贤虽然都有启蒙民众、引导民众独立自主发展乡村的主观意识，但因为资产阶级知识分子对于乡村实际以及当时的社会矛盾缺乏清醒认识，加之没有可靠的制度保障，农民的主体性在客观上一直没能调动起来。乡村教育和乡村建设，缺乏最为关键的主体的人——农民的主动参与和积极参与，走向失败也就成为必然。

事实上，在如火如荼的乡村教育和乡村建设过程中，乡教先贤对于乡教和乡建能否成功有过深刻反思，认为乡建的成功必须有三种力量：学术力量、政治力量、社会力量。学术力量可以发动乡建，政治力量可以使乡建进行得普遍而彻底，社会力量使乡建巩固和持久。学术力量由专家负责，政治力量由政府负责，社会力量由人民负责。只有专家、政府和人民三方面共同努力，乡村建设才有成功的希望。①

反观近代的乡村教育和乡村建设，除开代表学术力量的乡教先贤及其追随者在身体力行，全力以赴外，政府的力量基本处于缺位状态，社会力量中不仅农民的力量未能得到有效激发和充分发挥，就是大部分乡教工作者也主要是基于教育救国的理想和主观热情坚持在乡教一线，缺乏必要的政策保障和动力维持。故近代乡村教育运动最终不能成功，就成为必然。

三、当代乡村教育振兴的思考

新中国成立以来尤其是改革开放后，我国开始大力发展教育事业。但因经济落后，教育资源不够丰富，不得不实行文化教育的"非均衡发展"②："不仅要承认全国各省市区之间经济文化发展的不平衡性，而且要承认在一

---

① 陈侠，傅启群. 傅葆琛教育论著选［M］. 北京：人民教育出版社，1994：406.
② 邬志辉，等. 中国农村教育：政策与发展（1978—2018）［M］. 北京：社会科学文献出版社，2018：6.

个省、一个市、一个县范围内的发展也是不平衡的，所以必须鼓励一部分地区先发展起来，同时鼓励先发展起来的地区帮助后进地区，达到共同的提高。"①

事实上，在非均衡发展的思想指导下，我国大力发展义务教育，在力图实现入学教育机会均等的过程中，城乡教育的不均衡发展现象日渐明显。早在 1985 年，城镇已经基本普及义务教育，而农村学龄儿童的入学率不到95%，农村小学的升学率只有 65%，低于这一平均数的省区有 13 个，农村初中升学率仅 22.3%，而城市初中升学率为 40%；到 1999 年，农村小学的升学率上升到 91%，但低于 90% 的省区仍然有 15 个，农村初中的升学率仅有 18.6%，不升反降，同期城市初中升学率达到 55.4%。师资水平上，城乡差距也非常突出，以江苏省为例，2004 年全省农村中学专任教师本科学历占比为 32.3%，城镇则达到 67.6%。至于教育投入，城乡差距更大，据统计，2002 年全年全社会各项教育投资为 5800 多亿，占总人口 60% 以上的农村只获得其中的 23%。②

城乡教育发展的巨大差距，对于我国城市化进程的推进影响极大。2017年 10 月 18 日，党的十九大报告首次提出乡村振兴战略，指出农业、农村、农民问题是关系国计民生的根本性问题，必须始终把解决好"三农"问题作为全党工作的重中之重，实施乡村振兴战略。

实施乡村振兴，解决"三农"问题，教育问题是关键。较之近代的乡村教育，当代乡村教育有一些可喜的发展：第一，得到了政府持续且强有力的政策支持。2010 年《国家中长期教育改革和发展规划纲要（2010—2020）》中首次提出"建立城乡一体化义务教育发展机制，在财政拨款、学校建设、教师配置等方面向农村倾斜"。随后特岗教师计划、乡村教师支持计划、国培计划、强基计划等一系列保障乡村教育发展的政策得以出台并落地实施，与之相应的经费支持也顺利到位。第二，得到国家和社会力量的协同支持。政府不仅强有力地支持乡村教育发展，同时鼓励社会团体和

---

① 中共中央关于教育体制改革的决定［EB/OL］.（1985 – 05 – 27）［2023 – 06 – 12］http：//www.moe.gov.cn/jyb_ sjzl/moe_ 177/tnull_ 2482.html.

② 以上数据引自翟博《教育均衡论》第 252 ~ 254 页。

民间力量积极参与教育治理和乡村教育发展。《国家中长期教育改革和发展规划纲要（2010—2020）》中明确指出"国运兴衰，系于教育。教育振兴，全民有责"，要"积极发挥行业协会、专业学会、基金会等各类社会组织在教育公共治理中的作用"。各类社会团体等民间力量在党中央的领导下，目前在乡村教育中发挥着重要作用。第三，得到知识分子的智力支持。学术力量是乡村教育发展的智力支持，一些知识分子通过国家途径支持乡村教育，如银龄教师计划、科技人才下乡服务计划；还有一些知识分子通过民间途径，借助一些社会团体乃至个人渠道大力支持乡村教育发展。

当代乡村教育在大力发展的同时，也有一些问题值得注意：第一，从对象角度而言，当代教育界和学界关注更多的是乡村学校教育。较之乡村学校教育，乡村民众的社会教育、职业教育等方面的宣传和关注力度则显得较弱。第二，从内容角度看，当代乡村教育的内容日益城市化、功利化，和农村生活、农民认知、及与之密切相关的乡土文化呈现没落趋势，乡村民众的休闲教育、娱乐教育较为缺乏。第三，推动知识分子下乡的力度不够。知识分子具有丰富的社会资源和智力优势，知识分子下乡，熟悉并指导乡村教育实践，对于乡村教育的发展规划及政策制定具有方向性和指导性作用，也可以利用得天独厚的资源优势带动乡村教育发展。但目前打通知识分子下乡的关节，让知识分子自由下乡的制度保障尚未完善。

近代乡村教育虽然在最终的显性结果上归于失败，但知识分子下乡的精神意蕴和历史价值，对于当今乡村教育振兴以及乡村振兴依然具有重要的借鉴意义。

参考文献：

[1] 马勇. 梁漱溟评传 [M]. 合肥：安徽人民出版社，1992.

[2] 陶行知. 中国教育改造 [M]. 合肥：安徽人民出版社，2019.

[3] 中国文化书院学术委员会. 梁漱溟全集：5 [M]. 济南：山东人民出版社，2005.

[4] 方明. 陶行知全集：8 [M]. 成都：四川教育出版社，2020.

[5] 王星飞. 新时期农民职业教育研究——以江苏省为例 [M]. 合肥：安徽师范大学出版社，2018.

[6] 曲铁华. 民国乡村教育研究 [M]. 长沙：湖南教育出版社，2018.

［7］李渊庭，阎秉华. 梁漱溟年谱［M］. 北京：商务印书馆，2018.

［8］陈侠，傅启群. 傅葆琛教育论著选［M］. 北京：人民教育出版社，1994.

［9］邬志辉，等. 中国农村教育：政策与发展（1978—2018）［M］. 北京：社会科学文献出版社，2018.

［10］翟博. 教育均衡论［M］. 北京：人民教育出版社，2008.

［11］方克刚. 对于请愿省议会定米盐公股为教育基金意见书［N］. 湖南大公报，1920 - 12 - 30（2）.